New *Media*

新媒体·新传播·新运营 系列丛书

新媒体
数据分析与应用 微课版

李靖 胡永锋 / 主编　周檬 曹小兵 赵越 高伟 / 副主编

人民邮电出版社
北京

图书在版编目（CIP）数据

新媒体数据分析与应用：微课版 / 李靖，胡永锋主编. -- 北京：人民邮电出版社，2022.5
新媒体·新传播·新运营系列丛书
ISBN 978-7-115-58616-2

Ⅰ. ①新… Ⅱ. ①李… ②胡… Ⅲ. ①数据处理一应用一传播媒介一教材 Ⅳ. ①G206.2-39

中国版本图书馆CIP数据核字(2022)第019712号

内 容 提 要

在大数据时代，数据化运营是一种科学、高效的运营方式。新媒体运营者应该懂得以数据说话，用数据思维指导新媒体运营工作。本书以培养应用型人才为出发点，以案例和实操为基础，系统地讲解新媒体数据分析的概念，新媒体数据的采集、处理、分析及可视化的应用技能，新媒体数据分析报告的写作方法，以及短视频、直播、微信公众号、微博、今日头条等主流新媒体平台账号运营数据分析与应用的技巧，旨在帮助读者全面掌握新媒体数据分析与应用的基本知识，提高读者数据分析的思维能力。

本书不仅可以作为高等职业院校电子商务、网络营销与直播电商、市场营销等专业相关课程的教材，还可以作为运营各类新媒体账号的个人或机构以及从事新媒体行业的数据分析师的参考书。

- ◆ 主　　编　李　靖　胡永锋
　　副主编　周　檬　曹小兵　赵　越　高　伟
　　责任编辑　白　雨
　　责任印制　王　郁　彭志环
- ◆ 人民邮电出版社出版发行　　北京市丰台区成寿寺路 11 号
　　邮编　100164　　电子邮件　315@ptpress.com.cn
　　网址　https://www.ptpress.com.cn
　　三河市祥达印刷包装有限公司印刷
- ◆ 开本：787×1092　1/16
　　印张：15　　　　　　　　　2022 年 5 月第 1 版
　　字数：363 千字　　　　　　2025 年 8 月河北第 9 次印刷

定价：49.80 元

读者服务热线：(010)81055256　印装质量热线：(010)81055316
反盗版热线：(010)81055315

　　党的二十大报告指出："加快发展数字经济，促进数字经济和实体经济深度融合，打造具有国际竞争力的数字产业集群。"表明未来经济中网络经济、数字经济、电子商务新业态的重要地位和作用。随着新媒体行业的快速发展，各大新媒体平台的运营生态越来越成熟，新媒体行业的竞争也日益激烈，凭经验、靠感觉运营新媒体账号的时代早已成为过去式。在大数据时代，用数据指导决策、用数据指导新媒体账号运营是新媒体运营者的必选之路。

　　借助数据分析，新媒体运营者能够清晰地了解自己新媒体账号和竞争对手新媒体账号的运营状况，从而根据账号运营数据调整和优化运营策略，更好地把控新媒体账号的运营方向，提高新媒体账号的运营效率。

　　新媒体数据分析的价值不言而喻，越来越多的新媒体运营者认识到新媒体数据分析的重要性。但是，很多新媒体运营者由于对新媒体数据分析缺乏正确的认知，或者不了解新媒体数据分析的方法，不知道应该分析哪些新媒体数据、怎样分析新媒体数据，以及如何正确地使用数据分析结果指导新媒体账号运营。鉴于这些情况，我们策划并编写了本书，一方面，希望给新媒体运营者提供全面的新媒体数据分析与应用知识；另一方面，也希望给一些具有数据分析经验的数据分析师提供丰富、有效的新媒体数据分析与应用方法，帮助他们不断提高自身工作能力。

　　本书结构清晰，内容丰富，主要具有以下特色。

　　● **体系完善，内容全面**。本书以新媒体数据分析与应用的流程为主线，结合当前主流新媒体平台进行编写，本书共 11 章，分别为新媒体数据分析概述、新媒体数据的采集、新媒体数据的处理、新媒体数据的分析、新媒体数据的可视化、新媒体数据分析报告的写作、短视频运营数据分析与应用、直播运营数据分析与应用、微信公众号运营数据分析与应用、微博运营数据分析与应用、今日头条运营数据分析与应用。本书体系完善，内容全面，能够帮助读者全方位了解并掌握新媒体数据分析与应用的方法与技巧。

● **注重实操，易学易会。** 本书遵循"以应用为中心、以有用为标准、以实用为落脚点"的编写原则，在讲解理论知识的基础上，注重实操，对新媒体数据采集、处理、分析、可视化，以及短视频、直播、微信公众号、微博、今日头条等运营数据分析与应用进行分步讲解，易学易会，能够帮助读者有效提高新媒体数据分析与应用的能力。同时，本书全面贯彻党的二十大精神，将二十大精神与实际工作结合起来立足岗位需求，以社会主义核心价值观为引领，传承中华优秀传统文化，注重立德树人，培养读者自信自强、守正创新、踔厉奋发、勇毅前行的精神，强化读者的社会责任意识和奉献意识，从而全面提高人才自主培养质量，着力造就拔尖创新人才。

● **案例主导，资源丰富。** 本书列举了大量新媒体数据分析的典型案例，以激发读者的学习兴趣，并引导读者进行深入思考，真正达到学以致用、举一反三的学习效果。此外，本书还提供丰富的立体化教学资源，其中包括微课视频、PPT、教学大纲、教案、习题答案等，读者可登录人邮教育社区（www.ryjiaoyu.com）免费下载。

本书由河北机电职业技术学院李靖、胡永锋担任主编，由河北软件职业技术学院周檬及河北机电职业技术学院曹小兵、赵越、高伟担任副主编。尽管本书在编写过程中力求准确、完善，由于编者水平有限，书中难免存在疏漏与不足之处，敬请广大读者批评指正。

编　者

2023 年 6 月

目　录

第 1 章

新媒体数据分析概述

【学习目标】

- 了解新媒体数据分析的概念、作用和原则。
- 了解新媒体数据分析的基本步骤和常用术语。
- 掌握新媒体数据分析的维度、内容和周期。

随着新媒体行业的发展，各个新媒体运营团队对新媒体的运营已经从过去的"粗放式"运营过渡到当前注重数据分析的精细化运营阶段。在大数据时代，只有用数据驱动新媒体运营的团队，才能从激烈的市场竞争中脱颖而出。本章将引领读者一起揭开新媒体数据分析的神秘面纱。

1.1 初识新媒体数据分析

随着互联网技术的发展，各行各业的信息都呈爆发式增长。各类新媒体工具在运营的过程中也会产生很多数据，不少新媒体运营者已经认识到数据分析的必要性。

1.1.1 数据与数据分析

用数据指导决策是当前大数据环境下做好新媒体运营的必选策略之一。数据分析应该贯穿新媒体账号运营的始终，它是新媒体运营者做好新媒体账号运营的有力"武器"。

1. 数据

在理解什么是数据分析之前，需要先理解什么是数据。数据是事实或观察的结果，是对客观事物的逻辑归纳，是用于表示客观事物的未经加工的原始素材。它是可识别的、抽象的符号。数据不仅指狭义上的数字，还可以是具有一定意义的文字、字母、数字符号的组合、图形、图像、视频、音频等，也可以是客观事物的属性、数量、位置及它们之间关系的抽象表示。例如，"0、1、2……""阴、雨、下降、气温""学生的档案记录、货物的运输情况"等都是数据。

新媒体账号在运营过程中会产生大量数据，按照数据的呈现形式，这些数据可以分为数值型数据、文本型数据和图文型数据。

（1）数值型数据

数值型数据主要由数字组成，且多是结构化的数据，如文章的阅读量、账号的粉丝数、短视频的点赞数等。图 1-1 所示的某抖音账号近 90 天的数据概览就是数值型数据。这些数值型数据能够让新媒体运营者直观地了解新媒体账号的各项运营数据，以便总结并评估账号的运营效果。

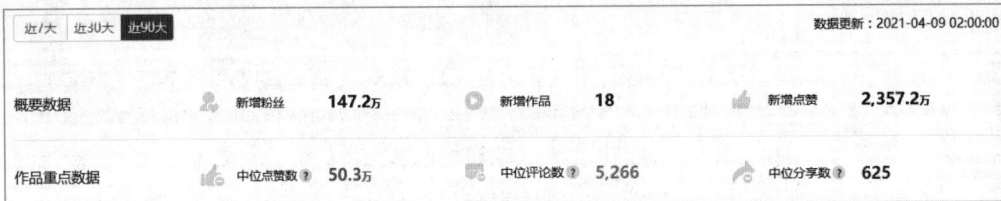

图1-1　数值型数据

（2）文本型数据

文本型数据是指不能进行算术计算的文字数据类型，包括中文字符、英文字符、数字字符（非数值型）等字符。图 1-2 所示为某品牌热门词的文本型数据。

（3）图文型数据

图文型数据是由文字、数值和图形等组成的数据，这样的数据更加形象、易于分析，方便运营者观察数据的变化趋势，如图 1-3 所示。

图1-2　文本型数据

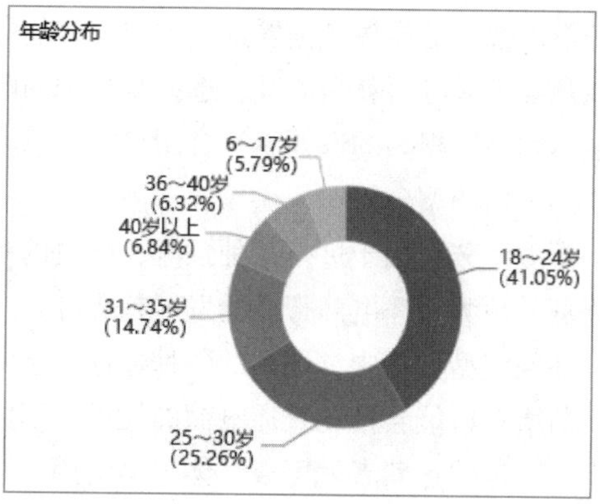

图1-3　图文型数据

2. 数据分析

　　数据分析是指用合适的统计分析方法对采集来的大量数据进行分析，将它们加以汇总和整理，以求最大化地开发数据的功能，发挥数据的作用。数据分析是为了提取有用信息和形成结论而对数据加以详细研究和概括总结的过程。

　　数据分析中的数据也被称为观测值，是实验、测量、观察、调查等的结果。数据分析中所处理的数据分为定性数据和定量数据。只能归入某一类而不能用数值进行测度的数据称为定性数据。定性数据中表现为类别，但不能区分顺序的是定类数据，如性别、品牌等；定性数据中表现为类别，但能区分顺序的是定序数据，如学历、商品的质量等级等。

　　数据分析可以分为描述型分析、诊断型分析、预测型分析和指导型分析。

（1）描述型分析

　　描述型分析是指挖掘历史数据以探索和说明事物的整体情况及事物之间关系的分析方式。描述型分析解决的是"发生了什么"的问题，是将大量杂乱的数据提炼、整理为简洁易懂的形式的最佳方式。图 1-4 所示为某抖音账号运营者获得的与其账号相关的描述型分析数据，这些数据能够显示其账号的运营状况，运营者可以从中发现异常，但是它并不会显示这些状况发生的原因。

图1-4　描述型分析

（2）诊断型分析

　　诊断型分析解决的是"为什么会发生"的问题，其目的是了解事情发生的原因，例如"为什么本周抖音账号所发布的短视频的播放率提高了，完播率却下降了 5%？"新媒体运营者通过分析短视频的播放数据发现，本周发布的短视频的平均播放时长为 8 秒，也就是说，很多用户在观看了 8 秒后就会离开，选择观看别的账号发布的短视频。此时，新媒体运营者可以猜测可能是因为短视频的选题不符合用户需求，或者是因为短视频的标题和文案没有吸引力等。

（3）预测型分析

预测型分析用于进行某种预测，解决的是"可能会发生什么"的问题，如预估某场直播的销售额、预测直播电商行业的发展趋势等。

在预测型分析中，用到的各种数据与预测结果是存在某种关系的。例如，网络直播用户量的不断增多可能会推动直播电商的发展，因此就可以说网络用户规模与直播电商的发展呈相关关系。新媒体运营者就可以将体现网络用户规模的数据与体现直播电商发展的数据放在一起进行分析，以挖掘这些数据背后的联系。

（4）指导型分析

指导型分析是在探索"发生了什么""为什么会发生"，以及"可能会发生什么"等问题的基础上，通过一系列的数据分析，帮助新媒体运营者制订较好的方案或策略。例如，新媒体运营者在为短视频账号选择带货的商品时，需要在综合分析商品价格、商品与短视频账号定位的契合度、商品在短视频平台上的销量等情况的基础上，选择最适合自己短视频账号带货的商品。

1.1.2 新媒体数据分析的作用

随着新媒体行业的发展，各类新媒体平台和新媒体账号纷纷进入精细化运营阶段，而在各类新媒体账号的运营中，数据分析发挥着至关重要的作用，具体表现在以下 4 个方面。

1. 把握新媒体账号的运营方向

新媒体数据分析不仅是指通过分析新媒体账号后台的相关运营数据来了解新媒体账号的运营状况，还指借助大数据分析工具来把握新媒体账号的运营方向。运营者通过查看百度指数、微热点、微信指数、头条指数等工具公开的数据来分析用户的关注焦点，以判断自己在新媒体账号中所发布的内容、设置的推广活动是否与最近的网络热点相关。

2. 了解新媒体账号的运营状况

"数据能说话"，新媒体账号的运营状况全都表现在数据上。在新媒体账号的日常运营中，运营者的工作主要包括新媒体账号内容更新、账号推广、粉丝维护、线上与线下活动策划与执行等。这些工作是否有价值、是否达到了预期的运营目标，就需要运营者通过分析新媒体账号后台的相关数据来进行了解与判断。运营者需要分析的数据包括新媒体账号流量数据、文章阅读数据、粉丝数据、活动转发与评论数据等。

3. 控制新媒体账号的运营成本

任何运营都会产生一定的成本，因此在新媒体运营过程中，运营者不仅需要关注新媒体账号中所推广的商品和服务的销售情况，以及品牌知名度的提高情况，还需要关注新媒体账号的运营成本。

现在网民的规模异常庞大，如果在新媒体账号运营过程中无法掌握目标受众、没有精准的营销方向，就很可能造成投资成本的浪费。因此，运营者需要对用户的性别、所在区域、阅读偏好、使用的终端等数据进行分析，明确应该在什么时间段投放什么样的内容，以最大化地提升新媒体账号的营销效果。

4．对营销方案进行有效评估

在新媒体账号的运营过程中，运营者会根据情况制订相应的营销方案。每一个营销方案都是运营者根据以往的经验总结出来的，但由于营销方案所面对的具体情况有所不同，在实施过程中需要对方案进行相应的数据评估：一是分析营销方案的完成数据，如目标达成率、文章阅读率、转化率等，以评估营销方案的实施效果；二是分析营销方案的执行过程数据，如活动异常数据、失误率等，以及时发现营销方案执行过程中出现的问题，为下一次制订营销方案提供有效的参考。

1.1.3　新媒体数据分析的原则

新媒体运营者在进行新媒体数据分析时，应当遵守以下 4 个原则。

1．科学性

在数据信息的采集、分析和处理过程中，一个小小的差错都会使分析结果出现偏差，所以新媒体运营者必须以科学、严谨的态度认真对待数据分析各个环节的工作，务必保证数据分析结果的科学性和客观性。

2．系统性

新媒体数据分析不是一个简单的记录、整理或分析数据的活动，而是一个需要周密策划、精心组织、科学实施的活动，它是由一系列工作环节、步骤、活动和成果组成的过程。因此，新媒体数据分析是一项系统性比较强的工作。

3．针对性

由于统计数据的工具存在差异，并且数据统计分析方法有所不同，所以新媒体运营者在分析数据时，要根据实际情况有针对性地区别对待。根据分析目的选择合适的分析方法与模型，才能保证分析结果的准确性和有效性。

4．实用性

新媒体数据分析说到底是为账号运营服务的，新媒体运营者在保证数据分析专业性和科学性的同时，也不能忽略其现实意义。因此，新媒体运营者在进行数据分析时，还要考虑指标可解释性、报告可读性、结论的指导意义与实用价值等。

1.1.4　新媒体数据分析的基本步骤

新媒体数据分析主要包括 6 个基本步骤，即规划设计、数据采集、数据处理、数据分析、数据展现和撰写数据分析报告。

1．规划设计

"凡事预则立，不预则废"，在正式进行数据分析之前，需要先对整个数据分析过程进行合理的规划设计，这样才能为数据的采集、处理及分析提供明确、清晰的方向。

规划设计包括两个方面的内容，即明确数据分析的目的和梳理数据分析的思路。明确数据分析的目的，就是要明确为什么要开展数据分析、想要通过数据分析解决什么问题，这样才能保证数据分析的方向正确。梳理数据分析的思路，即确定如何开展数据分析，需要从哪些角度进行分析，要采集哪些数据等，并搭建合理的分析框架。搭建分析框架需要以科学的市场营销和管理理论为指导，并结合实际的业务需求，这样才能使数据分析的维度更加完整，使数据分析的结果更具指导性。

2. 数据采集

数据采集是按照设计好的数据分析规划，收集相关数据的过程。这一过程为开展数据分析提供了素材和依据。

新媒体运营者可以通过多种渠道和方法来进行数据的采集工作，如从新媒体平台后台获取账号运营数据，使用爬虫工具或第三方数据分析工具采集数据等。

3. 数据处理

新媒体运营者在数据采集环节得到的数据通常属于原始数据，这些数据往往不能直接拿来使用，需要对其进行相应的处理，使其成为可被分析的数据。数据处理就是指将采集来的数据进行相应的加工整理，使其成为适合进行数据分析的数据的过程。进行数据处理的目的是从大量无序、杂乱、难以理解的数据中选取出对解决问题有意义、有价值的数据。

数据处理包括数据剔除、数据筛选、数据计算等。对于原始数据中一些无意义或与数据分析目的无关的数据，可以将其剔除。例如，分析公众号文章的阅读情况时，一般需要了解文章的点击量、阅读量、评论量等数据，而用户性别、公众号订阅量等数据可以剔除。还有一些无法从原始数据中直接提取出来的数据，我们可以通过计算获得所需要的数据。例如，原始数据中有公众号浏览量和通过公众号产生的商品成交量，新媒体运营者想要获得通过公众号产生的商品成交率，可以利用公式"成交率＝成交量÷浏览量"计算来获得。

数据处理是开展数据分析的基础。通过对数据进行处理，将原始数据整理成规整的、有效的、可以用来进行分析的形式，以保证数据分析环节顺利进行。如果未对数据进行相应的处理，杂乱无章的原始数据会让后续的数据分析环节变得复杂。如果数据本身存在错误，即使采取非常先进的数据分析方法和工具，也无法得到正确的分析结果，更无法为新媒体运营提供任何有效的参考。

4. 数据分析

数据分析是指使用合适的工具和方法，对处理后的数据进行分析，从中获取有价值的信息，并形成具有指导性结论的过程。

通常，数据分析是借助 Excel、SPSS Statistics、Python、GrowingIO 等分析工具，以及百度指数、飞瓜数据、卡思数据、新榜等第三方数据分析工具来完成的，这就要求运营者不仅要掌握各类数据分析方法，还要懂得使用主流数据分析工具。

5. 数据展现

通过数据分析，运营者能够发现数据之间存在的关系和规律。要想让这些关系和规律一目了然，需要选择合适的方式将其展现出来。

在新媒体数据分析中，运营者可以使用表格和图形的形式来展示数据和数据之间的关系，常用的图形有饼状图、条形图、柱形图、折线图、散点图、雷达图等。运营者还可以对这些图形进行加工，制作出金字塔图、帕累托图、矩阵图、漏斗图等，以便更好地展示数据关系。

6. 撰写数据分析报告

撰写数据分析报告是整个新媒体数据分析过程的最后一个步骤。数据分析报告是整个数据分析过程的成果，撰写数据分析报告能让数据分析的过程、结论得到完整的呈现。对新媒体运营数据进行全方位的科学分析以评估新媒体运营环境及发展情况，可为新媒体运营者提供科学、严谨的运营参考依据，从而降低运营风险。

一份高质量的数据分析报告，不仅要有一个合理的框架，还要图文并茂、层次清晰，让阅读者能够一目了然。此外，数据分析报告除了要有明确的分析结论，还应提出建议或解决方案。新媒体运营者除了要能及时发现新媒体运营中存在的问题外，还要能找到解决问题的方法。数据分析报告中提出的建议或解决方案是建立在科学的数据分析基础上的，能够为运营者提供有效的参考。

1.1.5　新媒体数据分析的常用术语

新媒体运营者在进行新媒体数据分析时，为了能够对数据做出更加科学的分析和判断，了解一些常用的数据分析术语是非常有必要的。

1. 绝对数与相对数

绝对数是总量指标，它是反映客观现象总体在一定时间、地点条件下的总规模、总水平的综合指标，如"今年公司的年销售额为 1 000 万元""公众号的粉丝人数为 2 000 万人"等。绝对数也可以表现为某现象总体在一定时间、地点条件下数量增减变化的绝对数，如"A 产品的年销售额比 B 产品的年销售额多 100 万元"。

相对数是两个有联系的指标的比值，它可以从数量上反映两个相互联系的现象之间的对比关系。相对数一般以倍数、成数、百分比等表示，用于反映客观现象之间的关联程度，如"本月销售额是上个月的 2 倍""本季度销售额只完成了预期的 7 成""公司女员工人数占比 20%;"等。

2. 百分比与百分点

百分比表示一个数是另一个数的百分之几，又称百分率或百分数。百分比通常用百分号（%）表示，如 5%、10%。在数据分析中，具有明确基数的百分比才有意义。如果受众不知道某百分比的基数是多少，那么这个百分比是缺乏依据的。

百分点是指不同时期以百分数形式表示的相对指标（如速度、指数、构成等）的变动幅度。它是用于表示不同百分数之间的"算术差距"（即差）的正确单位，如"本月的失业率是百分之五（5%），而上个月的失业率是百分之四（4%）"，那么可以说"本月的失业率比上个月微升了一个百分点"。

3. 频数与频率

频数是指一组数据中个别数据重复出现的次数。例如，某公众号共有 1 000 个粉丝，将粉丝按性别分为男女两个组别，男粉丝的人数为 200 人，女粉丝的人数为 800 人，则男粉丝的频数为 200，女粉丝的频数为 800。

频率是指一组数据中某个数据出现的次数与总次数的比值。它代表数据在总体中出现的频繁程度，一般采用百分数表示，所有数据的频率相加等于 100%。仍以拥有 1 000 个粉丝的这个公众号为例，200 个男粉丝在 1 000 个粉丝中的频率为 20%，即（200÷1 000）×100%；800 个女粉丝在 1 000 个粉丝中的频率为 80%，即（800÷1 000）×100%。

4. 比例与比率

比例是指总体中各部分数据占全部数据的比重，通常反映总体数据的构成和结构。比率是指样本（或总体）中各个不同类别数据之间的比值，它反映的不是部分与整体之间的关系，而是一个整体中各部分之间的关系，因而比值可能大于 1。

例如，某电子类商品的总销量为 1 000 件，其中手机销量为 600 件，iPad 的销量为 400 件，则手机销量的比例为 600∶1 000，iPad 销量的比例为 400∶1 000；手机与 iPad 的销量比率为

600 : 400。

5. 倍数与番数

倍数是一个数除以另一个数所得的商，它一般表示数据的增长或上升幅度，而不适用于表示数量的减少或下降。

番数是指原来数量的 2 的 N 次方倍。例如，公司去年利润为 200 万元，今年利润比去年翻一番，即今年利润为 400 万元（200×2）；今年利润比去年翻两番，即今年利润为 800 万元（200×2^2）。

6. 切尾平均数

切尾平均数是指在一个数列中，去掉两端的极值后计算得到的算术平均数。它综合了均值和中位数两种计量方法的优点，能够反映数据的集中趋势。

7. 人均数据

人均数据是指将要比较的数值总数除以总人数得到的数值。它属于相对数，是由两个存在某种联系的指标对比计算而得出的数值，是能够反映客观现象之间数量关系的综合指标。

8. 方差

方差是指每个样本值与全体样本值平均数之差的平方值的平均数，用来表示每一个变量（观察值）与总体平均数之间的差异。在样本容量相同的情况下，方差越大，说明数据的波动越大，越不稳定。

9. 标准差

标准差是指各个数据偏离平均数的距离的平均值，它是方差的算术平方根，能够反映一组数据从均值分散开来的程度。

1.1.6 新媒体数据分析的常见误区

数据本身是客观的，但是解读数据的人具有主观性。在解读数据的过程中，他们因受教育程度、能力、心态、经验等因素的影响，难免会出现一些错误，从而导致数据分析结果的准确性和有效性出现偏差，使数据对新媒体账号运营的指导作用大打折扣。

在新媒体数据分析中，常见的误区有以下 5 个。

误区一：没有明确的目标，为了分析而分析

数据分析不应该是为了分析而分析，而应该围绕一定的目标来开展。在开展数据分析之前，需要先参考业务需求明确为什么要做数据分析，想要通过数据分析解决什么问题，即明确数据分析的目的；然后根据数据分析的目的搭建分析框架，选择合适的数据样本、分析方法及图表展示形式。只有清晰地认识到开展数据分析的目的，才能做到有的放矢，让数据分析的过程和结果有价值。

误区二：只是对数据进行简单的汇总

一些人认为对数据进行挖掘和汇总的过程就是对数据进行分析，这是一种错误的认知。数据挖掘和汇总是数据分析的基础，只是单纯地对数据进行挖掘、整理、汇总，而不对数据进行对比分析或规律总结，是无法发现数据背后隐藏的信息的，这些简单汇总的数据也无法对新媒体的运营产生指导作用。

误区三：盲目地采集数据

在新媒体运营过程中，每天都会产生大量的数据，如果将所有的数据都采集来并进行分析，

将会是一项非常浩大的工程。盲目地采集数据不仅需要花费运营者大量的时间和精力，基数庞大的数据还可能会让分析结果复杂化，无法让运营者得到具有针对性的分析结果。

因此，在开展数据挖掘或采集工作之前，先要明确开展数据分析的目的，根据数据分析的目的来对数据进行挖掘和采集，这样才能让分析结果更有针对性。例如，运营者若要分析公众号数据并了解用户在公众号中的购买行为，就需要重点挖掘和采集用户浏览时长、用户访问时间、用户下单比例等数据，而微信公众号阅读量、粉丝数等数据则是无用数据。

误区四：过分注重技术层面，分析结果与实际业务的应用脱节

目前能够进行专业的数据分析操作的通常是统计学、计算机、数据等专业出身的人才，他们具备开展数据分析的专业技能，能够制作出美观的图表，写出专业的数据报告，但可能缺乏从事新媒体运营的工作经验，对新媒体运营的各项业务理解得不够深刻，在进行数据分析时可能会偏重于数据分析方法的使用，而忽视数据分析与新媒体运营业务之间的联系，从而使数据分析带有片面性，导致得到的结果无法对新媒体运营的各项业务产生良好的指导效果。

新媒体数据分析不是单纯地做数学题，对各项数据进行分析不能单纯地停留在数据表面，而应该思考数据与新媒体运营的各项业务需求之间的联系，从而使数据分析更加切合实际。

误区五：一味追求高级的分析方法

在进行新媒体数据分析时，很多人追求看似高级的、能够展现自己技术水平的分析方法，觉得这样才能体现自己的专业性，得出的分析结果才可信。其实不然，高级的分析方法并非最佳的分析方法。能够满足新媒体运营的需求，以及发现问题并解决问题的分析方法就是好的方法。因此，无论是高级的分析方法，还是简单的分析方法，只要能够有效解决业务问题的就是好方法。

1.2　新媒体数据分析的维度、内容和周期

做数据分析前要有正确的思考方法，新媒体运营者有必要了解新媒体数据分析的维度、内容和周期，以使新媒体数据分析工作更高效、更有价值。

1.2.1　新媒体数据分析的维度

新媒体运营者在开展数据分析时，可以从以下 3 个维度切入。

1. 自身账号分析

自身账号分析是指新媒体运营者分析自己所拥有的新媒体账号的运营数据，了解自己新媒体账号的运营情况，以便根据数据分析结果调整和优化账号运营策略。

2. 竞品数据分析

竞品数据分析是指新媒体运营者对竞争对手的新媒体账号运营数据进行分析，了解竞品的运营状况，明白竞争对手的账号在哪些方面具有优势，自己的账号存在哪些短板，从而为优化自己的账号提供参考。

新媒体运营者在开展竞品数据分析时，可以采取以下 3 个步骤。

（1）确定竞品

对于新媒体运营者来说，凡是与自己的新媒体账号所属领域相同，以及目标用户群体或者目标市场与自己账号相同的账号，都可以称为竞品。

一般来说，竞品分为核心竞品、重要竞品和一般竞品3个级别。以新媒体运营者自己的账号的运营水平为基准，那些高于自己账号运营水平且非常有竞争力的竞品为核心竞品；高于自己账号运营水平但竞争力一般的竞品为重要竞品；在自己账号运营水平之下或者竞争力不如自己账号的竞品为一般竞品。

新媒体运营者可以选择不同级别的竞品，并对其进行长期跟踪和分析，以此来研究竞品的发展动向和自身潜在的危机，从而更好地把握市场。

对于核心竞品，如果新媒体运营者很难与其竞争，就学习其长处来优化自己，实施"避强"策略；对于重要竞品，新媒体运营者要分析它们的优势，找到超越它们的突破口；而对于一般竞品，新媒体运营者则不需要花太多的时间，主要研究其短板，避免自己出现同样的问题。

（2）收集竞品资料

新媒体运营者在收集竞品资料时要秉持客观、准确的原则，可以借助第三方数据分析工具（如卡思数据、飞瓜数据、新榜等）来收集竞品资料。

（3）竞品分析

新媒体运营者在分析竞品时，需要重点关注竞品的定位、目标用户群体特征、内容定位、内容表现形式、内容数据表现方式、账号盈利模式等数据。

3. 行业数据分析

行业数据是指能够反映新媒体行业或新媒体某个领域情况的数据，如反映直播电商行业发展状况的数据、反映短视频行业发展状况的数据等。通过分析行业数据，新媒体运营者能够全面、深刻地了解新媒体整个行业的发展趋势和市场格局，从而制订适宜的运营策略。

通常，第三方数据分析平台或工具（如艾瑞咨询、微热点、新榜、飞瓜数据、卡思数据等）都会发布一些行业数据分析报告，新媒体运营者可以通过这些平台或工具来搜集行业数据。图1-5所示为某第三方数据分析平台发布的一篇分析直播电商行业网络关注度的分析报告的部分内容。

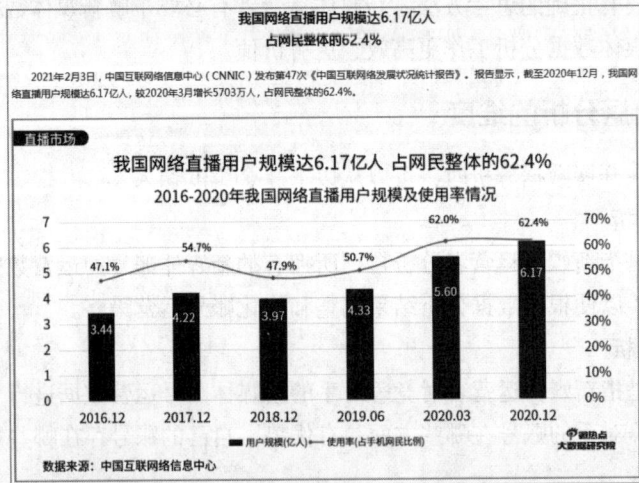

图1-5　直播电商行业网络关注度的分析报告（部分）

1.2.2　新媒体数据分析的内容

新媒体运营者在开展新媒体数据分析时需要重点关注内容数据分析、流量数据分析、粉丝数据分析、销售数据分析这 4 个方面的数据。

1. 内容数据分析

内容是指新媒体运营者在新媒体账号中发布的各类信息，如公众号文章、微博文章、短视频、直播视频等。内容质量直接影响着新媒体账号对用户的吸引力和后续变现的效果。新媒体运营者在开展内容数据分析时需要重点关注图 1-6 所示的要点。

图1-6　内容数据分析要点

（1）标题

在图文形式的内容中，标题是对文章内容的高度概括，它会直接影响文章的点击率。对标题进行分析，主要是分析标题字数、标题句式、标点符号、包含的热点词汇等，以探索点击率高的标题的写作方法，提高自己文章的点击率。例如，新媒体运营者对标题字数进行分析时，可以为文章设置不同字数的标题，然后分析这些标题的点击率，查看几个字的标题的点击率较高，从而确定标题的最佳字数。

（2）关键词

关键词是指用户在搜索引擎搜索框中输入的提示性文字或符号。关键词可以是一个字、一个词或一个句子，也可以是一个数字、英文或其他符号。

在网络购物过程中，大部分用户是通过关键词来搜索自己所需的商品的。与网络购物行为相似，用户同样可以通过微信、微博、短视频 App 等工具顶部的搜索框搜索自己所需的信息。例如，领导安排员工制作 PPT，员工不知从何下手，那么他就可以在相关网页的搜索框中输入"PPT""PPT 怎么做""PPT 排版方法""PPT 怎么做才好看"等关键词，并在搜索结果中寻找自己想要的相关信息。若新媒体运营者发布的内容的标题或正文中恰巧含有用户在搜索框中输入的关键词，那么该内容就更容易被用户搜索到。因此，合理设置关键词是内容获取流量及达到预期营销效果的前提。

新媒体运营者在分析关键词时，需要重点分析关键词与内容的匹配度、关键词放置的位置、关键词出现的频率等。

（3）内容发布情况

对内容发布情况的分析，主要是分析内容更新总量、内容发布量变化趋势、内容发布频率等数据指标。其常用数据分析指标说明如表 1-1 所示。

表 1-1　内容发布情况常用数据分析指标

指标名称	指标说明
内容更新总量	内容更新总量又称内容发布总量，它是指在某个时间段内运营者在新媒体账号中发布的符合要求的内容的数量
内容发布量变化趋势	在单位时间内，新媒体账号发布的内容总量的变化趋势。该指标体现了新媒体账号的内容生产能力，如果在某个时间段内某账号的内容发布量呈递增趋势，说明该账号具有较强的内容生产能力
内容发布频率	某个时间段内发布的内容总量与时间周期的比值，即"内容发布频率＝某时期内容发布总量÷时间周期×100%"

（4）内容阅读情况

内容阅读情况体现了内容对用户的吸引力，其常用的数据分析指标如表1-2所示。

表1-2　内容阅读情况常用数据分析指标

指标名称	指标说明
内容点击量	内容在某个时间段内被用户点击的总次数
内容平均点击量	某个时间段内新媒体账号中所有内容被点击的平均水平，计算公式：内容平均点击量=账号所有内容总点击量÷账号内容数量×100%
内容点击率	新媒体账号发布的某个内容（如公众号文章、微博文章、短视频等）在某个时间段内点击量与内容送达人数的比值，计算公式：内容点击率=内容点击量÷内容送达人数×100%
在线时长	用户在一次登录、退出行为之间，阅读内容所花费的时间总和。如果用户在打开某个内容或进入某个新媒体账号后，在线时间非常短，说明该内容或该账号对该用户没有吸引力
阅读完成率	完整阅读某篇内容的人数与点击该内容的人数的比值。该数据指标体现了内容的质量，一般来说，内容的阅读完成率越高，说明内容的质量越高

（5）内容互动情况

在浏览内容的过程中，用户可能会做出点赞、评论、转发、收藏等互动行为，这些互动行为体现了用户对内容的关注程度。常用的内容互动情况的数据分析指标如表1-3所示。

表1-3　内容互动情况常用数据分析指标

指标名称	指标说明
内容点赞量	新媒体账号发布的内容获得的点赞数，该数据指标反映了内容受欢迎的程度，内容的点赞量越高，说明用户越喜欢这些内容
内容评论量	新媒体账号发布的内容所获得的评论的数量，该数据指标反映了内容引发用户产生共鸣、关注和讨论的程度
内容转发量	新媒体账号发布的内容被粉丝分享的次数，该数据指标反映了内容的传播度，内容被转发的次数越多，所获得的曝光量就会越大
内容收藏量	新媒体账号发布的内容被收藏的次数，该数据指标反映了用户对内容的喜爱程度，体现了内容对用户的价值。用户在收藏某一内容后很可能会再次观看，从而增加内容的展现次数

新媒体账号发布的内容的点赞量、评论量、转发量、收藏量等数据变化浮动较大，经常会出现不同内容的点赞量、评论量、转发量、收藏量相差几倍甚至几十倍的情况。在这种情况下，如果新媒体运营者仍然将点赞量、评论量、转发量、收藏量相差许多倍的内容放在一起进行比较、分析，得出的分析结果往往是不科学的。此时，就需要使用比率性指标了。因为点赞量、评论量、转发量、收藏量等数据变化浮动较大，但比率是比较稳定和有规律的，使用比率来分析新媒体账号的互动数据，就使得点赞量、评论量、转发量、收藏量等数据相差较大的内容也具有了可比性。内容互动情况分析中常用的比率性指标如表1-4所示。

表1-4　内容互动情况分析中常用的比率性指标

指标名称	计算公式	指标说明
内容点赞率	内容点赞率=内容点赞量÷内容点击量×100%	反映了内容受欢迎的程度，内容的点赞率越高，所获得的推荐量就越大，就越有利于提高内容的点击量
内容评论率	内容评论率=内容评论量÷内容点击量×100%	反映了用户在浏览内容后进行互动的意愿

指标名称	计算公式	指标说明
内容转发率	内容转发率＝内容转发量÷内容点击量×100%	反映了用户在浏览内容后向外推荐、分享内容的欲望，通常转发率越高，越能为内容带来更多的流量
内容收藏率	内容收藏率＝内容收藏量÷内容点击量×100%	反映了用户对内容的肯定程度

（6）背景音乐

随着短视频的火爆，抖音、快手、秒拍等短视频平台产生了大量短视频类的内容。短视频由画面、说明性文字、背景音乐组成。相同的画面、说明性文字，搭配上不同的背景音乐，可能会产生不同的效果。背景音乐会成为短视频的亮点，促使短视频成为"爆款"短视频。因此，新媒体运营者有必要对短视频的背景音乐进行分析。新媒体运营者可以从背景音乐来源、同款音乐使用量和同款音乐排行榜 3 个方面对背景音乐进行分析。

2. 流量数据分析

流量数据分析是指新媒体运营者对访问量、访问时间、跳出率、交互率等反映网站或网店流量的指标进行分析，从而了解网站或网店的基本运营情况。流量数据分析常用指标如表 1-5 所示。

表 1-5　流量数据分析常用指标

指标名称	指标说明
页面浏览量（Page View，PV）	用户对网站或网店中每个网页的每一次访问均被记录一次。用户对同一页面的多次访问的访问量会被累计
独立访客（Unique Visitor，UV）	通过互联网访问、浏览某个网页的自然人
访问时间	用户停留的时间，包括页面停留时间和网站或网店整体停留时间
跳出率	用户只访问了入口页面（如网站或网店首页）就离开的访问量与页面所产生的总访问量的百分比
交互率	在某个页面产生了交互行为（包括点赞、转发、评论、收藏等行为）的用户数占进入该页面总用户数的百分比

3. 粉丝数据分析

粉丝数据分析是指新媒体运营者对粉丝变化数据和粉丝属性数据进行分析，从而了解关注账号的粉丝的特征。

（1）粉丝变化数据分析

粉丝变化数据是指关注新媒体账号的粉丝人数的变化情况。粉丝变化数据分析常用指标如表 1-6 所示。

表 1-6　粉丝变化数据分析常用指标

指标名称	指标说明
新增关注人数	新关注账号的人数（不包括当天重复关注账号的用户）
取消关注人数	取消关注账号的人数（不包括当天重复取消关注账号的用户）
净增关注人数	新增关注账号的人数与取消关注账号的人数之差
累积关注人数	当前关注账号的粉丝总数

在以上各项指标中，"新增关注人数"体现了新媒体账号的"拉新"能力。如果新媒体运营者发现某个时间段的"新增关注人数"与平时相比明显增多，就说明账号发布的某个作品对用户来说有较大价值，吸引了用户的关注，或者说明账号投放的某项推广活动产生了效果。此时，新媒体运营者需要分析发生这种情况的真正原因，然后根据分析结果制订后续运营方案。

新媒体运营者还可以对新增关注人数、取消关注人数、净增关注人数、累积关注人数进行趋势分析，从而了解这些指标的变化趋势，并找到这些变化趋势的产生原因。图1-7所示为某抖音账号近7天粉丝增量变化趋势图。

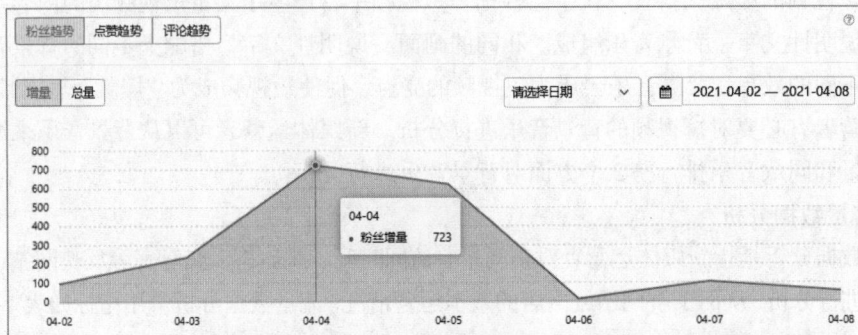

图1-7　某抖音账号近7天粉丝增量变化趋势图

（2）粉丝属性数据分析

粉丝属性数据是指描述粉丝性别、年龄、所属地域、活跃时间段等属性的数据。新媒体运营者对粉丝属性数据进行分析，能够更好地了解粉丝特征，构建粉丝画像，从而为粉丝提供更具针对性的内容和服务。

在新媒体运营中，常见的粉丝属性数据有粉丝性别分布（见图1-8）、粉丝年龄分布（见图1-9）、粉丝地域分布（见图1-10）、粉丝活跃时间分布（见图1-11）、粉丝使用的终端设备分布等。

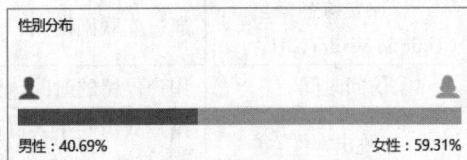

图1-8　粉丝性别分布

同样的标题、封面图和内容版式在不同的终端设备上的显示效果会有所不同，因此新媒体运营者有必要对粉丝所使用的终端设备进行分析，这样就可以根据粉丝所使用的终端设备的特点有针对性地设计内容的展现方式，给粉丝带来更好的阅读体验。

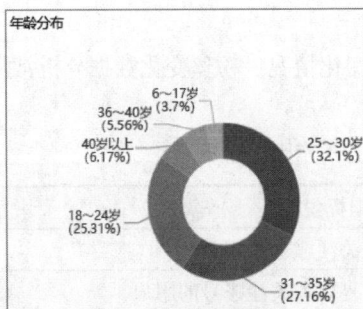

图1-9　粉丝年龄分布

图1-10　粉丝地域分布

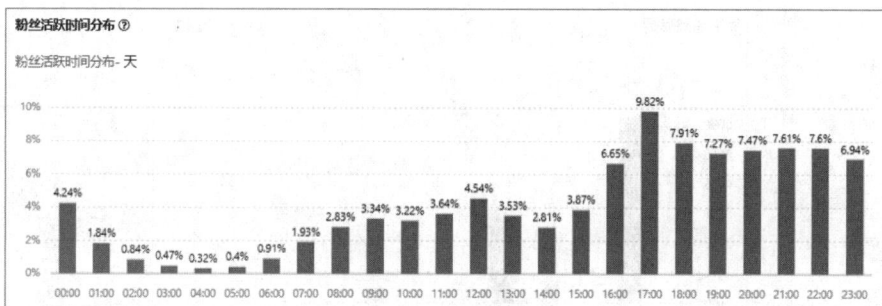

图1-11　粉丝活跃时间分布

4. 销售数据分析

在新媒体账号运营过程中，很多运营者会通过新媒体账号销售商品，以便更好地实现变现。销售数据分析就是对新媒体账号的销售业绩、商品结构等与商品销售相关的数据进行分析。

（1）销售业绩分析

销售业绩分析是指对新媒体账号产生的订单量、客单价、销售额等与账号利润直接相关的数据进行分析。销售业绩分析常用指标如表 1-7 所示。

表 1-7　销售业绩分析常用指标

指标名称	指标说明
拍下件数	新媒体账号内的商品被拍下的总件数
拍下笔数	新媒体账号内的商品被拍下的总次数（同一个用户一次拍下多件商品，算拍下一笔）
成交总金额（Gross Merchandise Volume，GMV）	新媒体账号内的商品被拍下后产生的总成交金额，包含付款和未付款的部分
成交用户数	在新媒体账号内成功拍下商品并完成付款的人数。在所选时间段内，同一用户发生多笔交易会进行去重计算
成交回头客	曾在新媒体账号内发生过交易并再次发生交易的用户数量。在所选时间段内，会进行去重计算
人均成交件数	平均每个用户购买的商品件数，即"人均成交件数＝成交总件数÷成交用户数"
人均成交笔数	平均每个用户的交易次数，即"人均成交笔数＝成交总笔数÷成交用户数"
当日拍下—付款件数	当日拍下且当日付款的商品件数
当日拍下—付款笔数	当日拍下且当日付款的交易次数
当日拍下—付款金额	当日拍下且当日付款的金额
客单价	单日每个成交用户产生的成交金额，即"客单价＝成交金额÷成交人数"
支付率	商品成交笔数占拍下笔数的百分比，即"支付率＝成交笔数÷拍下笔数"

（2）商品结构分析

商品结构分析是指分析新媒体账号内商品的构成，如商品品类的构成、商品款式的构成、商品价格体系，以及账号内热销商品品类等，如图 1-12 所示。对商品结构进行分析，能够帮助新媒体运营者了解新媒体账号内各类商品的销售情况，有利于新媒体运营者进行选品规划。

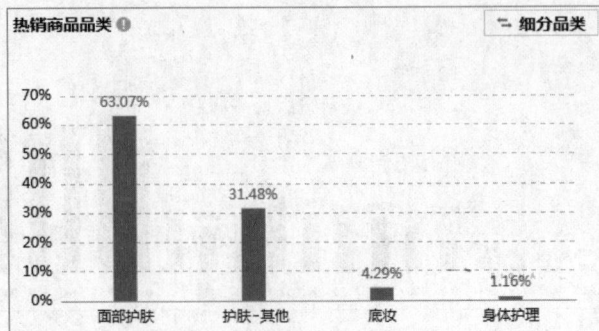

图1-12　热销商品品类分析

1.2.3　新媒体数据分析的周期

针对新媒体账号运营开展的数据分析，其常见的分析周期包括3种，一是以"日"为单位进行分析，二是以"周"为单位进行分析，三是以"月"为单位进行分析。

1. 以"日"为单位进行分析

目前，多数新媒体账号推送内容是以日更为主，因此新媒体运营者需要以"日"为一个统计周期，每天都统计新媒体账号的各项运营数据，以了解账号每天的运营状况。图 1-13 所示为新榜发布的某公众号的日榜榜单数据。

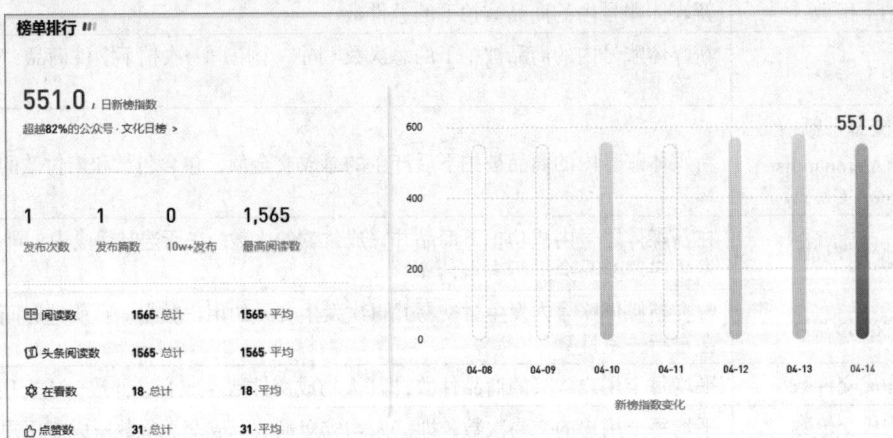

图1-13　新榜发布的某公众号的日榜榜单数据

2. 以"周"为单位进行分析

以"周"为单位进行分析，就是以一周为一个统计周期，统计新媒体账号的各项运营数据，了解新媒体账号每周的运营状况。图 1-14 所示为新榜统计的抖音平台某账号 7 天的运营数据。

3. 以"月"为单位进行分析

以"月"为单位进行分析，就是以一个月为一个统计周期，统计新媒体账号的各项运营数据，了解新媒体账号每月的运营状况。图 1-15 所示为新榜统计的抖音平台某账号近 30 天的运营数据。

图1-14　新榜统计的抖音平台某账号7天的运营数据

图1-15　新榜统计的抖音平台某账号近30天的运营数据

【课后习题】

1. 什么是数据分析？在新媒体运营中开展数据分析有什么作用？
2. 新媒体运营者可以从哪些维度来开展数据分析？新媒体数据分析的内容有哪些？
3. 解释以下术语的含义。

　　　绝对数　相对数　百分比　百分点　频数　频率　比例　比率　倍数　番数

第 2 章

新媒体数据的采集

【学习目标】

- 了解采集新媒体数据的基本流程和进行数据可用性判断的方法。
- 了解采集新媒体数据的方式。
- 掌握使用八爪鱼采集器采集数据的方法。

数据是开展数据分析的前提，新媒体运营者只有采集到足够多的有价值的数据才能进一步建立数据分析模型，再通过分析数据发现数据背后隐藏的规律，从而得出有价值的分析结果来指导新媒体的运营。本章将详细介绍采集新媒体数据的流程与方式，以及如何使用网络爬虫工具采集数据。

2.1 初识新媒体数据采集

数据采集，即根据数据分析的需要采集相关的数据，它是新媒体运营者开展数据分析的一个必要环节，也是做好数据分析的基本保障工作。

2.1.1 新媒体数据采集的基本流程

新媒体数据采集的基本流程包括两个步骤，即明确信息需求和按需求采集数据。

1. 明确信息需求

明确信息需求既是新媒体运营者的职责，又是保证数据分析过程科学、有效的首要条件。数据采集切忌大而全，新媒体运营者应该根据新媒体账号运营需求明确数据采集的需求，从而让数据采集更有针对性，数据分析更有目的性。

新媒体运营者要想准确地识别信息需求，就需要明确开展数据分析将要用到的核心指标，并根据核心指标构建数据分析指标体系，然后根据数据分析指标体系有针对性地采集数据。

以直播带货的账号为例来说明指标体系的构建过程。首先，明确核心指标，直播带货账号的核心是商品销售，运营者希望通过数据分析提高账号的销售额，因此直播带货账号的核心指标就是销售额；其次，运营者要分析用户的关键购买行为，包括关注账号、观看直播、加入购物车、支付等，然后找到与关键购买行为相对应的指标，如账号新增粉丝数、观看时长、下单转化率、支付转化率、客单价等，从而形成以销售额为核心的指标体系。

2. 按需求采集数据

新媒体运营者明确信息需求以后，接下来的工作就是按需求采集数据。首先，运营者要整理出数据指标，然后根据数据指标和数据分析目的采集数据。这样能让新媒体运营者在采集数据时有方向、有目的，也能让新媒体运营者在采集到数据后知道要分析什么，有利于提高后续数据分析工作的效率。

2.1.2 新媒体数据可用性的判断

在采集数据的过程中，新媒体运营者要注意判断数据的可用性，包括数据真实性的判断、数据完整性的判断、数据价值性的判断。只有确保自己采集到的数据是可用的、有价值的，后续的数据分析工作才有意义。

1. 数据真实性的判断

数据真实性的判断是指对数据的真伪进行辨别，以保证数据的可靠性。新媒体运营者可以从数据来源和数据细节两个方面辨别数据的真实性。

（1）数据来源

数据来源真实是保证数据真实的首要条件。数据来源分为官方来源和非官方来源两种。一般来说，从官方渠道获得的数据更具真实性、客观性，而从非官方渠道获得的数据可能会因为数据统计方的主观倾向而存在不真实、不客观的情况，这就需要新媒体运营者在采集数据的时候进行仔细甄别。

（2）数据细节

在数据分析过程中，即便是一个不准确的数据，也可能会导致数据分析结果出现极大的偏差。为了避免这种情况出现，新媒体运营者需要关注和重视数据的细节。例如，新媒体运营者想要分析直播行业的发展趋势，在采集数据时应该将数据的时间跨度设置得大一些，如设置采集近 3 年、近 5 年的数据，而不宜设置采集近 30 天、近两个月的数据。时间跨度大一些的数据才能更好地从宏观上反映直播行业的生命周期。

2. 数据完整性的判断

数据完整性的判断是指检查数据记录和字段是否完整。在数据库中，字段用于描述事物或现象的某种特征，图 2-1 中的"传播指数""视频标题""点赞数""评论数""分享数""视频时长""视频发布时间"就是字段。字段组合成记录，可以将数据表中的每一行叫作一个记录。

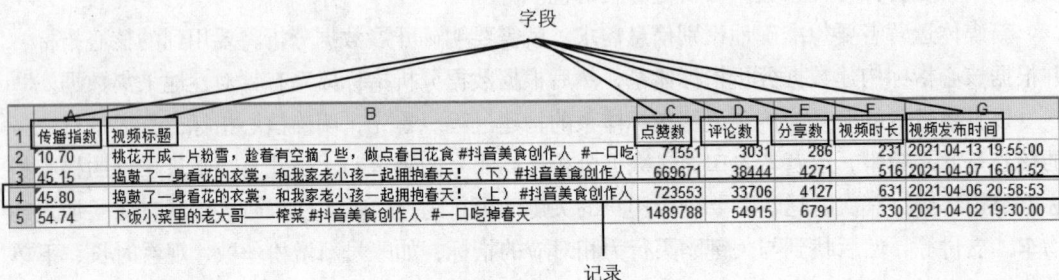

图2-1　字段与记录

在数据统计中，只有字段和记录都完整的数据才是完整的。字段的完整性决定了记录中是否有缺失值。例如，新媒体运营者计划采集 50 条短视频的数据，虽然已经采集了 50 条短视频的数据，但有的短视频的点赞数、评论数、分享数等数据缺失，这样的数据就是不完整的。

记录的完整性在一定程度上体现了数据源的丰富度。例如，新媒体运营者采集了 50 条短视频的数据，短视频的条数就是记录的个数。运营者采集的短视频的条数越多，记录就越多，数据源也就越丰富。

3. 数据价值性的判断

数据价值性的判断是指判断数据是否能为研究主题提供支持，对研究主题是否有参考价值。新媒体运营者可以从数据的时效性、支持性和全面性 3 个方面来对数据的价值性进行判断。

（1）数据的时效性

新媒体运营者要对数据的时效性进行分析，确定采集到的数据产生的时间，判断其是否适用于当前的状况。例如，新媒体运营者要分析 2020 年直播行业发展规模，就应该采集 2020 年与直播相关的数据，几年前的数据显然不适用于当前情况，自然就没有价值。

（2）数据的支持性

数据能否为论证某个研究主题或观点提供有效支持是判断数据价值性的一个重要方面。有些数据虽然没有任何问题，但是它不能为论证某个研究主题或观点提供任何帮助，在该主题或观点之下，这样的数据就是没有价值的。例如，新媒体运营者想要了解自己运营的抖音账号的粉丝增量变化趋势，那么体现抖音账号评论增量的数据在这里就是没有价值的。

（3）数据的全面性

有些数据能够为某个研究主题或观点提供支持，但仅用这些数据并不能充分地说明问题，需要更多的数据作为背景或支撑，才能更加充分、全面地揭示研究主题或观点。在开展数据分析时，全面利用特定主题下的相关数据才能使数据的价值最大化。例如，新媒体运营者想要分析公众号的粉丝情况，仅有粉丝性别构成比例的数据是不够的，还需要结合粉丝地域分布、粉丝年龄分布、粉丝活跃情况、粉丝数量变化、粉丝所使用终端设备的类型等数据进行分析，这样才能全方位地揭示研究主题。

2.1.3　新媒体数据采集的方式

新媒体运营者可以通过多种方式采集数据，如从新媒体账号后台获取数据、使用第三方数据分析工具采集数据，以及使用网络爬虫工具采集数据等。

1. 从新媒体账号后台获取数据

各类新媒体账号后台为新媒体运营者提供了账号运营数据。以微信公众号为例，运营者进入账号后台即可查看自己公众号相关数据的统计。图 2-2 所示为某公众号"昨日关键指标"数据。

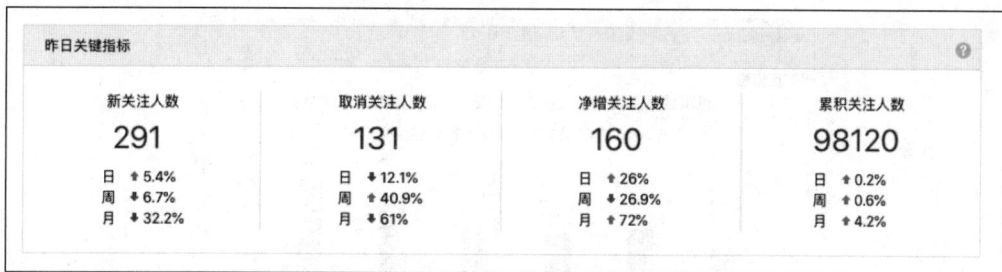

图2-2　某公众号"昨日关键指标"数据

2. 使用第三方数据分析工具采集数据

市场上有很多专门为用户提供数据分析的第三方数据分析工具，新媒体运营者可以利用这些第三方数据分析工具采集自己需要的数据。

在新媒体领域，常用的第三方数据分析工具有以下几个。

（1）微热点（微舆情）

微热点（微舆情）是一个新媒体传播大数据应用平台，它以中文互联网大数据及新浪微博的官方数据为基础，专注于互联网信息及社会化大数据场景化应用，致力于打造互联网低费用、易使用、超专业的社会化大数据生态服务体系。

微热点（微舆情）平台中的"热点发现"能为用户提供各行业、各地域的实时热点榜单，如图 2-3 所示，用户借助它可以及时掌握当前热点走势、敏感占比、媒体发文来源等。"案例库"中涵盖了重大事件的专业分析，能够帮助用户了解热点事件的发生始末。"大数据报告"能够为用户提供各类热点的解读报告，帮助用户获得专业、全面的报告数据，如图 2-4 所示。"分析工具"中为用户提供了多种数据分析工具，如图 2-5 所示。新媒体运营者使用这些工具可以轻松、便捷地进行一些数据采集工作。

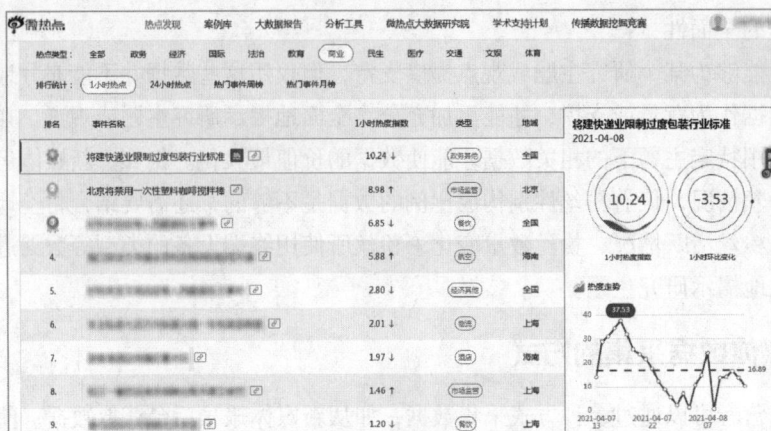

图2-3　热点发现

图2-4　"大数据报告"中提供的热点解读报告

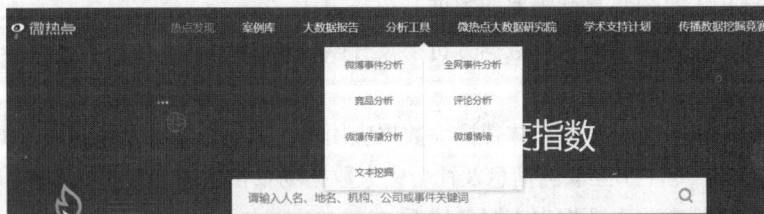

图2-5　分析工具

（2）百度指数

百度指数是以百度海量网民行为数据为基础的数据分享平台。在这里，用户可以研究关键词关注趋势，洞察网民需求变化，监测媒体舆情趋势，了解数字消费者特征，还可以从行业视角分析市场特点，洞悉品牌表现。图 2-6 所示为关键词"直播带货"的搜索指数趋势。

（3）新榜

新榜是一个自媒体内容服务平台，早期以为用户提供公众号数据分析服务为主，现在逐步提供视频号、抖音、快手、哔哩哔哩等平台的短视频、直播数据分析服务。

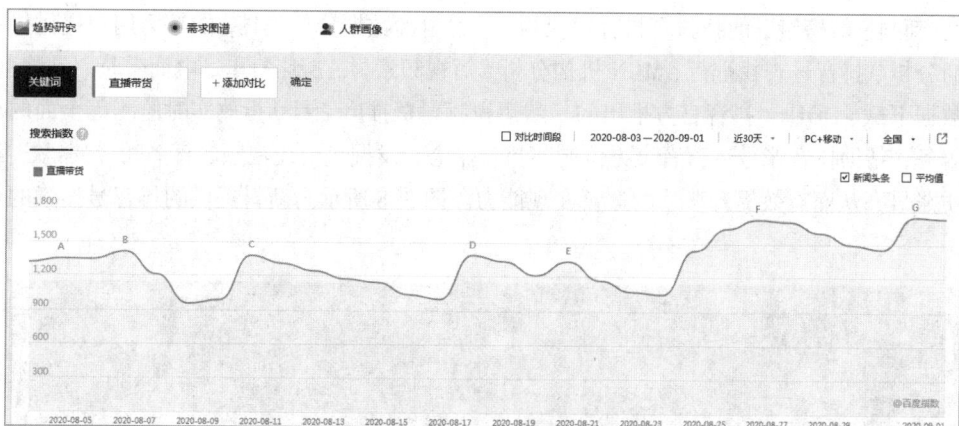

图2-6　关键词"直播带货"的搜索指数趋势

作为提供微信公众号内容数据价值评估服务的第三方机构，新榜已遍历超过 2 000 万个微信公众号，对 110 多万个有影响力的优质账号实行每日固定监测，再据此发布微信公众号影响力排行榜（日、周、月、年），以及近 30 个细分内容类别的行业榜和近 40 个省市区的地域榜。作为评估内容价值的重要工具，新榜每月和每年发布的"中国微信 500 强"榜单已成为行业公认的权威标准。

除了以日、周、月、年的频率发布全类别微信公众号影响力排行榜外，新榜还与微博、今日头条、腾讯媒体平台、搜狐、抖音、快手、快传号、西瓜视频、百家号、QQ 空间、新浪看点、网易新闻客户端、大鱼号、淘宝达人、飞猪旅行、马蜂窝、优酷、爱奇艺、哔哩哔哩、秒拍、美拍、喜马拉雅、蜻蜓 FM、荔枝、企鹅 FM、知乎等平台分别达成了合作协议，以独家优先形式联合发布数据榜单，构筑了移动端全平台内容数据体系。

① 新视。新榜旗下的新视是视频号数据分析工具，能够为用户提供视频号直播数据分析、视频号运营分析、指数榜单分析、视频动态分析等服务，帮助用户全方位洞察视频号生态，构建视频号数据评估体系。图 2-7 所示为新视提供的指数榜单中"美妆"类视频号的日榜。

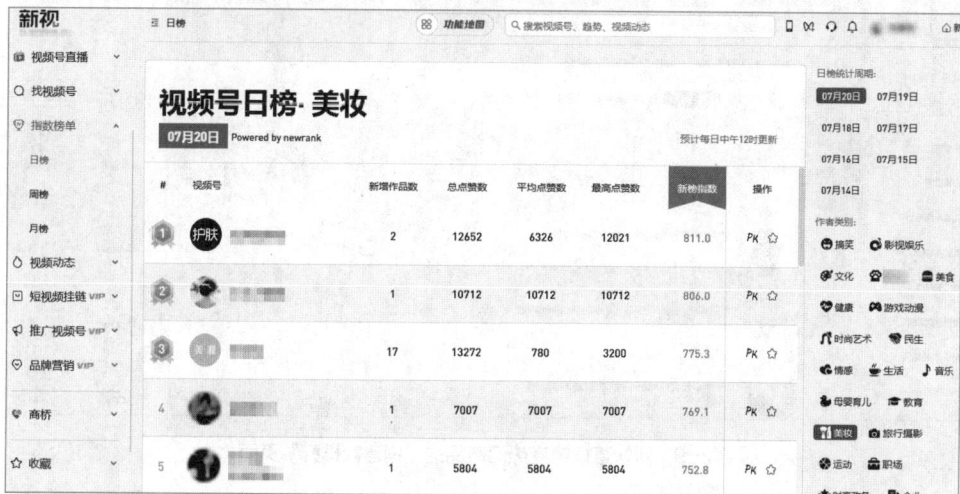

图2-7　指数榜单中"美妆"类视频号的日榜

② 新抖。新榜旗下的新抖是抖音短视频、直播电商数据分析工具，能够为用户提供抖音直播电商分析、抖音号查找排行、MCN 机构分析、短视频素材、探店打卡、电商带货、品牌营销、运营数据下载、DOU+（抖音官方推出的一款短视频付费推广工具）投放实时监测等全面的在线数据服务，帮助抖音账号运营者全方位洞察抖音生态，发掘热门短视频、直播间、"爆款"商品及优质账号，从而有效提升账号的运营变现能力。图 2-8 所示为新抖提供的抖音号搜索的相关数据。

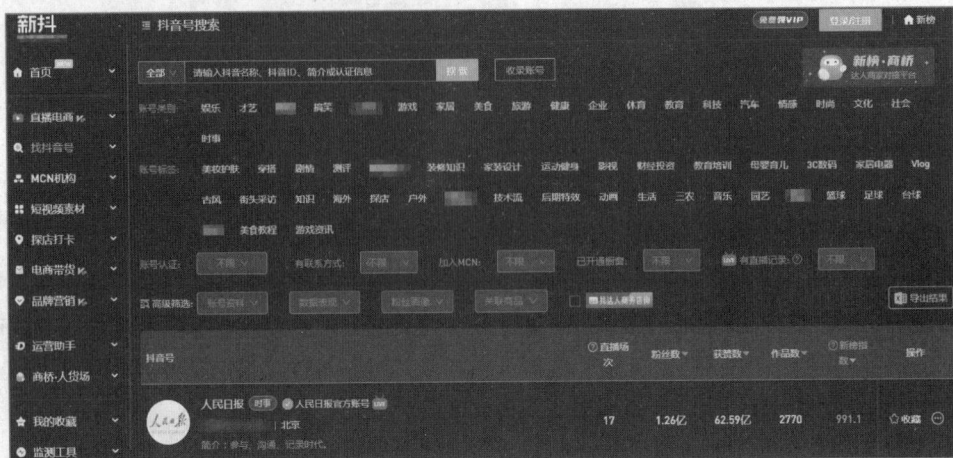

图2-8　抖音号搜索的相关数据

③ 新快。新榜旗下的新快是快手直播电商数据分析工具，能够为用户提供快手账号数据分析、短视频素材、快手直播电商分析等服务，助力快手账号运营者全面掌握账号的运营状况。图 2-9 所示为新快直播电商热门商品的"销售额排行"页面。

图2-9　新快直播电商热门商品的"销售额排行"页面

④ 新站。新榜旗下的新站是适用于哔哩哔哩平台的数据分析工具，为用户提供哔哩哔哩平台 UP 主（UP 是 Upload 的简写，UP 主是指在视频网站或论坛上上传视频、音频文件的人）榜

单、"爆款"作品等数据服务，帮助用户全方位洞察哔哩哔哩平台的生态，发掘潜力 UP 主、"爆款"作品，有效助力账号实现变现等。图 2-10 所示为新站 UP 主搜索页面。

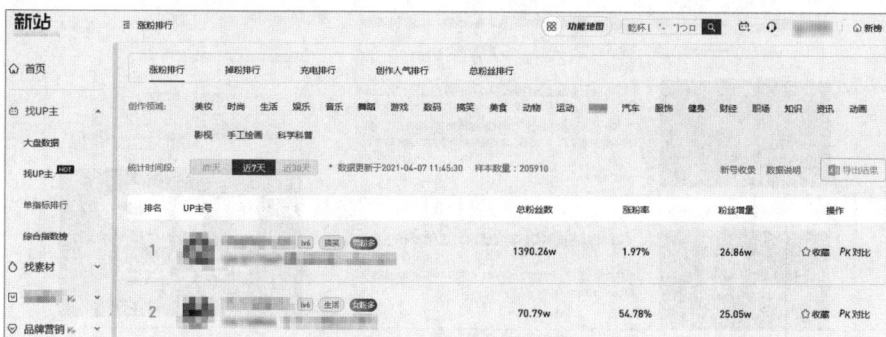

图2-10　新站UP主搜索页面

（4）飞瓜数据

飞瓜数据涵盖抖音、快手、哔哩哔哩等新媒体平台数据，能为用户提供热门视频、音乐、"爆款"商品及优质短视频账号等数据的分析服务，帮助短视频创作者完成账号监测、账号内容定位、粉丝画像分析及流量变现等工作。

以飞瓜数据抖音版为例，它能为用户提供直播分析、电商分析、播主查找、热门素材、数据监测、品牌投放、小店推广等数据分析服务，能让短视频运营者精准监测短视频和直播账号的运营状况，从而提高自身竞争力与账号带货能力。图 2-11 所示为飞瓜数据抖音版工作台。

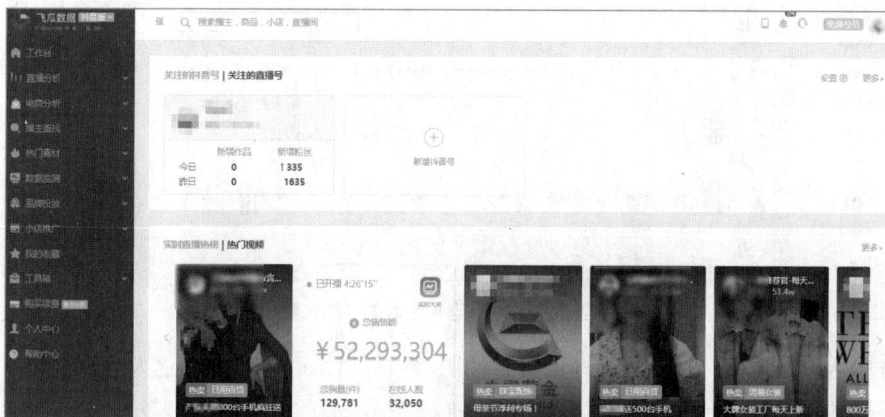

图2-11　飞瓜数据抖音版工作台

（5）卡思数据

卡思数据是一个专业的视频数据分析平台，其数据监测范围涵盖抖音、快手、哔哩哔哩等平台。卡思数据能够为用户提供全方位的数据查询、趋势分析、舆情分析、用户画像、视频监测和数据研究等服务，为内容创作团队在内容创作和用户运营方面提供数据支持，为广告主的广告投放提供数据参考，还能为内容投资者提供全面、客观的价值评估报告。

图 2-12 所示为卡思数据的"数据研究"板块，其中的"数据报告"板块会提供一些数据分析报告，新媒体运营者可以从中获得一些有价值的数据。

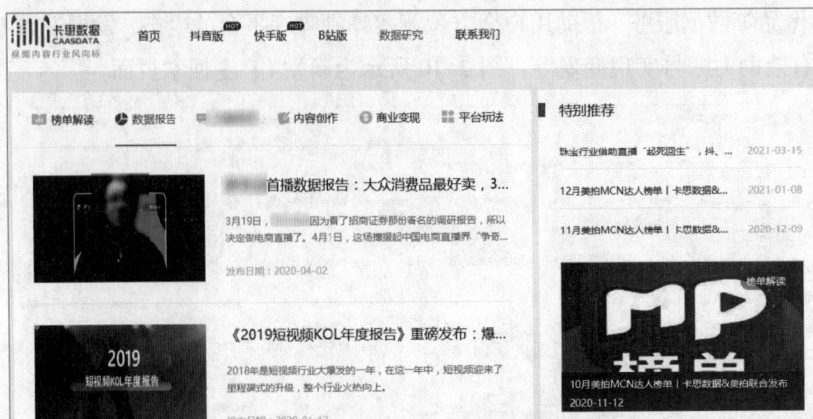

图2-12　卡思数据的"数据报告"板块

以卡思数据哔哩哔哩平台版（B 站版）为例，它能为用户提供创意洞察、监测分析、达人查找、达人分析等数据分析和服务，帮助哔哩哔哩平台运营者监测自己账号的运营情况，并快速了解该平台上的热门视频、热门创作者的情况。运营者通过数据分析指导账号运营，提高自身竞争力。图 2-13 所示为卡思数据哔哩哔哩平台版的"达人查找"页面。

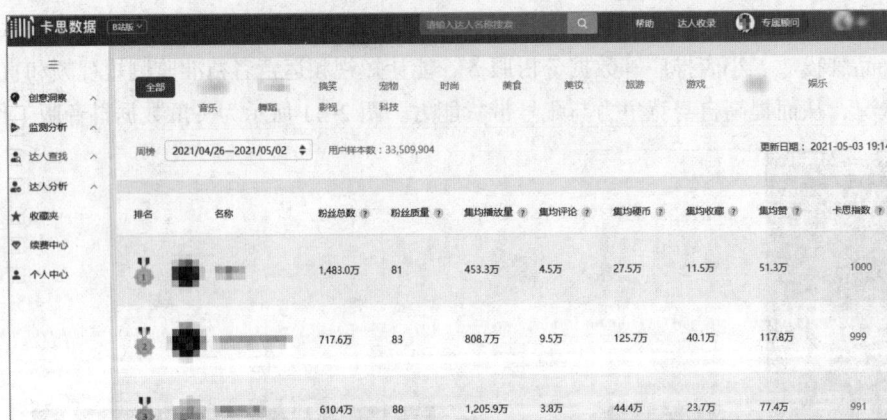

图2-13　卡思数据哔哩哔哩平台版的"达人查找"页面

单击"达人"名称，进入达人详情页，如图 2-14 所示，可以查看达人数据概览、粉丝画像、各条视频详细数据分析等信息。

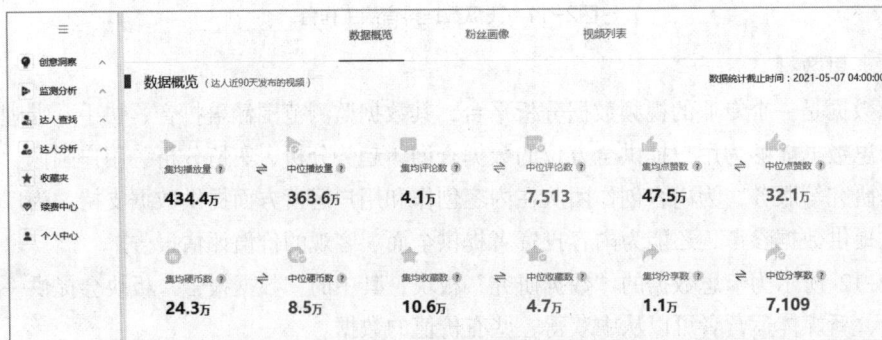

图2-14　"达人"详情页

（6）蝉妈妈

蝉妈妈是一个高效、专业的短视频和直播电商数据分析服务平台，它涵盖了抖音平台各类短视频达人榜、视频播放排行榜、热门素材、"爆款"商品等数据的分析，以及小红书平台上博主、笔记、品牌和热搜词等数据的分析，帮助用户利用大数据来科学、高效地运营短视频账号并实现变现。

为了给用户提供更好的使用体验，最大限度地满足用户在不同使用场景下的需求，蝉妈妈为用户提供了 PC 端和移动端两个版本。

以蝉妈妈 PC 端抖音版为例，其包括直播、商品、小店&品牌、达人、视频&素材等数据分析板块，能为用户提供精准的直播详情数据分析、短视频和直播"爆款"商品数据分析、各类达人详情分析、短视频和音乐素材数据分析等服务。图 2-15 所示为蝉妈妈提供的抖音商品销量榜。单击"操作"按钮⊙，可以进入商品详情分析页，查看商品的详情分析，如图 2-16 所示，短视频和直播运营者可以参考商品详情分析进行选品。

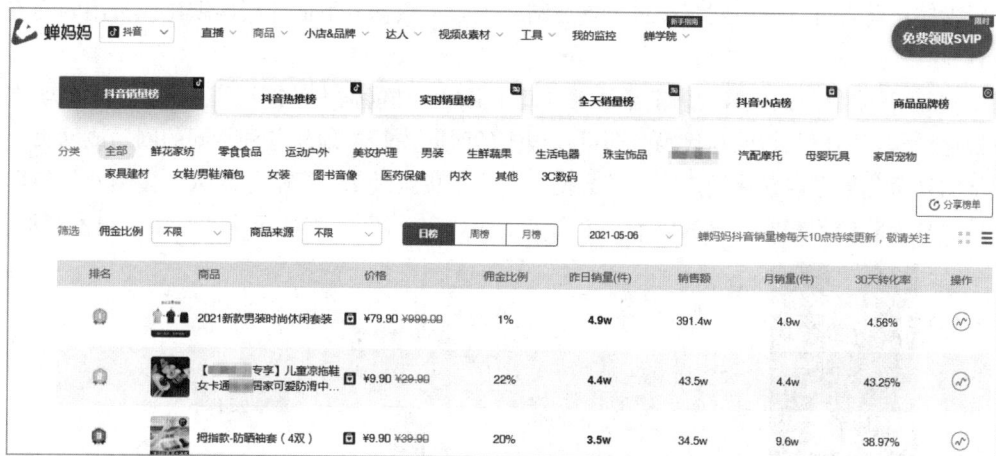

图2-15　抖音商品销量榜

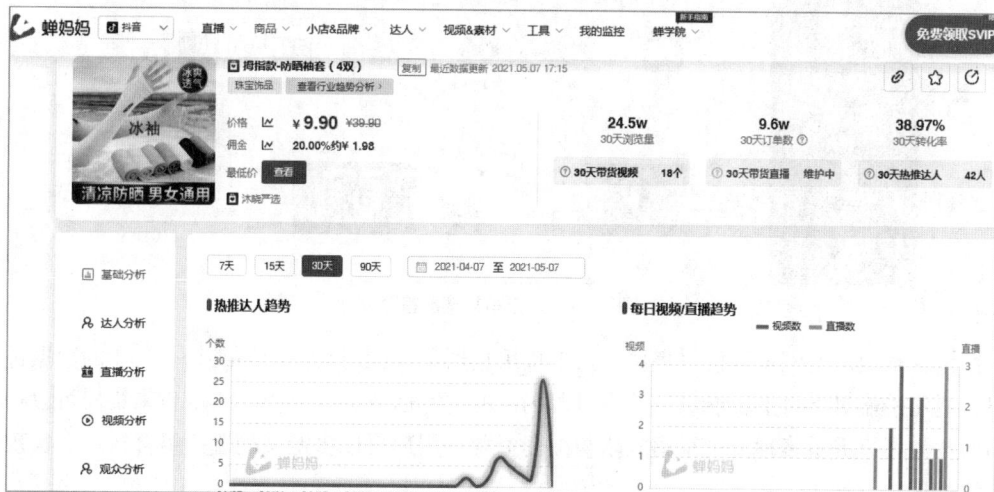

图2-16　商品详情分析页

3. 使用网络爬虫工具采集数据

网络爬虫是一种按照一定的规则，根据网页的结构自动提取不同互联网站点（或软件）信息的程序或者脚本。简单来说，网络爬虫就是按照一定规则编写好的脚本程序，当它开始运行时，会按照预定的规则提取相应网页上的信息。

（1）使用编程语言编写网络爬虫来采集数据

从编程语言的角度来说，人们可以用任意一种能够发起 Web 请求的编程语言来编写网络爬虫，例如，Python、Java、C#等编程语言都可以用来编写网络爬虫。因此，具有一定编程基础的新媒体运营者可以使用 Python、Java、C#等编程语言编写网络爬虫来采集新媒体运营数据。

（2）使用网络爬虫工具采集数据

为了便于人们使用网络爬虫从网络上采集信息，市场上出现了很多网络爬虫工具，这些工具能够简化并自动完成整个爬虫过程，让人们无须懂得编程就能轻松地采集网页上的数据，并将采集到的数据转换为符合自己需求的各种格式。

新媒体运营者可以使用网络爬虫工具在网络上采集数据，下面介绍两款比较常用的网络爬虫工具。

① 八爪鱼采集器。八爪鱼采集器是一款使用简单、功能强大的网络爬虫工具，它能实现完全可视化操作。用户无须编写代码，即可在很短的时间内轻松地从各种不同的网站或网页上获取大量的规范化数据。它让用户实现了数据自动化采集与编辑，摆脱了对人工搜索及采集数据的依赖，从而降低了获取信息的成本，提高了工作效率。图 2-17 所示为八爪鱼采集器首页。

图2-17　八爪鱼采集器首页

作为一款通用的网页数据采集器，八爪鱼采集器不仅能对某一网站或某一行业的数据进行采集，还几乎能对网页上所能看到或网页源码中的文本信息进行采集。八爪鱼采集器可以根据不同网站为用户提供多种网页采集策略与配套资源，用户可以自定义配置并组合运用，实现整个采集过程的自动化。

通过八爪鱼应用程序接口（Application Programming Interface，API），用户可以轻松获取八爪鱼采集器的任务信息和采集到的数据，从而灵活调度任务，如远程控制任务的启动与停止，高效实现数据采集与归档。基于强大的 API 体系，用户还可以无缝对接公司内部的各类管理平台，实现各类业务的自动化处理。

针对用户的采集需求，八爪鱼采集器为用户提供了自动生成爬虫的自定义模式。这种模式可以准确、批量识别各种网页元素，还提供翻页、下拉、页面滚动、条件判断等多种功能，支持不同网页结构的复杂网站数据采集，能够适应多种采集应用场景。

此外，八爪鱼采集器内置了强大的数据格式化引擎，支持字符串替换、正则表达式替换或匹配、去除空格、添加前缀或后缀、日期与时间格式化、HTML 转码等多种功能。其数据采集过程全自动化，用户无须进行人工干预，即可得到所需格式的数据。

② 爬山虎采集器。爬山虎采集器是一款通用的网页采集软件，它能够采集互联网上的大部分网站数据，包括网页表格数据、文档、图片及其他各种形式的文件。它能够将采集到的网站数据导出为各种格式的文件，以及发布到网站 API 上。

爬山虎采集器简单易学，用户无须学习任何代码技术，即可通过设置相关数据采集条件一键提取数据，这极大地提高了人们从互联网上获取数据的效率。图 2-18 所示为爬山虎采集器的主界面。

图2-18 爬山虎采集器的主界面

2.2 使用网络爬虫工具采集数据

对于新媒体运营者来说，使用网络爬虫工具采集数据既简单又便捷。下面以八爪鱼采集器为例，介绍使用网络爬虫工具采集数据的方法。

八爪鱼采集器提供了模板采集、自定义采集、云采集等多种采集模式，新媒体运营者可以根据自己的需求选择合适的采集模式来采集数据。

2.2.1 模板采集

模板采集就是使用由八爪鱼采集器提供的采集模板进行数据采集。目前，

模板采集

八爪鱼提供的采集模板超过 200 个，涵盖各主流网站的采集场景。模板采集模式简单易操作，新媒体运营者在采集数据时只需输入网址、关键词、页数等参数，就能快速获得目标网站的数据。

使用八爪鱼采集器中的模板采集模式采集数据的操作步骤如下。

1 登录八爪鱼采集器账号，进入账号首页，单击"热门采集模板"下的"更多"超链接，如图 2-19 所示。新媒体运营者也可在首页的搜索框中输入目标网站的名称，八爪鱼采集器会自动寻找相关的采集模板，然后将鼠标指针移到需要的模板上并单击，即可进入该模板的详情界面。需要注意的是，要确保输入的网站名称正确，否则可能无法查找到相关模板。

图2-19 单击"更多"超链接

2 进入选择采集模板界面，根据需要选择模板类型。在此选择"媒体阅读"模板，单击"媒体阅读"选项卡，进入媒体阅读类网页采集界面，以采集微博网页数据为例，单击"微博网页"模板，如图 2-20 所示。

3 进入微博网页模板界面，选择需要采集的数据源，在此选择"微博-热搜榜"，单击"微博-热搜榜"，如图 2-21 所示。

图2-20 单击"微博网页"模板

图2-21 单击"微博-热搜榜"

4 进入微博-热搜榜模板说明界面，单击"立即使用"按钮，如图 2-22 所示。

图2-22 单击"立即使用"按钮

⑤ 进入微博-热搜榜参数设置界面，设置参数后单击"保存并启动"按钮，如图 2-23 所示。微博-热搜榜模板可以采集微博热搜榜中的全部热搜词和每个热搜词对应的最新博文。在参数设置中，"前几个热搜词"是指只采集前几个词的博文，如输入数字"3"，可以实现只采集前 3 个热搜词的博文。此项为非必填项，可以不填写，如果不填写将采集全部（共 50 个）热搜词的博文。

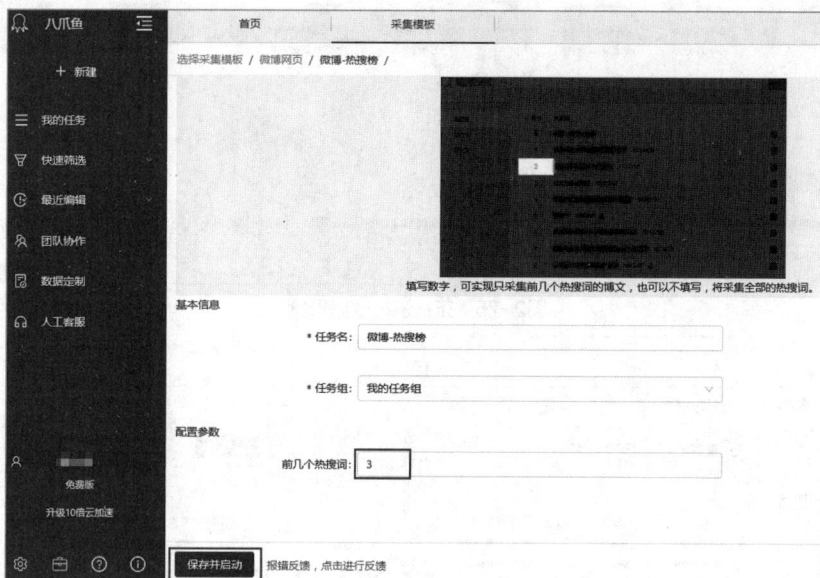

图2-23　设置微博-热搜榜模板参数

⑥ 在弹出的"启动任务"对话框中单击"启动本地采集"按钮，如图 2-24 所示。

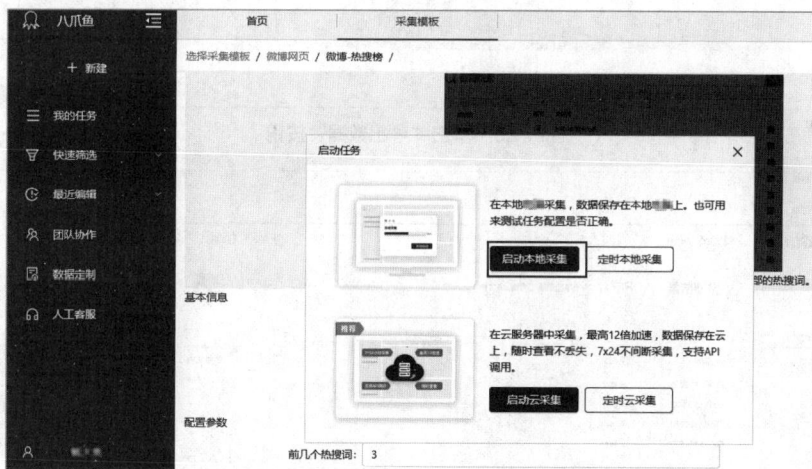

图2-24　单击"启动本地采集"按钮

⑦ 正在进行数据采集，如图 2-25 所示。

⑧ 数据采集完成，新媒体运营者可以将采集到的数据导出。在"采集完成"对话框中单击"导出数据"按钮，如图 2-26 所示。

⑨ 在弹出的"导出本地数据（微博-热搜榜）"对话框中选择一种导出方式，如"Excel(xlsx)"，然后单击"确定"按钮，即可将采集到的数据导出，如图 2-27 所示。

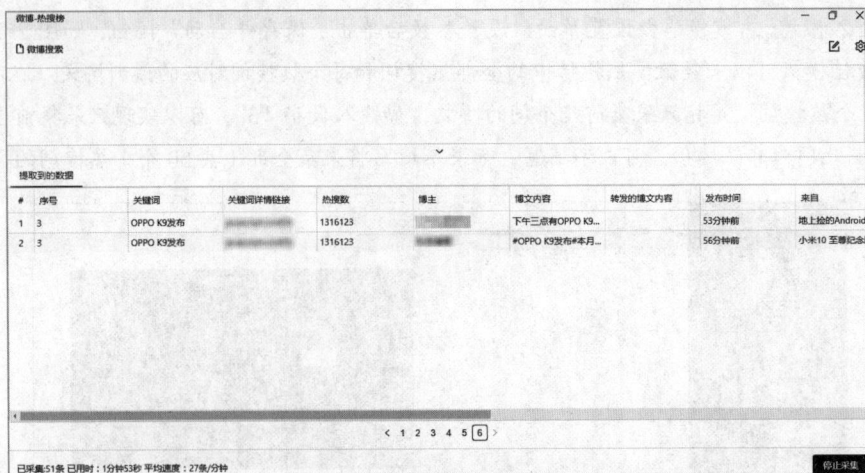

图2-25　正在进行数据采集

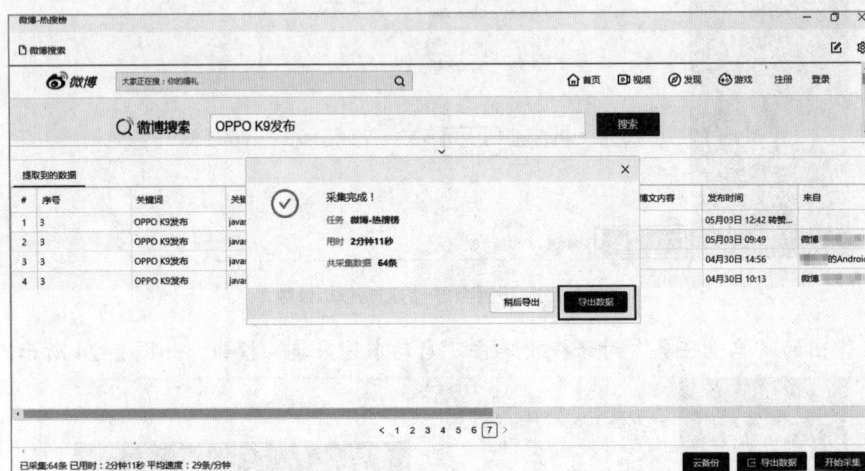

图2-26　单击"导出数据"按钮

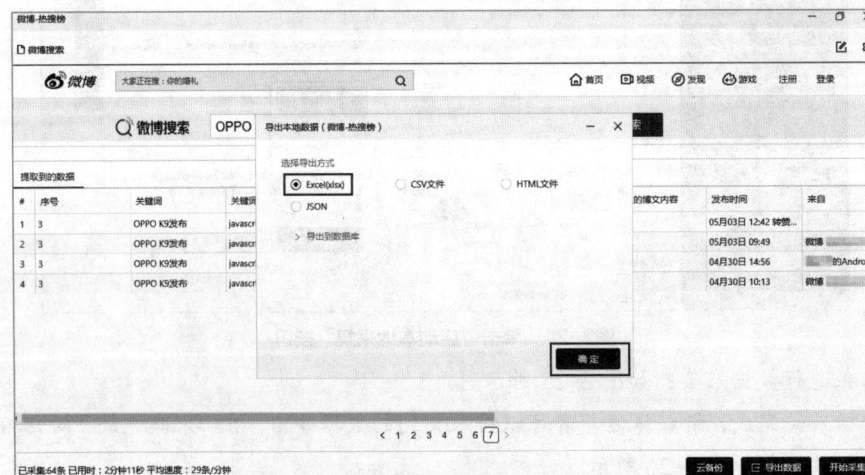

图2-27　导出数据

2.2.2　自定义采集

使用自定义采集模式采集数据时，新媒体运营者需要自行配置采集规则，以满足自身更多的个性化需求。自定义采集包括两种方式，即使用智能识别模式采集数据和自己手动配置采集流程采集数据。

1. 使用智能识别模式采集数据

新媒体运营者使用智能识别模式采集数据时，只需输入要采集数据的目标网址即可，八爪鱼采集器能够自动智能识别网页数据。使用八爪鱼采集器智能识别模式采集数据的操作步骤如下。

使用智能识别
采集数据

1️⃣ 在首页的搜索框中输入目标网址，然后单击"开始采集"按钮，如图 2-28 所示。

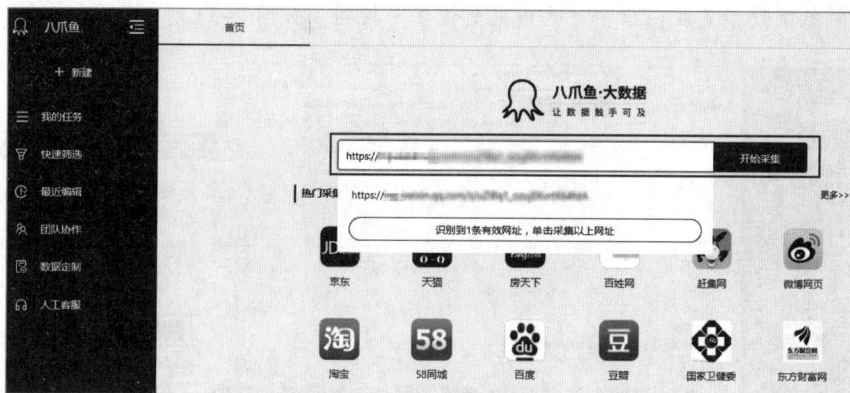

图2-28　输入网址

2️⃣ 八爪鱼采集器会自动打开网页并开始智能识别，如图 2-29 所示。自动识别需要花费一些时间。

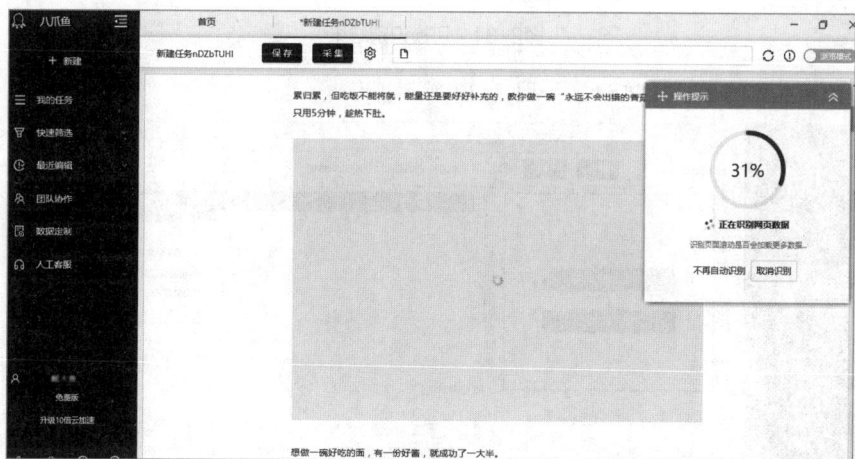

图2-29　智能识别中

3️⃣ 智能识别成功，如图 2-30 所示。一个网页中可能有多组数据，八爪鱼采集器会将所有数据识别出来，然后智能推荐最常用的那组。如果推荐的数据不是自己想要的，可以单击"切换识别结果"超链接切换数据。

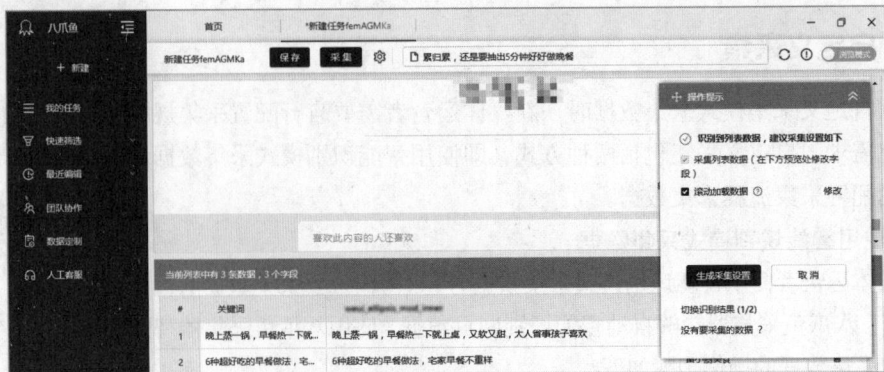

图2-30 智能识别成功

4 识别结果切换完成，单击"生成采集设置"按钮，如图 2-31 所示。

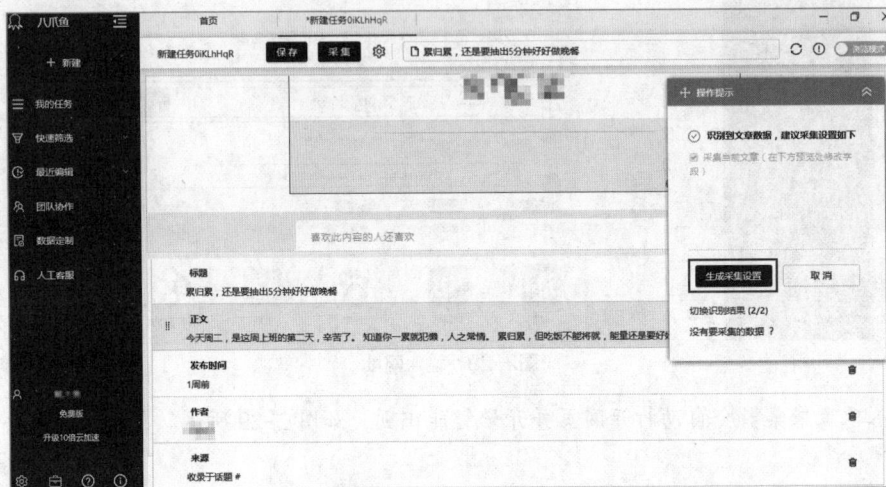

图2-31 切换识别结果

5 自动生成相应的采集流程，如图 2-32 所示。

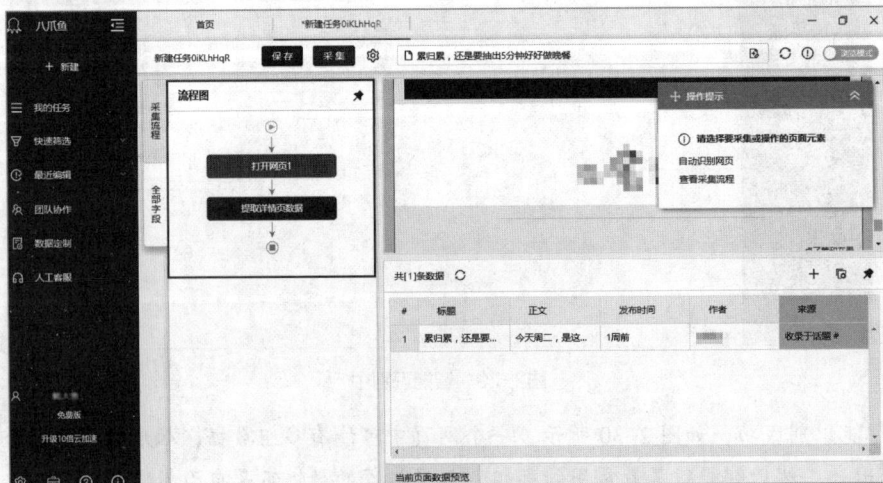

图2-32 生成采集流程

⑥ 新媒体运营者可以对采集流程进行编辑修改，如图 2-33 所示。将鼠标指针移到某一步骤上，可以查看该步骤的详细信息。单击"设置"按钮 ，可以进入步骤的高级设置界面；单击 按钮，可以对当前步骤进行复制、粘贴、删除等操作；将鼠标指针移到流程中的 位置，就会出现 按钮，单击该按钮，可以快速添加步骤；单击 按钮，可以将流程图隐藏，再次单击该按钮，则可以让流程图显示在界面上。

图2-33　编辑修改采集流程

⑦ 单击左上角的"采集"按钮，在弹出的"启动任务"对话框中单击"启动本地采集"按钮，八爪鱼采集器开始自动采集数据，如图 2-34 所示。

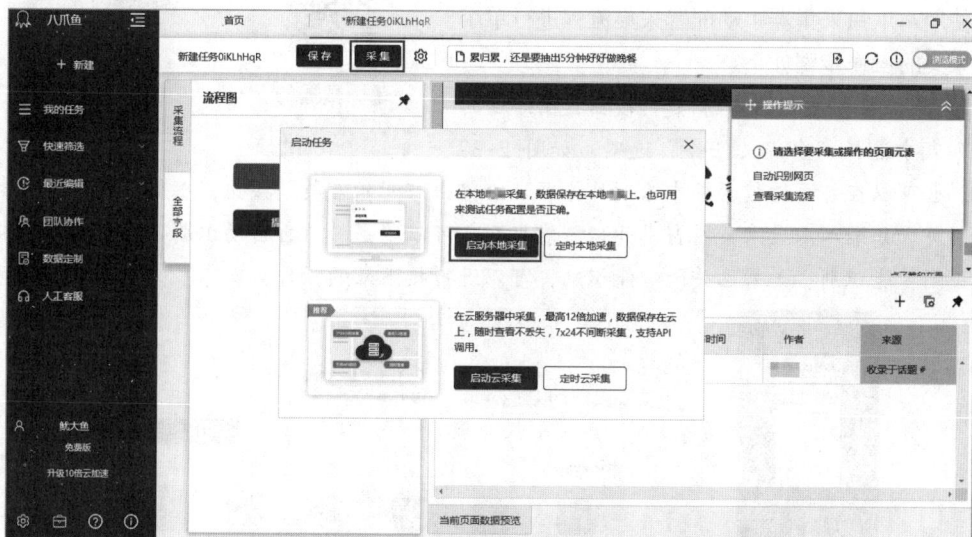

图2-34　单击"启动本地采集"按钮

⑧ 数据采集完成，如图 2-35 所示。单击"导出数据"按钮，可以将采集到的数据按照所需的方式导出。

图2-35　数据采集完成

2. 自己手动配置采集流程采集数据

采集流程（也称采集任务、采集规则）是指从特定网页上提取数据的一系列步骤，如图 2-36 所示。自己手动配置采集流程，可以灵活应对各类采集场景，包括翻页、滚动和登录等。

由于每个网站的页面布局是不同的，所以采集流程不能通用。通常来说，一个网站需要配置一个采集流程。例如，在京东商城网页采集数据和淘宝网网页采集数据时，需要配置两个不同的采集流程。

（1）单个数据的采集

以在京东商城商品详情页中采集商品数据为例，使用八爪鱼采集器手动配置采集流程进行单个数据采集的操作步骤如下。

图2-36　采集流程

1 单击首页左侧的"+新建"按钮，在弹出的下拉列表中选择"自定义任务"选项，如图 2-37 所示。也可以在首页的搜索框中输入目标网址，单击"开始采集"按钮，八爪鱼采集器会自动打开网页。如果八爪鱼采集器自动开始智能识别，可以单击"不再自动识别"或"取消识别"按钮关闭智能识别。如果已关闭智能识别，可以进行接下来的操作。

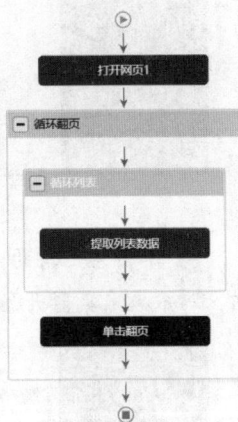

图2-37　选择"自定义任务"选项

2 进入网址输入界面，选择采集网址的方式，单击"手动输入"按钮，在"网址"文本框中输入目标网址，然后单击"保存设置"按钮，如图 2-38 所示。

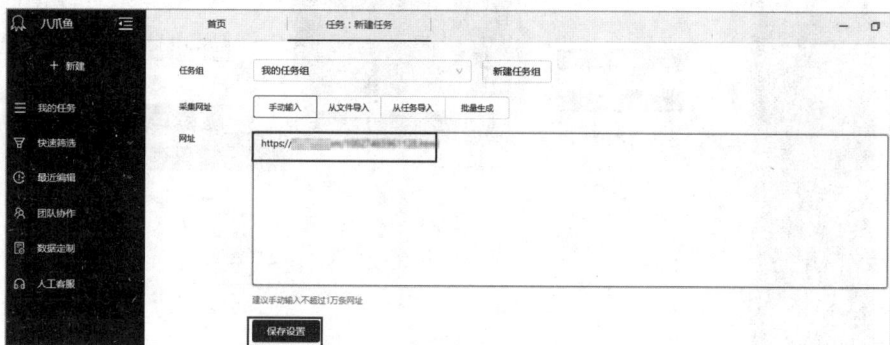

图2-38　输入目标网址

3 八爪鱼采集器开始智能识别网页，网页中包含文本（标题、价格等）、图片（商品图片）、超链接等多种字段，将鼠标指针移到想要采集的字段上并单击字段将其选中。字段被选中后八爪鱼采集器会用方框将其框起来，同时弹出"操作提示"对话框。选中不同的字段，"操作提示"对话框中的指令也会有所不同。

如果选中的是文本，单击"采集该元素的文本"超链接，如图 2-39 所示。如果选中的是图片，则单击"采集该图片地址"超链接，如图 2-40 所示。如果选中的是链接，则单击"采集该链接的文本"或"采集该链接地址"超链接。单击"采集该链接的文本"超链接，可采集超链接的文本信息；单击"采集该链接地址"超链接，则采集超链接的地址。在此单击"采集该超链接的文本"，如图 2-41 所示。

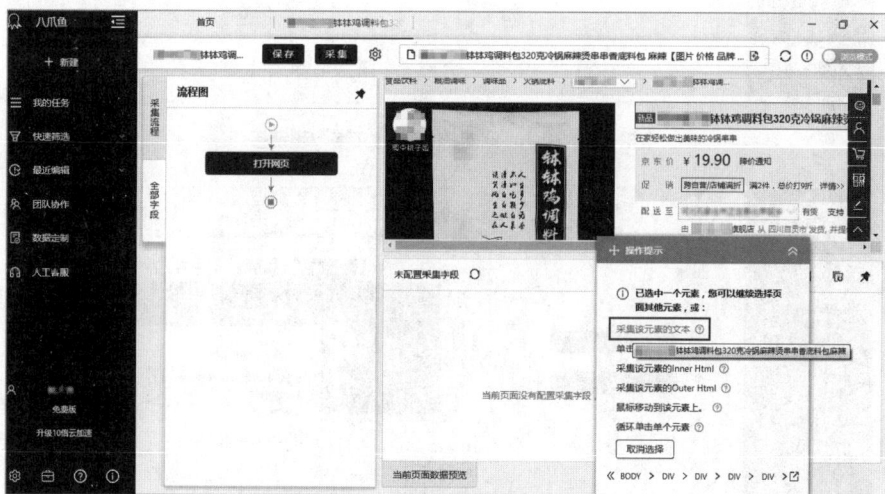

图2-39　单击"采集该元素的文本"超链接

4 八爪鱼采集器会自动提取列表中的所有字段，将鼠标指针移到字段上，单击字段右侧的 𝟘 按钮，可以修改字段名称；将鼠标指针移到···按钮上，可以对字段进行删除、复制、格式化等操作。在此单击"修改字段名称"按钮𝟘，如图 2-42 所示。

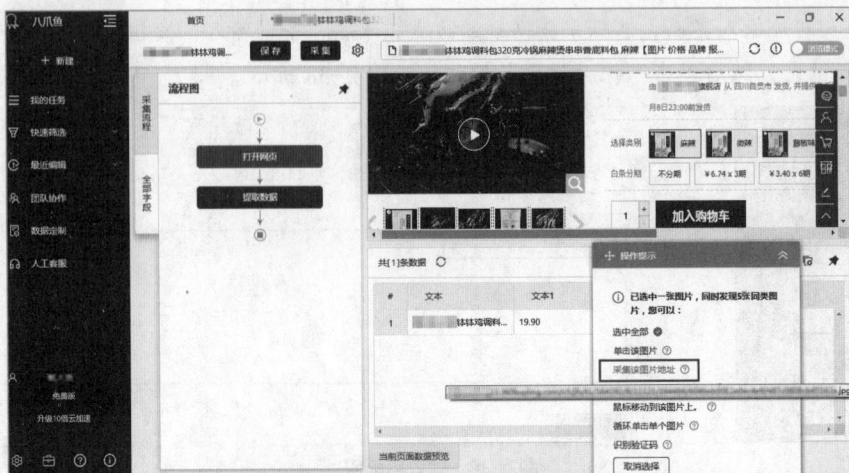

图2-40 单击"采集该图片地址"超链接

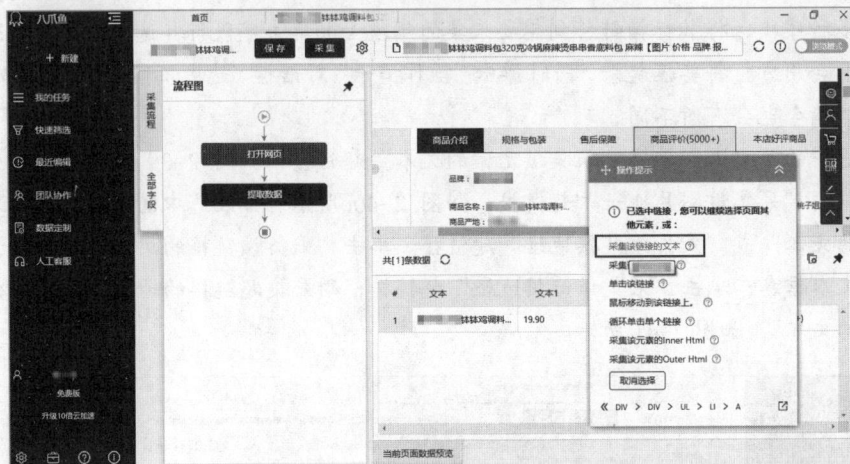

图2-41 单击"采集该链接的文本"超链接

图2-42 单击"修改字段名称"按钮

5 修改字段名称，采集流程配置完成，单击界面左上方的"采集"按钮，如图 2-43 所示。

6 在"启动任务"对话框中单击"启动本地采集"按钮，如图 2-44 所示。

7 数据采集完成，单击"导出数据"按钮，可以将采集到的数据按照所需的方式导出，如

图 2-45 所示。

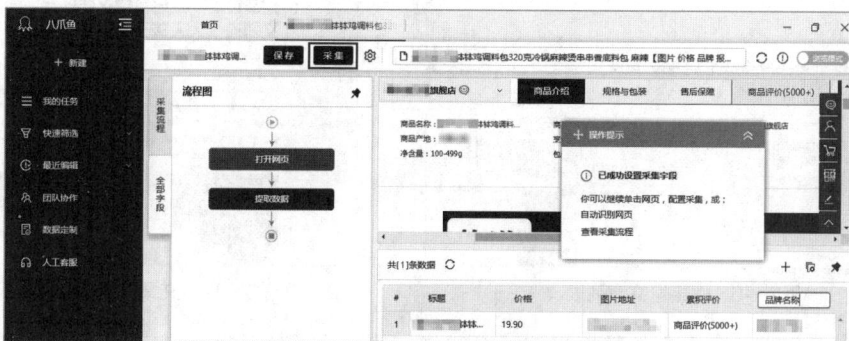

图2-43　采集流程配置完成

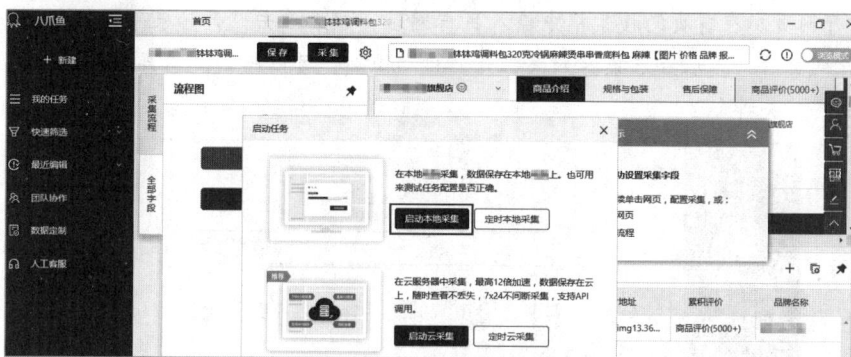

图2-44　启动本地采集

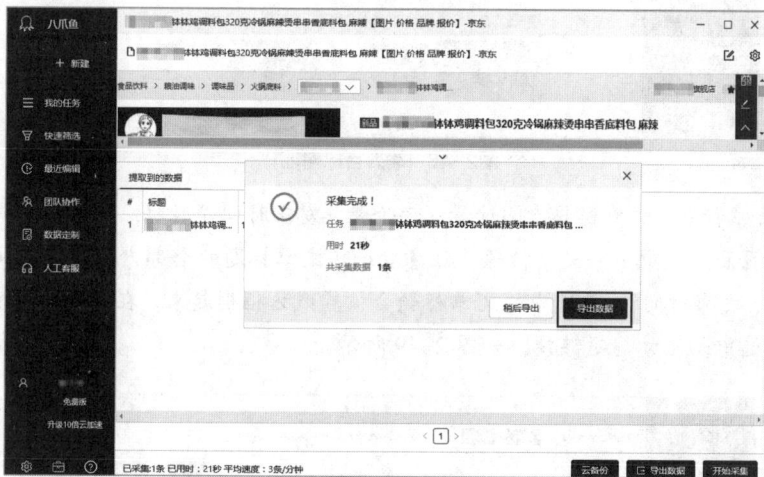

图2-45　导出数据

（2）从列表进入详情页采集数据

列表是最常见的网页样式之一，如头条号文章列表（见图 2-46）。用户在浏览网页时单击页面中的文章标题，就可以进入文章详情页。文章详情页中有文章标题、文章链接、发布时间、阅读量、评论量等字段，如图 2-47 所示。

从列表进入详情页采集数据

图2-46　头条号文章列表

图2-47　文章详情页（部分）

下面以采集头条号文章的数据为例，介绍如何使用八爪鱼采集器自定义采集模式从列表进入详情页采集数据，操作步骤如下。

1 打开网页。在首页的搜索框中输入目标网址，然后单击"开始采集"按钮，如图 2-48 所示。打开网页后，八爪鱼采集器如果已开始自动识别，可以单击"不再自动识别"或"取消识别"按钮将其关掉。

图2-48　输入目标网址

2 采集文章标题、文章链接、阅读量、评论量、发布时间等数据。八爪鱼采集器开始智能识别网页，在页面上选中 1 个文章标题（注意要选中文章标题的全部内容，包括文章标题、阅读量、评论量、发布时间），被选中的文章标题会被虚线方框框起来。在弹出的"操作提示"对话框中单击"选中子元素"超链接，如图 2-49 所示。

图2-49　单击"选中子元素"超链接

3 选中子元素后，在"操作提示"对话框中单击"选中全部"超链接，如图 2-50 所示。

图2-50　单击"选中全部"超链接

4 在"操作提示"对话框中单击"采集数据"超链接，如图 2-51 所示。启动采集以后，八爪鱼采集器会按顺序依次提取每篇文章的标题、阅读量、评论量、发布时间等字段。

图2-51　单击"采集数据"超链接

5 采集文章详情页中的文本数据。在当前文章列表中单击文章标题（网页中会用方框框起来），在弹出的"操作提示"对话框中单击"单击该链接"超链接，如图 2-52 所示。

图2-52　单击"单击该链接"超链接

⑥ 自动进入该文章详情页，单击文章标题，在"操作提示"对话框中单击"采集该元素的文本"超链接，如图2-53所示。

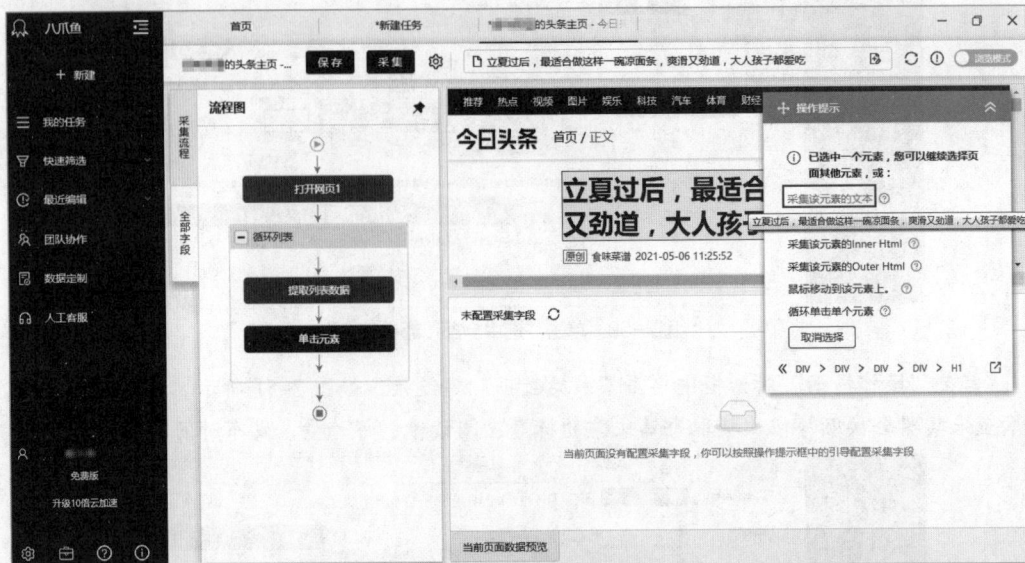

图2-53 单击"采集该元素的文本"超链接

⑦ 依次完成作者、发布时间、正文等文本数据的提取，如图2-54所示。

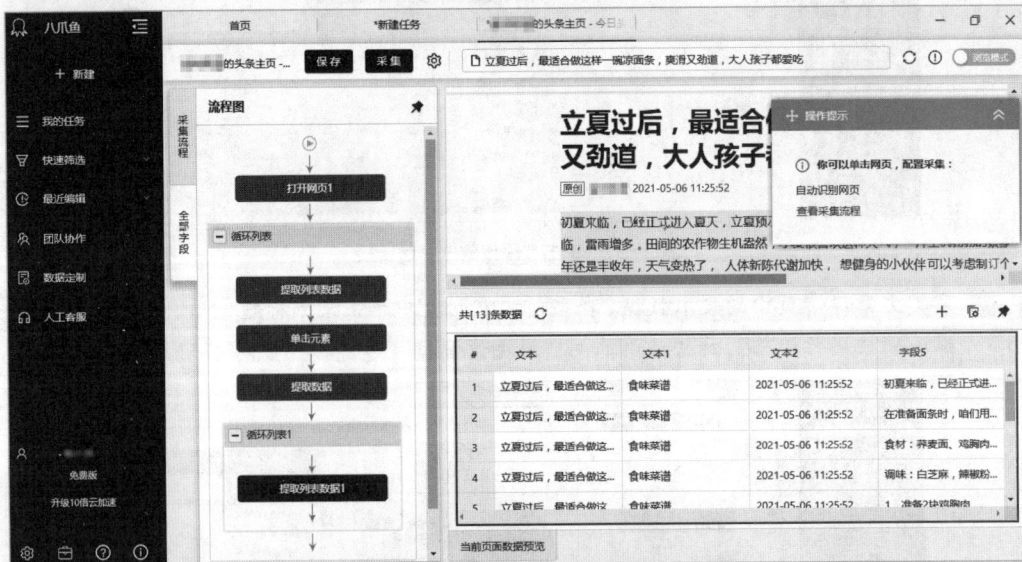

图2-54 提取作者、发布时间、正文等文本数据

⑧ 采集文章详情页中的图片。在文章详情页中选中一张图片，在"操作提示"对话框中单击"选中全部"超链接，如图2-55所示。

⑨ 提示已选中8张图片，在"操作提示"对话框中单击"采集以下图片地址"超链接，如图2-56所示。启动采集以后，八爪鱼采集器就会按顺序依次提取每个图片地址。

⑩ 编辑字段。在流程图中单击"提取列表数据"右侧的"设置"按钮，如图2-57所示。

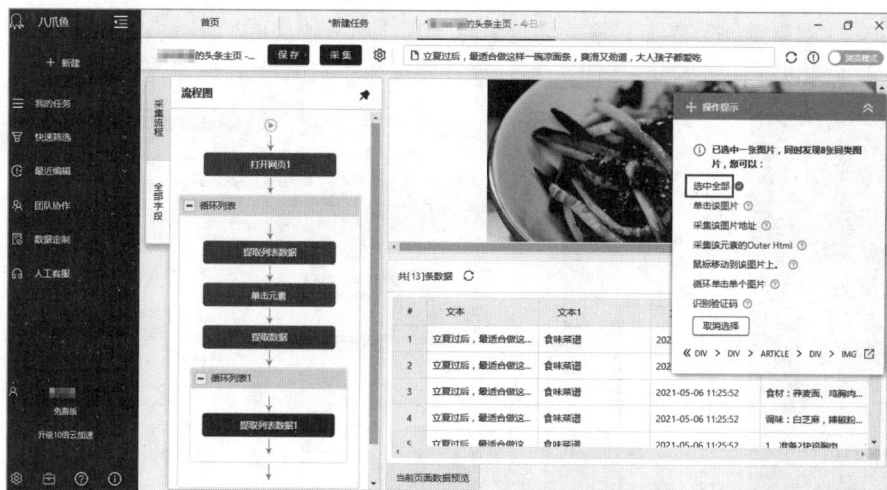

图2-55　单击"选中全部"超链接

图2-56　单击"采集以下图片地址"超链接

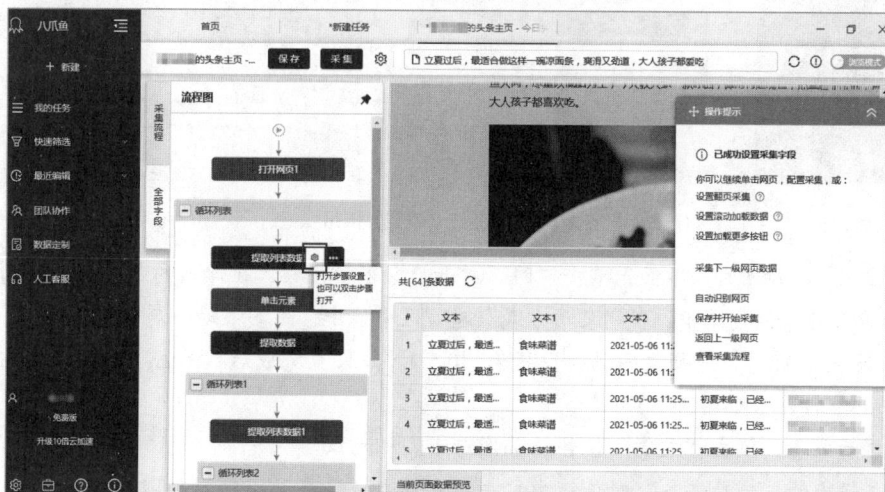

图2-57　单击"设置"按钮

⑪ 进入"提取数据"界面，修改字段名称，然后单击"应用"按钮，如图2-58所示。新媒体运营者也可以进行删除多余字段、移动字段等操作。

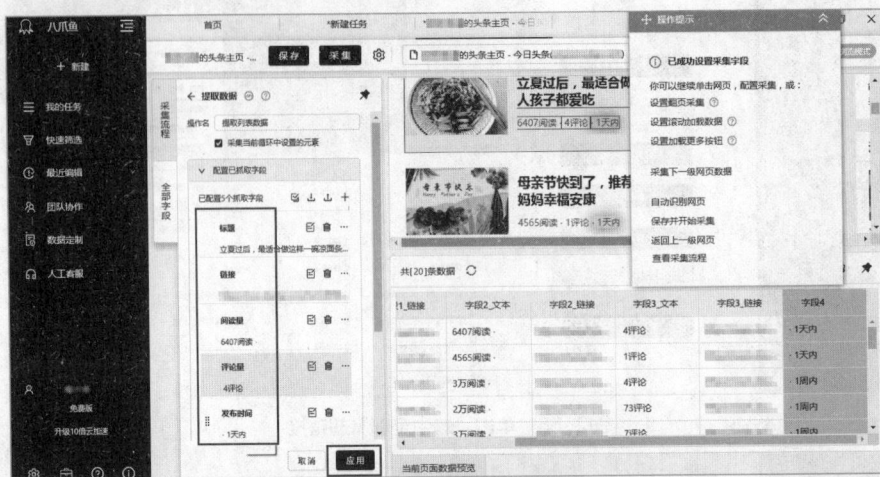

图2-58 修改字段名称

⑫ 打开头条号页面后，向下滚动页面会自动加载出更多的文章列表，因此在使用八爪鱼采集器采集文章列表时也需要进行滚动设置。

⑬ 在流程图中单击"打开网页1"右侧的"设置"按钮 ⚙，如图2-59所示。

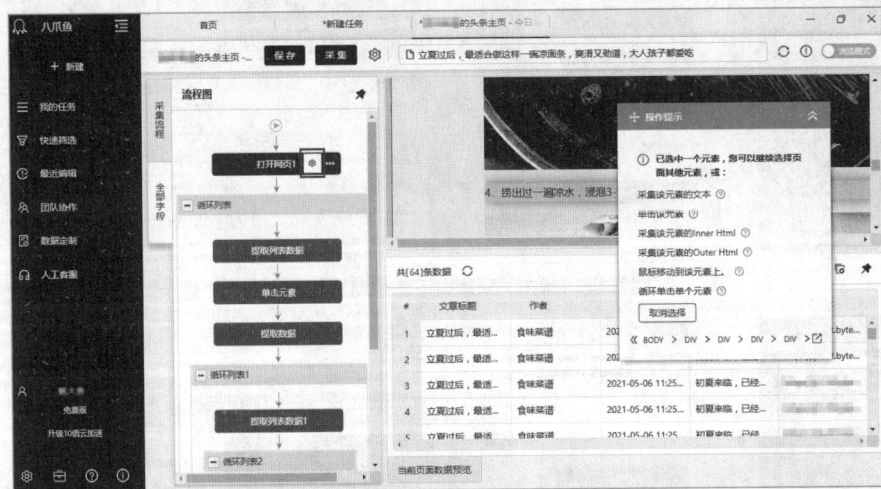

图2-59 单击"设置"按钮

⑭ 进入"打开网页"界面，单击"网页打开后"下拉按钮，在弹出的下拉列表中勾选"页面加载后向下滚动"复选框；在"滚动方式"选项区中选中"向下滚动一屏"单选按钮，将"滚动次数"设置为10，将"每次间隔"设置为"0.5秒"。设置完成后，单击"应用"按钮，然后单击"保存"按钮，如图2-60所示。

⑮ 启动采集。单击"采集"按钮，如图2-61所示。

⑯ 在弹出的"启动任务"对话框中单击"启动本地采集"按钮，如图2-62所示，八爪鱼采集器开始自动采集数据。采集完成后，可以选择合适的导出方式导出数据。

图2-60　设置网页滚动参数

图2-61　单击"采集"按钮

图2-62　启动本地采集

（3）多页数据的采集

在很多网站上，人们浏览完一页网页的信息后要想继续浏览就需要翻页，而新媒体运营者在这些网站上采集数据时，也需要翻页才能获得更多的数据。单击页面上的"下一页"按钮实现翻页是比较常见的一种翻页方式，如图2-63所示。

多页数据的采集

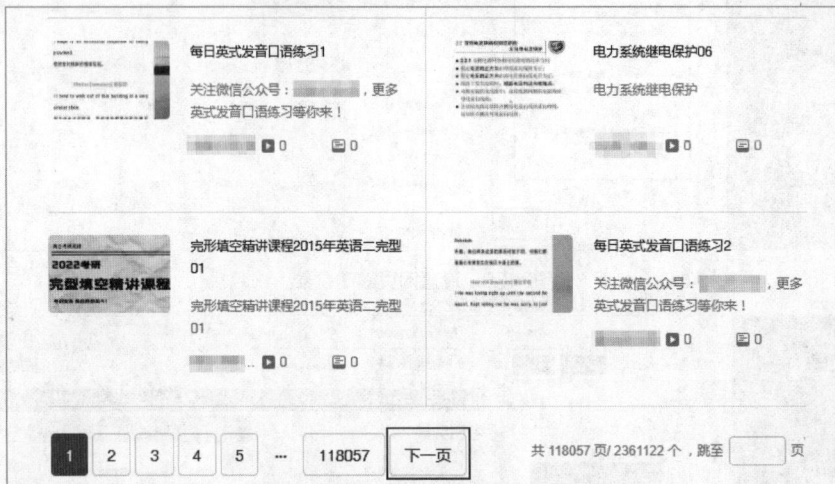

图2-63 单击"下一页"按钮实现翻页

下面以在哔哩哔哩平台上按类目标签采集视频数据为例，介绍使用八爪鱼采集器采集通过单击"下一页"按钮实现翻页的网站的数据的方法，操作步骤如下。

① 打开网页。在首页左上角单击"+新建"按钮，在弹出的下拉列表中选择"自定义任务"选项，如图2-64所示。

图2-64 选择"自定义任务"选项

② 进入网址输入界面，选择采集网址的方式，单击"手动输入"按钮，在"网址"文本框中输入目标网址，然后单击"保存设置"按钮，如图2-65所示。

③ 提取数据。八爪鱼采集器中内置的浏览器会自动打开网页，在网页中单击"校园学习"超链接，然后在"操作提示"对话框中单击"采集该链接的文本"超链接，如图2-66所示。

④ 在"当前页面数据预览"面板中单击"修改字段名称"按钮 🖊，如图2-67所示。

图2-65　输入目标网址

图2-66　单击"采集该链接的文本"超链接

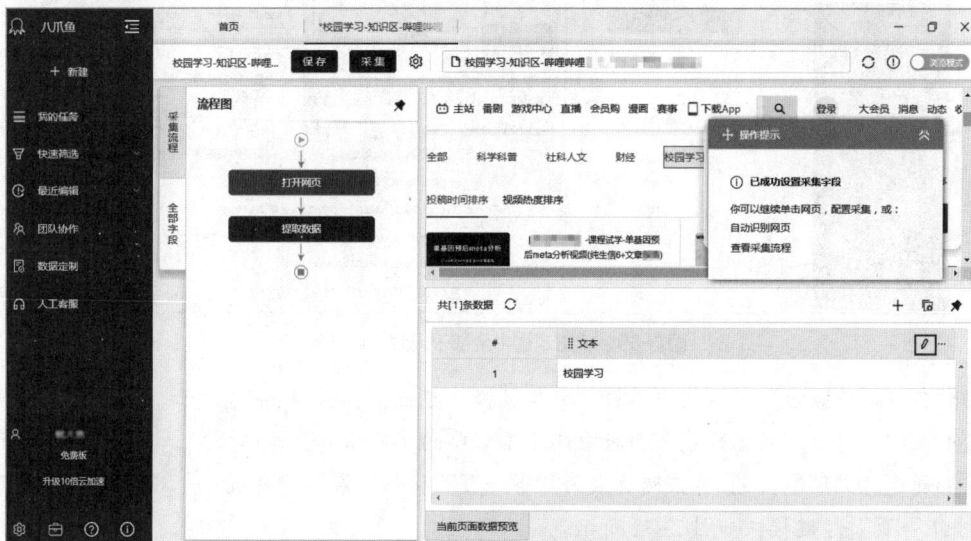

图2-67　单击"修改字段名称"按钮

⑤ 在文本框中修改字段名称，如图 2-68 所示。

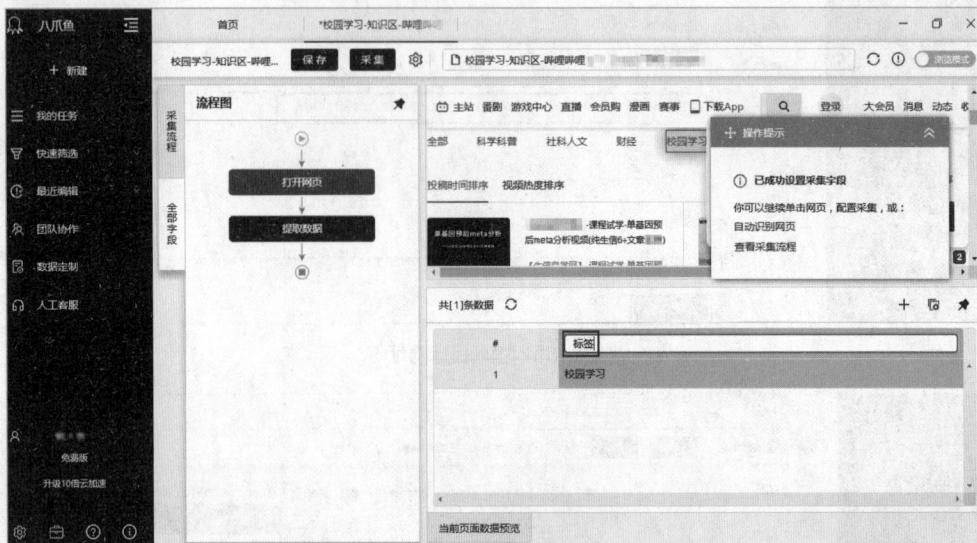

图2-68 修改字段名称

⑥ 创建"循环列表"。先选中页面上的一个视频列表（要选中整个列表，需选中视频标题、创作者名称、观看量、弹幕量等所有所需字段），再选中页面上的另一个列表，这样页面中的全部视频都会被识别到。在"操作提示"对话框中单击"选中全部子元素"超链接，如图 2-69 所示。

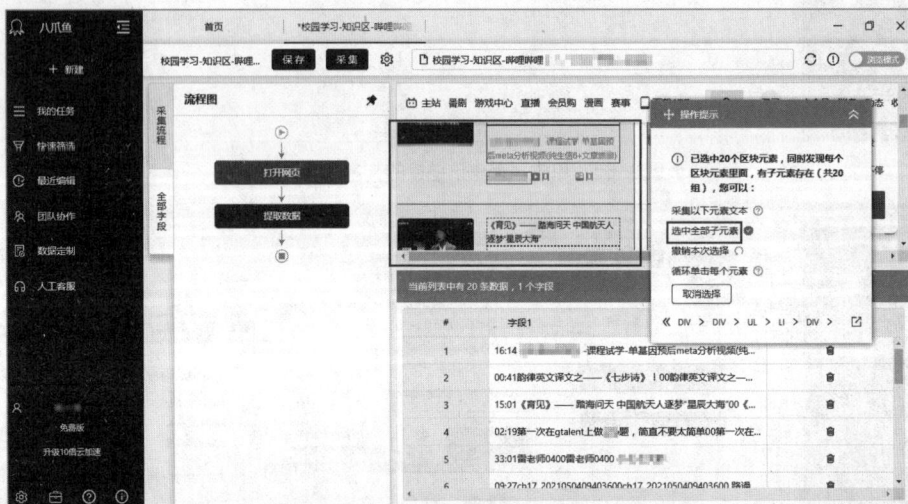

图2-69 单击"选中全部子元素"超链接

⑦ 在"操作提示"对话框中单击"采集数据"超链接，如图 2-70 所示。

⑧ 在"当前页面数据预览"面板中删除不需要的字段信息并编辑字段，如图 2-71 所示。

⑨ 创建"循环翻页"。单击网页上的"下一页"按钮，在"操作提示"对话框中单击"循环单击下一页"超链接，如图 2-72 所示。

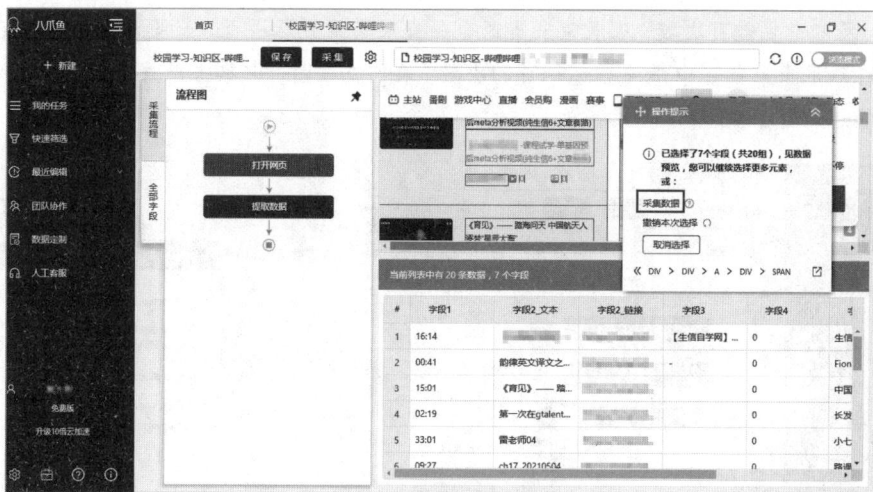

图2-70　单击"采集数据"超链接

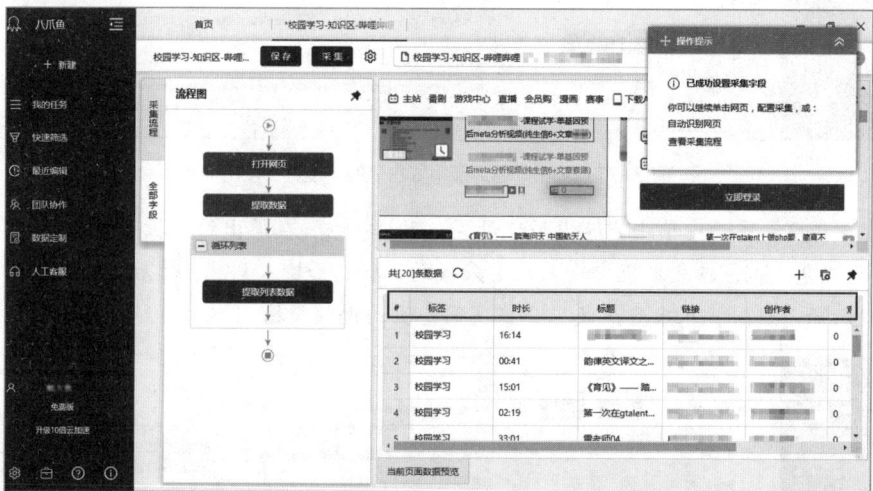

图2-71　编辑字段

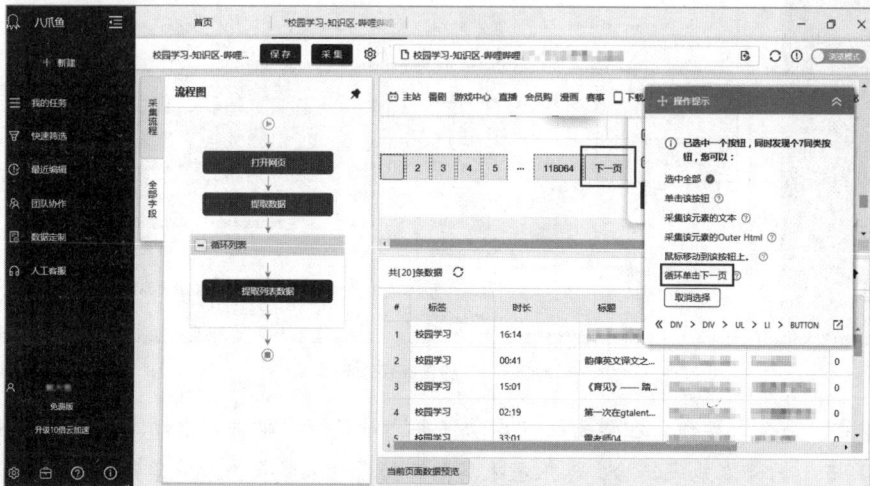

图2-72　单击"循环单击下一页"超链接

10 如果不设置翻页次数，八爪鱼采集器会一直采集到最后一页。如果只需采集特定页的数据，可以在八爪鱼采集器中设置循环翻页的次数。在"流程图"中单击"循环翻页"右侧的"设置"按钮，如图2-73所示。

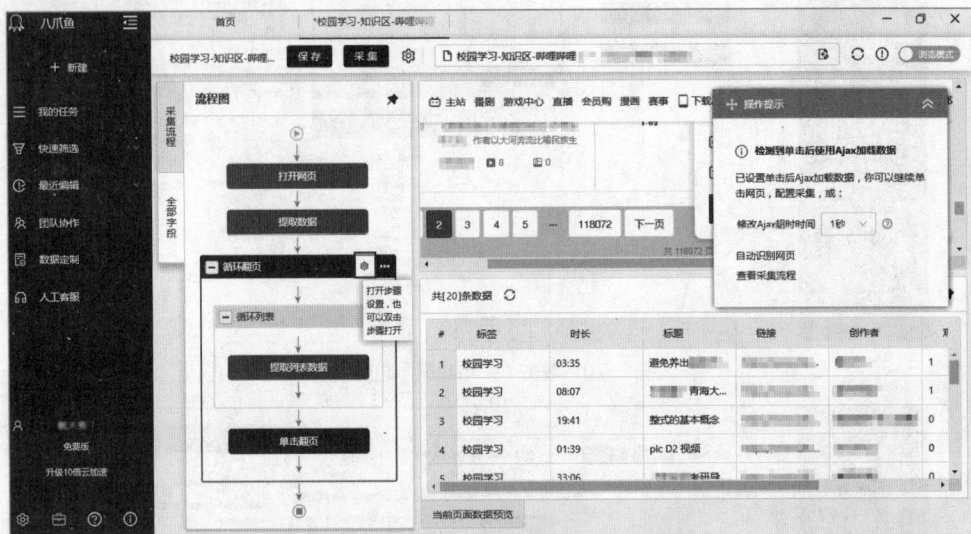

图2-73 单击"循环翻页"右侧的"设置"按钮

11 在"循环"界面中单击"退出循环设置"下拉按钮，在弹出的下拉列表中勾选"循环执行次数等于"复选框，在文本框中输入想要采集的页数，如输入"2"，然后单击"应用"按钮，如图2-74所示。这时，八爪鱼采集器会采集第2页的视频数据。

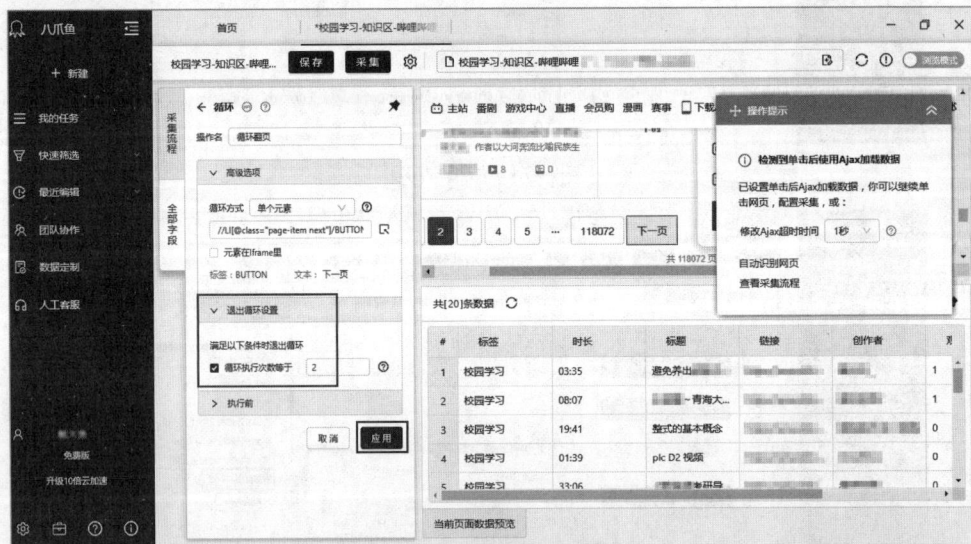

图2-74 设置翻页次数

12 单击"采集"按钮，在弹出的"启动任务"对话框中单击"启动本地采集"按钮，如图2-75所示。启动本地采集后，八爪鱼采集器开始自动采集数据。采集完成后，可以选择合适的导出方式导出数据。

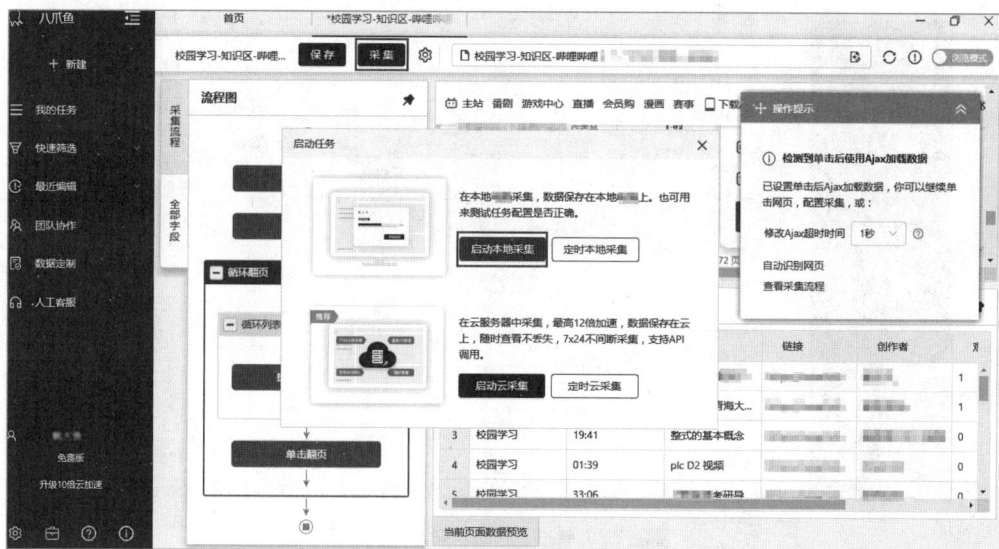

图2-75　启动本地采集

2.2.3　云采集

云采集是指使用由八爪鱼采集器提供的云服务集群进行数据采集。在云采集模式下，新媒体运营者可以实现 7×24 小时不间断采集数据。

新媒体运营者可以在本地计算机上完成采集流程的配置，测试采集流程没有问题以后，便可启动云采集，由八爪鱼采集器的云服务集群采集数据。

1. 启动云采集

启动云采集的方法主要有两种。一种是完成采集流程的配置后，在"启动任务"对话框中单击"启动云采集"按钮，如图 2-76 所示。

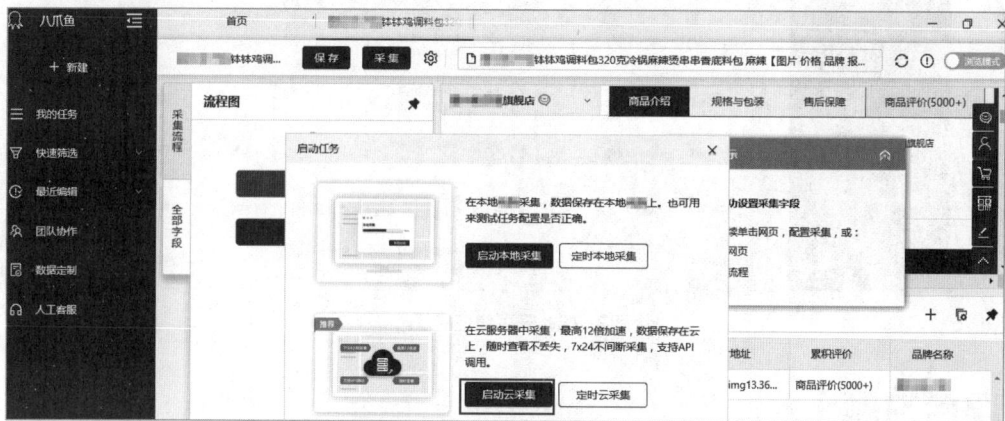

图2-76　单击"启动云采集"按钮

另一种是在八爪鱼采集器首页单击"我的任务"选项卡，在"我的任务"界面中找到目标任务，然后单击"启动云采集"按钮 ⊚，如图 2-77 所示。

图2-77　单击"启动云采集"按钮

2. 查看云采集状态

与本地采集不同，云采集的采集界面是无法看到的。单击"启动云采集"按钮后，在"我的任务"界面中找到目标任务，即可查看云采集任务状态，如图 2-78 所示。如果目标任务的"采集状态"中显示"运行中"，表示此任务正在进行云采集。单击目标任务"采集状态"中的"详情"超链接，可以查看云采集过程。单击◉按钮，可以结束本次云采集。数据采集完成后，新媒体运营者可以选择合适的导出方式将数据导出。

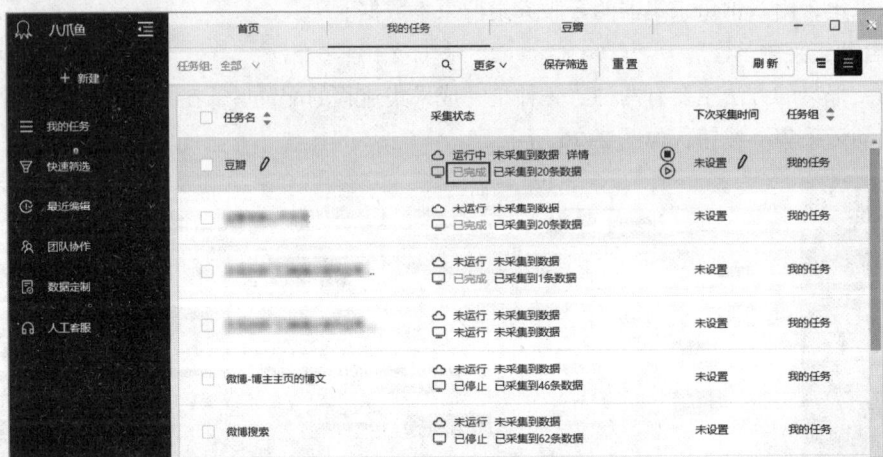

图2-78　云采集任务状态

【课后习题】

1. 新媒体数据可用性的判断包括哪些内容？

2. 尝试使用八爪鱼采集器采集微博热搜榜中的数据；自己选择一个头条号，采集该头条号所发布的文章的数据。

第 3 章

新媒体数据的处理

【学习目标】

- 掌握使用 Excel 处理缺失值、重复值，以及检查数据逻辑性的方法。
- 掌握使用 Excel 进行数据计算、数据分组、数据抽取、数据转换的方法。

新媒体数据的处理是指在分析数据之前，对数据进行一定的清洗和加工，主要目的是清除异常数据、纠正错误数据等，以保证数据的准确性、完整性，这样得出的数据分析结果才更科学、更有参考价值。本章将详细介绍新媒体数据清洗、数据加工等方面的知识。

3.1 数据清洗

数据清洗是指发现并纠正数据文件中可识别的错误，包括处理缺失值和重复值，以及检查数据逻辑性等。新媒体运营者可以使用 Excel 来开展数据清洗工作。

3.1.1 缺失值的处理

缺失值是指数据集中某个或某些属性不完全的值。缺失值产生的原因有很多，基本上可以分为机械原因和人为原因。机械原因是指由于数据收集或保存失败造成的数据缺失。例如，数据存储失败、机械故障、存储器损坏导致某些数据未能被收集到。人为原因主要是指由于历史局限、有意隐瞒或主观失误造成的数据缺失。例如，在市场调查中，被访者拒绝透露一些问题的答案或收集到的问题答案无效，或者数据录入人员录入的数据有误等。

1. 处理缺失值的方式

对于缺失值，常见的处理方式有以下几种。

（1）替换缺失值

某些缺失值可以从本数据源或其他数据源中推导出来，然后用样本平均值、中位数或众数代替缺失值。但是，这种方法没有考虑数据中已有的信息，可能会产生比较大的误差。

还有一种方法，就是根据调查对象给出的其他问题的答案，通过分析变量间的相关性或逻辑关系进行推导与估算。例如，某款商品的购买情况可能会受到调查对象收入的影响，因此可以根据调查对象的收入推算他们可能会购买这款商品的概率。

（2）删除整个样本

删除整个样本，就是将含有缺失值的某个样本全部删除。采取这种方法容易导致有效样本数据减少，无法让收集到的数据得到充分的利用。因此，这种方法只适合某个样本中缺失关键变量的情况，或者是含有无效值、缺失值的样本的重要性较低的情况。

（3）删除变量

如果调查结果中某个变量的缺失值较多，且该变量在所研究的问题中所占的权重较小，就可以考虑删除该变量。这种方法虽然减少了可用于分析的变量的种类，但并没有对样本的数量产生影响。

（4）成对删除

成对删除是指不改变数据集中的全部变量和样本，而将其中的缺失值用一个特殊码（通常是 9、99、999 等）来表示。但是，在具体使用数据时只会选择有完整数值的数据样本。由于不同的数据分析所涉及的变量存在区别，其有效的数据样本量也会有所不同。成对删除是一种比较保守的处理缺失值的方法，它能让样本中的可用数据得到最大限度的保留。

在处理缺失值时，采用的方法不同，对分析结果所产生的影响也会不同。因此，新媒体运营者在调查和收集数据的过程中，应该尽量保证数据的完整性，避免缺失值的产生。

2. 缺失值的查找与替换

在数据表中，缺失值最常见的表现形式就是空值或错误标识符，下面介绍使用 Excel 2016 查找并替换缺失值的方法。

（1）采用"定位"方式查找并替换缺失值

如果缺失值以空白单元格的形式出现在数据表中，新媒体运营者可以采用 Excel 2016 中的"定位"功能将其查找出来，方法如下。

1️⃣ 选中 B 列，切换到"开始"选项卡，在"编辑"组中单击"查找和选择"下拉按钮，在弹出的下拉列表中选择"定位条件"选项，如图 3-1 所示。

缺失值的查找
与替换

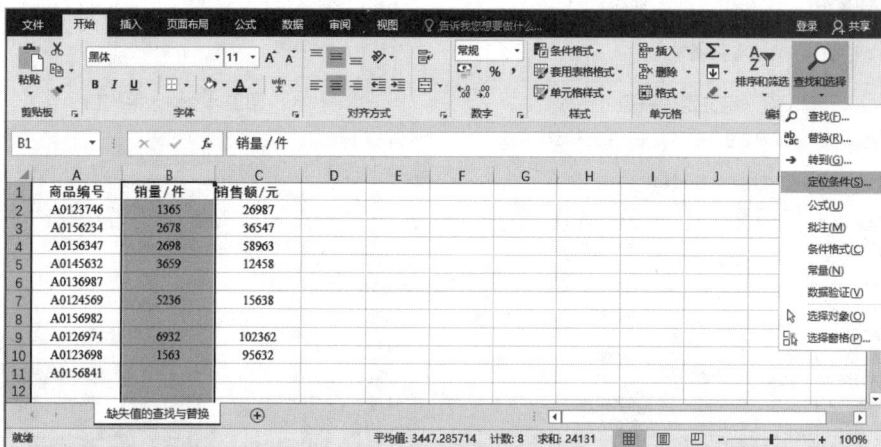

图3-1　选择"定位条件"选项

2️⃣ 弹出"定位条件"对话框，选中"空值"单选按钮，然后单击"确定"按钮，如图 3-2 所示。

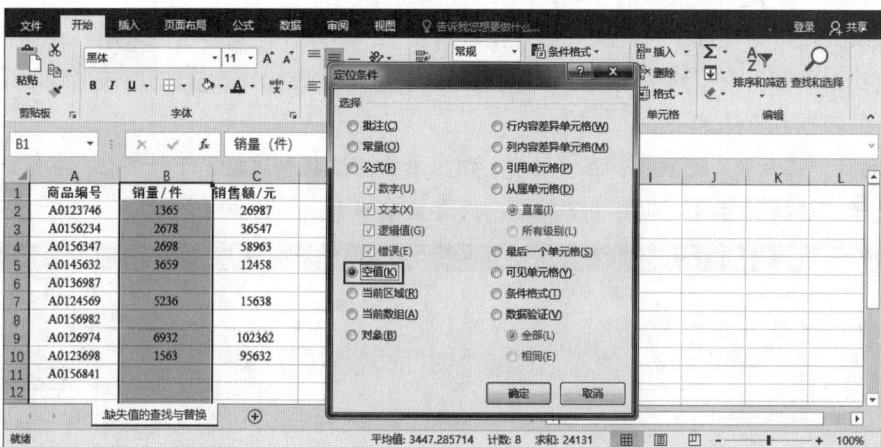

图3-2　选中"空值"单选按钮

3️⃣ 此时，即可自动定位到 B 列中以空值形式出现的缺失值，如图 3-3 所示。

4️⃣ 在实际操作中，比较常用的处理缺失值的方法是使用样本平均值代替缺失值。在此输入"销量"的平均值"3447"（保留到整数位），如图 3-4 所示。

5️⃣ 按【Ctrl+Enter】组合键，即可将数据快速填充到所选的单元格中，如图 3-5 所示。

6️⃣ 按照前面的方法定位 C 列中以空值形式出现的缺失值，然后输入"销售额/元"的平均值（保留到整数位）"49798"，按【Ctrl+Enter】组合键将数据快速填充到所选的单元格中，如图 3-6 所示。

图3-3　定位到缺失值

图3-4　输入平均值

图3-5　填充数据

图3-6　处理"销售额"缺失值

（2）采用"查找和替换"的方式查找并替换缺失值

如果缺失值以错误标识符的形式出现在数据表中，新媒体运营者可以采用"查找和替换"的方式查找出所有出现了同一错误标识符的单元格，并将以错误标识符的形式出现的缺失值替换成想要的数据，方法如下。

① 切换到"开始"选项卡，在"编辑"组中单击"查找和选择"下拉按钮，在弹出的下拉列表中选择"替换"选项，如图 3-7 所示，或者直接按【Ctrl+H】组合键。

图3-7　选择"替换"选项

② 弹出"查找和替换"对话框，在"查找内容"文本框中输入错误标识符，在"替换为"文本框中输入要替换为的数值，然后单击"全部替换"按钮即可，如图 3-8 所示。

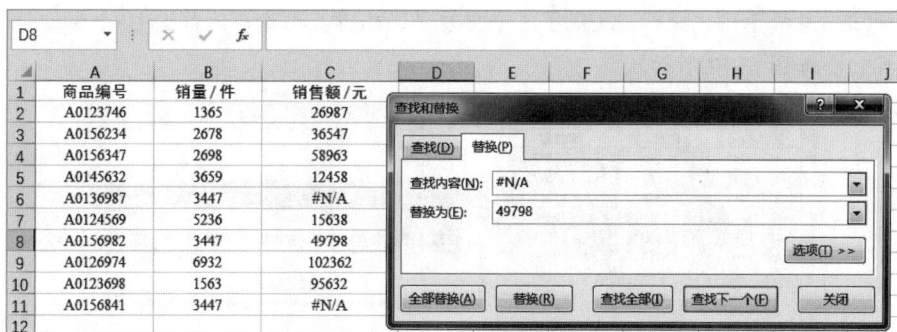

图3-8　查找内容并替换

3.1.2　重复值的处理

重复值就是数据表中被重复输入的数据。图 3-9
所示为某主播统计的 30 天内直播间各款商品的销量
和销售额。由该图可以看出，编号为"A0156347"商
品的销量和销售额被记录了两次，该主播应该先将重
复值查找出来并做出合理处理，再对数据进行分析。

使用 Excel 2016 查找重复值的方法有以下 3 种。

1.　使用"删除重复项"功能查找并删除重复值

"删除重复项"是 Excel 2016 提供的数据去重功能，新媒体运营者使用这
一功能可以快速删除重复项，方法如下。

①　选中任一数据单元格，按【Ctrl+A】组合键选中数据区域，切换到"数
据"选项卡，在"数据工具"组中单击"删除重复项"按钮，如图 3-10 所示。

②　在弹出的"删除重复项"对话框中设置删除条件，在此勾选"商品编号"
复选框，然后单击"确定"按钮，如图 3-11 所示。新媒体运营者应该选择有重
复数据出现，且重复数据没有意义的列来删除。在该数据表中，"销量"和"销
售额"列中的数据出现相同的情况是正常的，这样的重复数据是有意义的。但是"商品编号"列中
的数据出现重复说明某款商品被重复录入了，这样的重复数据是没有意义的，因此可以删除。

图3-9　30天内直播间各款商品的销量和销售额

使用"删除重复项"功能查找重复值

图3-10　单击"删除重复项"按钮

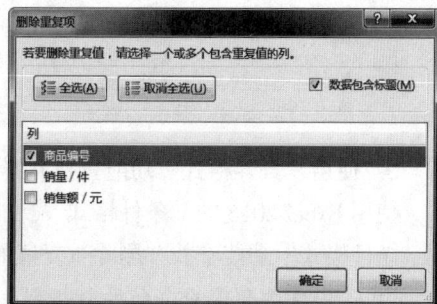

图3-11　勾选"商品编号"复选框

③ 弹出信息提示框，提示"发现了 1 个重复值，已将其删除；保留了 10 个唯一值。"单击"确定"按钮，如图 3-12 所示。

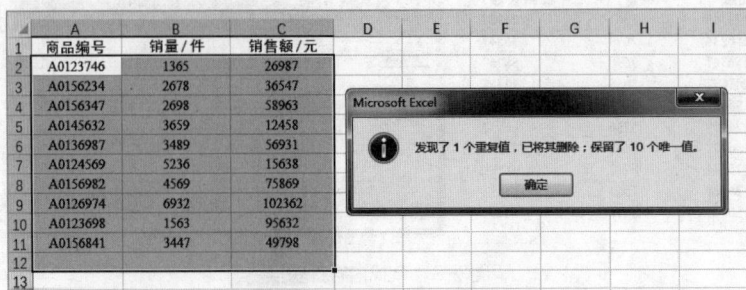

图3-12　完成删除重复值操作

2. 使用"排序"功能查找并删除重复值

使用 Excel 2016 的"排序"功能也可以查找重复值。使用这种方法查找到重复值后，新媒体运营者要先判断重复值是否有用，无用的重复值可以删除。例如，在统计人员信息时，可能会出现人名相同的情况，出现这种情况的原因可能是有的人同姓同名，也可能是重复录入，此时新媒体运营者就需要先进行判断，再对重复数据进行处理。

使用"排序"功能查找并删除重复值的方法如下。

① 选中 A 列中的任意数据单元格，切换到"数据"选项卡，在"排序和筛选"组中单击"升序"按钮 ，如图 3-13 所示。

② 此时，即可对"商品编号"进行升序排列。"商品编号"相同的行会被放在一起，因为"商品编号"是唯一的，在此需要删除重复的数据。单击第 9 行的行号选中该行重复数据，用鼠标右键单击所选数据行，在弹出的快捷菜单中选择"删除"命令即可，如图 3-14 所示。

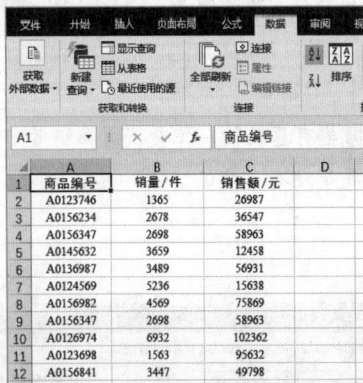

图3-13　单击"升序"按钮

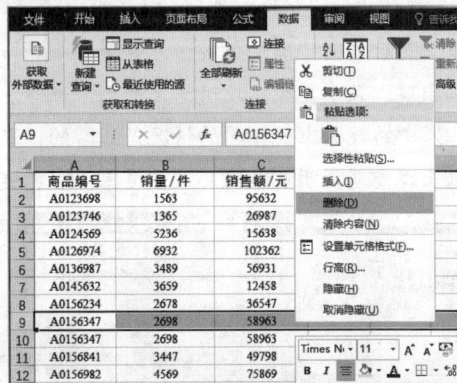

图3-14　选择"删除"命令

3. 使用"条件格式"功能查找并删除重复值

使用 Excel 2016 的"条件格式"功能可以快速查找并标识出重复值。使用"条件格式"功能查找并删除重复值的方法如下。

① 选中需要删除重复值的数据列，在"开始"选项卡下的"样式"组中单击"条件格式"下拉按钮，在弹出的下拉列表中选择"突出显示单元

格规则"|"重复值"选项，如图 3-15 所示。

2 弹出"重复值"对话框，在"设置为"下拉列表中选择单元格格式，然后单击"确定"按钮，如图 3-16 所示。此时，包含重复值的单元格就被标记出来了，选中重复值所在的行，然后将其删除即可。

图3-15 选择"重复值"选项

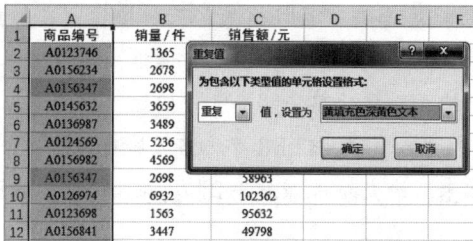

图3-16 为重复值设置单元格格式

3.1.3 数据逻辑性检查

数据逻辑性检查是指将不符合逻辑的数据查找出来，并采取合适的方法进行处理。例如，某短视频运营者连续7天为自己的短视频在 DOU+上进行了推广，每天的预算最多为 1 000 元。图 3-17 所示为该短视频运营者统计的 7 天内在 DOU+上进行推广的花费。从逻辑上来讲，每天在DOU+上的花费应该大于 0 元，且小于或等于 1 000 元。此时，短视频运营者就需要对自己在 DOU+上花费的逻辑性进行检查，查看每天在 DOU+上的花费是否在预算范围内。

图3-17 DOU+投放7天花费

1. 使用"条件格式"检查数据逻辑性

使用"条件格式"检查数据逻辑性的方法如下。

1 选中 B2:B8 单元格区域，在"开始"选项卡下的"样式"组中单击"条件格式"下拉按钮，在弹出的下拉列表中选择"突出显示单元格规则"|"大于"选项，如图 3-18 所示。

使用条件格式检查数据逻辑性

2 在弹出的"大于"对话框中设置条件格式，在值文本框中输入"1 000"，在"设置为"下拉列表中选择单元格格式，然后单击

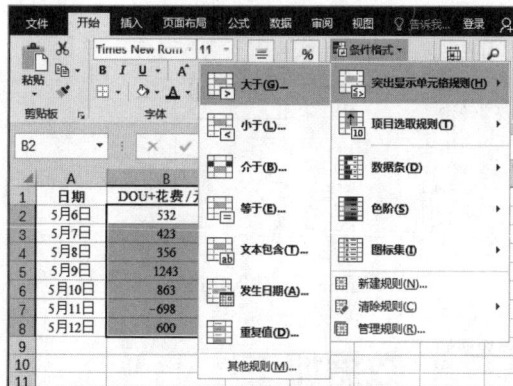

图3-18 选择"大于"选项

"确定"按钮，如图 3-19 所示。这样，数值大于 1 000 的单元格就会按照设置的格式被标记出来。

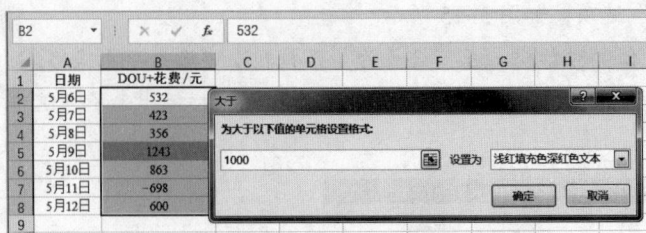

图3-19 设置数值大于1 000的单元格的格式

③ 单击"条件格式"下拉按钮，在弹出的下拉列表中选择"突出显示单元格规则"|"小于"选项，弹出"小于"对话框，在值文本框中输入"0"，在"设置为"下拉列表中选择单元格格式，然后单击"确定"按钮，如图 3-20 所示。

④ 此时，B2:B8 单元格区域中，不符合逻辑的数据所在的单元格会按照设置的格式被标记出来，检查结果如图 3-21 所示。新媒体运营者由此可以快速发现表格中不符合逻辑的数据。

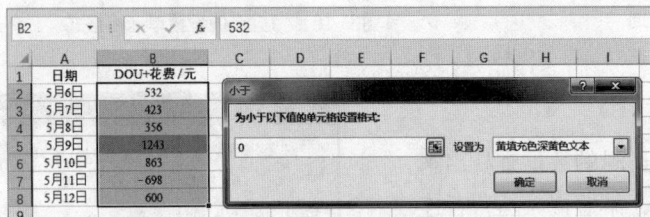

图3-20 设置数值小于0的单元格的格式

图3-21 检查结果

2. 使用函数检查数据逻辑性

下面使用 Excel 2016 中的 IF 函数判断数据的逻辑是否正确，方法如下。

① 在 C1 单元格中输入"是否符合逻辑"字段，表示将返回的逻辑值放到这一列单元格中。在 C2 单元格中输入公式"=IF(AND(B2>0,B2<1 000),"是","否")"并按【Enter】键确认，查看 C2 单元格中返回的结果，如图 3-22 所示。

② 向下拖曳填充柄，将公式填充到其他单元格，结果如图 3-23 所示。

使用函数检查
数据逻辑性

图3-22 输入公式

图3-23 填充公式

3.2 数据加工

通过数据清洗环节，新媒体运营者找到并处理了数据中的错误值。接下来要根据数据分析的目的对数据进行加工，如对数据进行计算等，让数据更好地满足数据分析的需要。

3.2.1 数据计算

在数据表中，有些数据并不能直接从数据表中提取出来，而需要经过计算才能获得。例如，一个数据表中只有商品的销量和单价两类数据，但是新媒体运营者需要的是商品的销售额，此时就需要对数据进行计算。

例如，某食品品牌商为了提高商品销量，与多位短视频达人合作，请他们在短视频中推广自己品牌的商品。图 3-24 所示为该食品品牌 5 款商品 24 小时的推广效果。现在需要计算每款商品 24 小时产生的利润和 5 款商品 24 小时产生的总利润。

	A	B	C	D	E	F
1	商品名称	单件成本/元	销量/件	单价/元	推广费用/元	利润/元
2	每日坚果（混合装）	35	95	79	1000	
3	坚果吐司面包	15	1020	29	1200	
4	蛋黄酥	14	560	30	950	
5	杧果干	7	431	15	600	
6	夹心海苔	15	326	24	450	
7	合计					

图3-24 5款商品24小时的推广效果

1. 简单计算

简单计算就是对字段进行加、减、乘、除等简单计算，从而得到符合需求的数据。商品利润的计算公式：利润＝单价×销量－单件成本×销量－推广费用。根据利润计算公式，在 Excel 2016 中计算每款商品利润的方法如下。

简单计算

1 选择 F2 单元格，输入公式"＝D2*C2-B2*C2-E2"并按【Enter】键确认，即可计算出利润数据，如图 3-25 所示。

F2		× ✓ fx	=D2*C2-B2*C2-E2			
	A	B	C	D	E	F
1	商品名称	单件成本/元	销量/件	单价/元	推广费用/元	利润/元
2	每日坚果（混合装）	35	95	79	1000	3180
3	坚果吐司面包	15	1020	29	1200	
4	蛋黄酥	14	560	30	950	
5	杧果干	7	431	15	600	
6	夹心海苔	15	326	24	450	
7	合计					
8						

图3-25 输入计算公式

2 双击 F2 单元格右下方的填充柄或者向下拖曳填充柄，将公式填充到本列其他单元格中，计算出其他商品的利润，如图 3-26 所示。

F2		× ✓ fx	=D2*C2-B2*C2-E2			
	A	B	C	D	E	F
1	商品名称	单件成本/元	销量/件	单价/元	推广费用/元	利润/元
2	每日坚果（混合装）	35	95	79	1000	3180
3	坚果吐司面包	15	1020	29	1200	13080
4	蛋黄酥	14	560	30	950	8010
5	杧果干	7	431	15	600	2848
6	夹心海苔	15	326	24	450	2484
7	合计					

图3-26 填充公式

2. 函数计算

在计算 5 款商品 24 小时产生的总利润时，虽然可以使用公式"＝F2+F3+F4+F5+F6"来计算，但如果商品的数量较多，如有 50 款商品，再用这种输入公式的方法计算就会比较麻烦，此时新媒体运营者可以使用 Excel 中的函数进行数据计算。

在 Excel 中，新媒体运营者可以快速插入常用的函数，如求和、平均值、计数、最大值、最小值等函数。下面使用求和函数计算总利润，方法如下。

1 选择 F7 单元格，切换到"公式"选项卡，在"函数库"组中单击"自动求和"下拉按钮，在弹出的下拉列表中选择"求和"选项，如图 3-27 所示。

图3-27 选择"求和"选项

2 此时，F7 单元格中出现了求和公式，且 Excel 自动选中了 F2:F6 单元格区域，如图 3-28 所示，新媒体运营者也可根据需要手动选择要求和的单元格区域。

图3-28 自动求和公式

3 按【Enter】键确认，即可得出求和结果，如图 3-29 所示。

	A	B	C	D	E	F
1	商品名称	单件成本/元	销量/件	单价/元	推广费用/元	利润/元
2	每日坚果（混合装）	35	95	79	1000	3180
3	坚果吐司面包	15	1020	29	1200	13080
4	蛋黄酥	14	560	30	950	8010
5	忙果干	7	431	15	600	2848
6	夹心海苔	15	326	24	450	2484
7	合计					29602
8						

图3-29 得出求和结果

4 "自动求和"下拉列表中列出了几个常用的函数。如果新媒体运营者在数据分析的过程中需要用到一些不常用的函数，可以在工作表上方的编辑栏左侧单击"插入函数"按钮，打开"插入函数"对话框，在"搜索函数"文本框中输入描述函数作用的关键词，然后单击"转到"按钮，如图 3-30 所示。

5 此时，"选择函数"列表中会推荐一系列函数，新媒体运营者可以从中选择一个函数，查看列表下方对该函数的描述，从而判断此函数是否符合自己的需求，如图 3-31 所示。

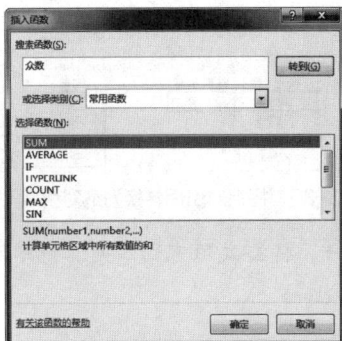

图3-30　输入关键词

图3-31　选择函数并查看函数描述

3.2.2　数据分组

数据分组就是按照一定的标准将数据划分为不同的组别，从而判断数据的表现情况，然后根据数据的表现情况对数据进行分析。

例如，某品牌商统计 5 月各款商品通过直播间产生的销量，如图 3-32 所示。根据该月各款商品直播销量的不同，该品牌商要将各款商品分为爆款、畅销款、普通款和滞销款 4 种类型，以便后续为不同类型的商品制订不同的推广策略。

此时，新媒体运营者可以使用 Excel 中的 VLOOKUP 函数对数据进行分组。VLOOKUP 函数可以在表格的首列查找指定的数据，并返回指定数据所在行的指定列的单元格内容。

使用 Excel 中的 VLOOKUP 函数对商品进行分类的方法如下。

1 在 E1:G5 单元格区域中编辑商品类型分组表，用于确定分组的范围和标准，如图 3-33 所示。其中，"阈值"是指每组数据范围中的最低值，"级别分组"记录的是每一组的组名。

图3-32　5月各款商品在直播间产生的销量

图3-33　编辑商品类型分组表

2 选中 C2 单元格，在该单元格中输入公式"＝VLOOKUP(B2,E2:F5,2)"并按【Enter】键确认，即可完成商品"A120"的分组，如图 3-34 所示。

3 在编辑栏中选中公式对 E2:F5 单元格区域的引用，然后按【F4】键，将相对引用转换为绝对引用，并按【Enter】键确认，如图 3-35 所示。

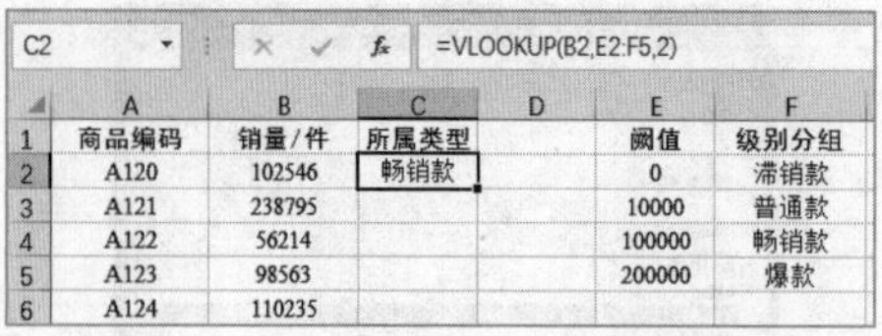

图3-34 完成商品"A120"的分组

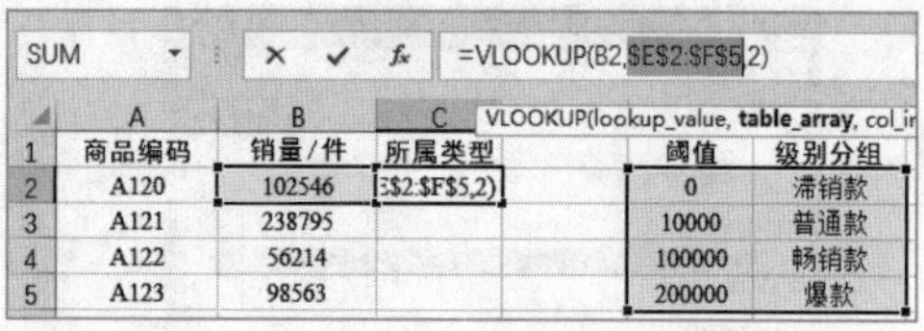

图3-35 将相对引用转换为绝对引用

④ 选中 C2 单元格，双击 C2 单元格右下方的填充柄，将公式填充到本列其他单元格中，即可完成所有商品的分组，如图 3-36 所示。

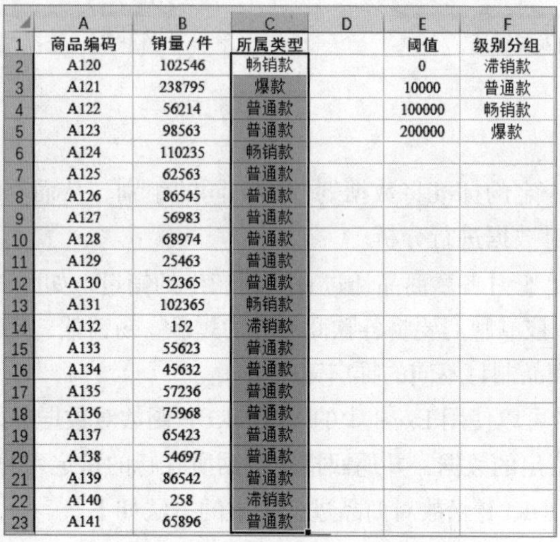

图3-36 完成所有商品的类型分组

3.2.3 数据抽取

数据抽取是指从原有数据中抽取部分数据作为数据分析的对象。数据抽取分为两种情况：一种是从某个字段中抽取部分数据；另一种是从不同的数据表中抽取多个字段，并组成新的数据表。

1. 从某个字段中抽取部分数据

一个字段可能包含多层信息，而有些数据分析只需使用该字段中的某一层信息，此时新媒体运营者就需要从该字段中抽取需要用到的那层信息。

例如，某品牌在让自己培养的主播直播推广新品的同时，还与达人主播和短视频达人进行合作，请达人主播和短视频达人在他们的直播或短视频中推广新品。图 3-37 所示为该品牌统计的商家主播、达人主播、短视频达人带货一天所产生的新品销量。由该图可以看出，"推广人员"字段包含了推广人员类型和推广人员名称两层信息，如果该品牌运营者只想提取"推广人员类型"这一层信息，就需要进行数据抽取操作。

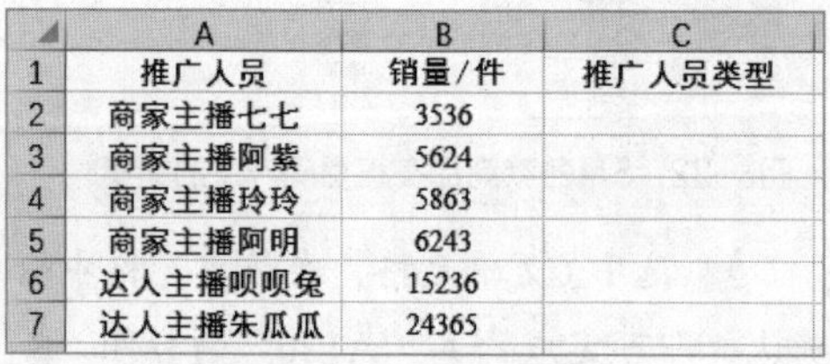

从某个字段中抽取部分数据

图3-37 新品销量统计

在 Excel 2016 中进行数据抽取时，可以使用 LEFT 函数和 RIGHT 函数。LEFT 函数是从文本字符串的左侧第一个字符开始，截取指定数目的字符；RIGHT 函数是从文本字符串的右侧第一个字符开始，截取指定数目的字符。

使用 LEFT 函数抽取"推广人员类型"这一层信息的方法如下。

1 在 C2 单元格中输入公式"=LEFT(A2,4)"，如图 3-38 所示。在该公式中，"A2"表示抽取 A2 单元格中的字符，"4"表示从左侧第一个字符开始抽取 4 个字符。

2 按【Enter】键确认，即可完成 A2 单元格的数据抽取，如图 3-39 所示。

	A	B	C
1	推广人员	销量/件	推广人员类型
2	商家主播七七	3536	=LEFT（A2,4）
3	商家主播阿紫	5624	
4	商家主播玲玲	5863	
5	商家主播阿明	6243	
6	达人主播呗呗兔	15236	
7	达人主播朱瓜瓜	24365	

图3-38　输入公式

	A	B	C
1	推广人员	销量/件	推广人员类型
2	商家主播七七	3536	商家主播
3	商家主播阿紫	5624	
4	商家主播玲玲	5863	
5	商家主播阿明	6243	
6	达人主播呗呗兔	15236	
7	达人主播朱瓜瓜	24365	

图3-39　A2单元格数据抽取完成

3 向下拖曳 C2 单元格右下角的填充柄，将公式填充到本列的其他单元格中，即可完成其他单元格的数据抽取，如图 3-40 所示。

如果品牌运营者只想抽取主播名称这一层信息，可以使用 RIGHT 函数。因为主播名称这一层信息在字符串的右边，需要在 A2:A5 单元格区域中抽取两个字

	A	B	C
1	推广人员	销量/件	推广人员类型
2	商家主播七七	3536	商家主播
3	商家主播阿紫	5624	商家主播
4	商家主播玲玲	5863	商家主播
5	商家主播阿明	6243	商家主播
6	达人主播呗呗兔	15236	达人主播
7	达人主播朱瓜瓜	24365	达人主播

图3-40　所有数据抽取完成

符，所以从 A2 单元格抽取数据的公式为"=RIGHT（A2,2）"。完成 A2 单元格的数据抽取后，可以用自动填充的方式完成 A3:A5 单元格区域的数据抽取。在 A6:A7 单元格区域中需要抽取 3 个字符，因此从 A6 单元格抽取数据的公式为"=RIGHT（A6,3）"。完成 A6 单元格的数据抽取后，也可以用自动填充的方式完成 A7 单元格的数据抽取。

2. 从不同的数据表中抽取多个字段

新媒体运营者在采集数据时可能会采集到多个数据表，而在进行数据分析时，所需的数据可能来自不同的数据表，此时就需要从不同的数据表中抽取需要的多个字段。

从不同的数据表中抽取多个字段

例如，某品牌组建了直播运营团队，图 3-41 所示为其直播运营团队人员职务表，图 3-42 所示为该直播运营团队中各个主播和副播 7 日销售成绩。品牌运营者想将图 3-41 中的职务对应到图 3-42 的销售成绩中，这就需要从不同的数据表中抽取字段。此时，品牌运营者可以使用 VLOOKUP 函数并通过数据匹配的思路来实现数据的抽取。

	A	B	C
1	姓名	工号	职务
2	张慧	A226477	主播
3	张卓	A213541	场控
4	徐明	A466074	策划
5	李铭	A254563	主播
6	王琦	A310882	客服
7	谢莉	A667708	副播
8	刘梦	A309752	主播
9	赵凯	A356517	副播
10	张天	A466074	客服

图3-41　直播运营团队人员职务表

	A	B	C	D
1	姓名	工号	销量/件	销售额/元
2	张慧	A226477	6256	125462
3	李铭	A254563	5746	102356
4	谢莉	A667708	1423	9536
5	刘梦	A309752	3002	112563
6	赵凯	A356517	4589	7596

图3-42　主播和副播7日销售成绩

使用 VLOOKUP 函数从不同的数据表中抽取多个字段的方法如下。

1 将"直播运营团队人员职务表"和"主播和副播 7 日销售成绩"工作表放到同一个 Excel 工作簿中，如图 3-43 所示。

2 选择"主播和副播 7 日销售成绩"工作表，在 E1 单元格中输入"职务"字段，然后选中 E2 单元格，在编辑栏中单击"插入函数"按钮 *fx*，如图 3-44 所示。

图3-43 准备数据表

图3-44 单击"插入函数"按钮

3 在弹出的"插入函数"对话框中选中 VLOOKUP 函数，然后单击"确定"按钮，如图 3-45 所示。

4 在弹出的"函数参数"对话框中设置 VLOOKUP 函数的各项参数，如图 3-46 所示。在设置"Table_array"参数时，无须手动输入，将鼠标指针置于"Table_array"后的文本框中，然后直接单击数据表"直播运营团队人员职务表"的名称，在数据表"直播运营团队人员职务表"中选中 A1:C10 单元格区域，相应参数就会自动出现在"Table_array"后的文本框中。设置完参数后，单击"确定"按钮。

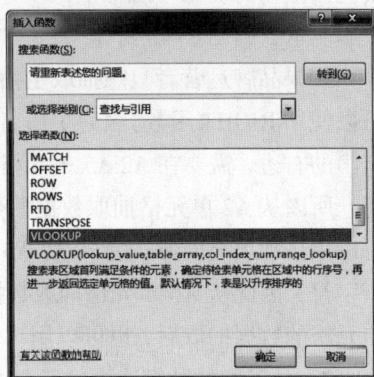

图3-45 选择函数

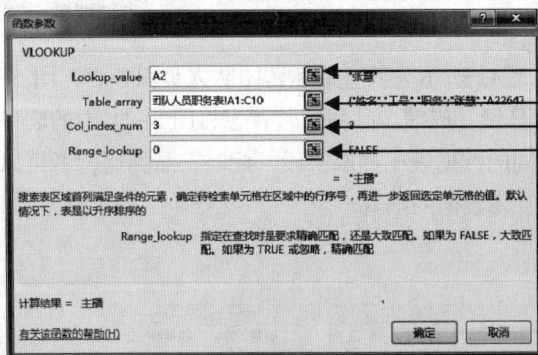

图3-46 设置函数参数

5 此时，E2 单元格中的数据抽取完成。E2 单元格中的公式如图 3-47 所示。

6 通过自动填充的方式，完成 E3:E6 单元格区域的数据抽取，如图 3-48 所示。

图3-47　E2单元格中的公式

图3-48　完成数据抽取

3.2.4　数据转换

新媒体运营者在进行数据分析前，要确定所采集到的数据的统计形式是否便于开展数据分析，如数据表中行与列的字段设置是否得当，数据的记录方式是否统一等。如果数据的统计形式不符合要求，就需要对数据进行转换。

1. 行列互换

新媒体运营者要分析数据表中行与列的字段设置是否得当，以便于后续开展数据分析。图 3-49 所示为某抖音账号运营者统计的某个美食类抖音账号 2021 年 2 月—2021 年 4 月发布的各条短视频的点赞数、评论数、分享数、视频时长等数据，但这样的行与列设置不当。如果短视频的条数较多，数据表就会向右增加，不便于查看。此时，新媒体运营者就需要将数据表转换成更便于查看的形式。

行列互换

图3-49　某个美食类抖音账号的各条短视频数据

在 Excel 2016 中进行行列转换的方法如下。

1 选中需要转换行列的数据区域，按【Ctrl+C】组合键复制数据，如图 3-50 所示。

图3-50　复制数据

2 选择要粘贴数据的位置，在此选择 A9 单元格，按【Ctrl+Alt+V】组合键打开"选择性粘贴"对话框，勾选"转置"复选框，然后单击"确定"按钮，如图 3-51 所示。

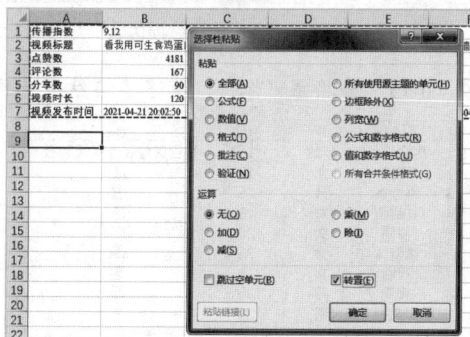

图3-51　设置选择性粘贴条件

3 行列转换完成，结果如图 3-52 所示。

	传播指数	视频标题	点赞数	评论数	分享数	视频时长	视频发布时间
10	9.12	看我用可生食鸡蛋自	4181	167	90	120	2021-04-21 20:02:50
11	63.78	第一次就所	104924	3561	631	141	2021-04-16 20:33:49
12	38.07	看我如何把普通水果做	21156	853	474	147	2021-04-13 20:01:34
13	11.67	【牛油火锅蛋糕】我真	6906	350	127	153	2021-04-09 19:56:22
14	10.64	【青团】花一	5623	171	55	142	2021-04-04 19:18:07
15	10.71	【青团宴】四月从期	5696	301	94	155	2021-04-03 19:43:36
16	15.78	【春日樱花宴】樱花汇	11696	609	225	118	2021-03-13 19:25:00
17	8.44	【 】这就是传	3665	193	89	104	2021-02-26 19:08:03
18	9.82	草莓 ，甜	4789	191	203	115	2021-02-14 16:59:56
19	5.46	看了都能学会	2109	106	95	103	2021-02-12 11:26:34
20	14.37	【水煮牛肉】总有一	8294	443	324	104	2021-02-09 19:39:13
21							

图3-52 行列转换完成

2. 数据记录方式的转换

数据统计者不同、统计标准不同，可能会导致数据记录方式不同。例如，有的人习惯用"是"与"否"表示肯定和否定，有的人则习惯使用"YES"和"NO"来表示肯定和否定，如果将这两个人统计的数据规整到一起，就需要转换数据的记录方式。对于记录方式不一致的数据表，新媒体运营者可以使用查找、替换的方式来统一数据记录方式。

数据记录方式转换

图 3-53 所示为某直播运营者整理的用户是否曾经在直播间购物的统计结果，在"是否曾经在直播间购物"字段中，数据记录方式不同，需要对数据记录方式进行转换。

	A	B	C	D
1	用户姓名	年龄	性别	是否曾经在直播间购物
2	王纯	女	18	是
3	赵世杰	男	25	是
4	甘甜甜	女	26	是
5	罗锦	女	20	YES
6	姚梦露	女	35	NO
7	程晗	女	19	YES
8	张涛	男	36	NO
9	吴文奇	男	26	是
10				

图3-53 用户是否曾经在直播间购物的统计结果

使用查找、替换方式对数据记录方式进行转换的方法如下。

1 选中需要进行数据记录方式转换的单元格区域，按【Ctrl+H】组合键打开"查找和替换"对话框。在"查找内容"文本框中输入要替换的内容"YES"，在"替换为"文本框中输入要替换为的内容"是"，然后单击"全部替换"按钮，如图 3-54 所示。

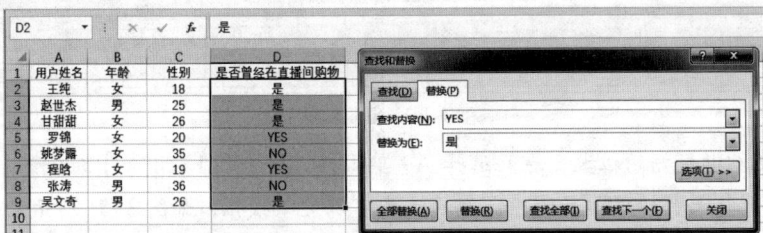

图3-54 设置查找和替换内容

2 采用同样的方法，将"NO"替换成"否"，最终替换结果如图 3-55 所示。

	A	B	C	D
1	用户姓名	年龄	性别	是否曾经在直播间购物
2	王纯	女	18	是
3	赵世杰	男	25	是
4	甘甜甜	女	26	是
5	罗锦	女	20	是
6	姚梦露	女	35	否
7	程晗	女	19	是
8	张涛	男	36	否
9	吴文奇	男	26	是
10				

图3-55 最终替换结果

【课后习题】

1. 处理缺失值的方式有哪些？

2. 打开"素材文件\第 3 章\习题：近 15 天短视频数据统计.xlsx"，分别计算近 15 天短视频的点赞数、评论数、分享数的总和和平均值，计算结果如图 3-56 所示。

	A	B	C	D
1	视频发布时间	点赞数	评论数	分享数
2	2021/4/3	5765	299	99
3	2021/4/4	5786	175	65
4	2021/4/9	7468	376	142
5	2021/4/13	23965	947	573
6	2021/4/16	119797	4054	722
7	2021/4/21	4953	208	131
8	2021/5/8	2799	356	114
9	2021/5/12	18455	1857	259
10	2021/5/13	6623	315	102
11	2021/5/14	7896	452	63
12	2021/5/15	5632	216	156
13	2021/5/16	4596	256	132
14	2021/5/17	11563	9563	563
15	2021/5/18	5789	326	150
16	2021/5/19	6378	289	111
17	总和	237465	19689	3382
18	平均值	15831	1312.6	225.4667

图3-56　近15天短视频数据统计

3. 打开"素材文件\第 3 章\习题：品牌直播推广数据统计.xlsx"，将数据表中的行列数据进行转换，转换后的效果如图 3-57 所示。

	A	B	C	D	E	F	G
1	日期	抖音销量	抖音销售额	推广商品数	关联视频数	关联直播数	热推达人
2	2021/4/21	24638	1066177	79	0	15	16
3	2021/4/22	1520	119939	84	0	20	20
4	2021/4/23	873	28754	62	0	14	18
5	2021/4/24	841	93292	47	0	11	13
6	2021/4/25	424	15077	55	1	13	15
7	2021/4/26	11612	10166930	93	1	23	26

图3-57　品牌直播推广数据统计

第 4 章

新媒体数据的分析

【学习目标】

- 了解 PEST 分析法、5W2H 分析法、逻辑树分析法、用户行为理论和 4P 营销理论等数据分析方法论。
- 掌握对比分析法、分组分析法、结构分析法、平均分析法、交叉分析法、四象限分析法、漏斗图分析法、杜邦分析法和综合评价分析法的运用方法。

很多情况下，新媒体运营者从采集到的源数据中并不能得到有效的结论，此时就需要以科学的数据分析方法论为指导，采用合适的方法对数据进行更深层次的分析，探索数据背后隐藏的规律，洞察数据反映的运营情况。本章将详细介绍常用的数据分析方法论和数据分析方法。

4.1　常用数据分析方法论

客观、科学的数据分析应当遵循一定的分析逻辑理论，这种分析逻辑理论就是数据分析方法论。数据分析方法论能为新媒体运营者开展数据分析提供理论指导，帮助新媒体运营者梳理分析思路并搭建分析框架，这样才能确保数据分析结构的体系化和分析结果的有效性。可用于数据分析的方法论有很多，下面仅介绍在新媒体数据分析中最常用的几种方法论。

4.1.1　PEST 分析法

PEST 分析法指从政治（Political）、经济（Economic）、社会（Social）和技术（Technological）4 个方面分析外部宏观环境的一种分析法。

宏观环境是指对企业营销活动提供市场机会和造成环境威胁的主要社会力量。新媒体运营战略的制订离不开宏观环境，而 PEST 分析法能够帮助新媒体运营者从各个方面较好地把握宏观环境的现状及其变化的趋势，有利于新媒体运营者及时把握发展机会，发现和规避宏观环境可能带来的威胁。

1. 政治环境

政治环境是指企业所在国家的政治制度，如政府的方针、政策、法规等，这些因素常常制约、影响着企业的经营行为。政治环境分析的关键内容包括政治体制、经济体制、财政政策、税收政策、产业政策、投资政策等。

2. 经济环境

经济环境是指企业在制订战略过程中必须考虑的国内外经济条件、宏观经济政策、经济发展水平等多种因素，如国民生产总值、国民收入、国民经济增长率、居民消费总额、居民消费结构、居民收入、居民存款余额、物价指数等。

3. 社会环境

社会环境主要指企业所在社会中的成员的民族特征、文化传统、价值观念、宗教信仰、教育水平及风俗习惯等因素。分析社会环境时，需要关注的指标包括所在地区的人口规模，以及居民的性别比例、年龄结构、受教育水平、生活方式、消费习惯、价值观等。

4. 技术环境

技术环境是指企业业务所涉及国家和地区的技术水平、技术政策、新产品开发能力和技术发展的动态等。

分析技术环境时，需要关注新技术的诞生和进展、技术更新速度、技术传播速度、技术商品化速度、国家重点支持项目、国家投入的研发费用、专利个数、专利保护情况等因素。

运用 PEST 分析法规划数据分析思路，可以帮助新媒体运营者全面地分析自己所处的环境。以直播电商为例，运用 PEST 分析法规划数据分析思路，如图 4-1 所示。

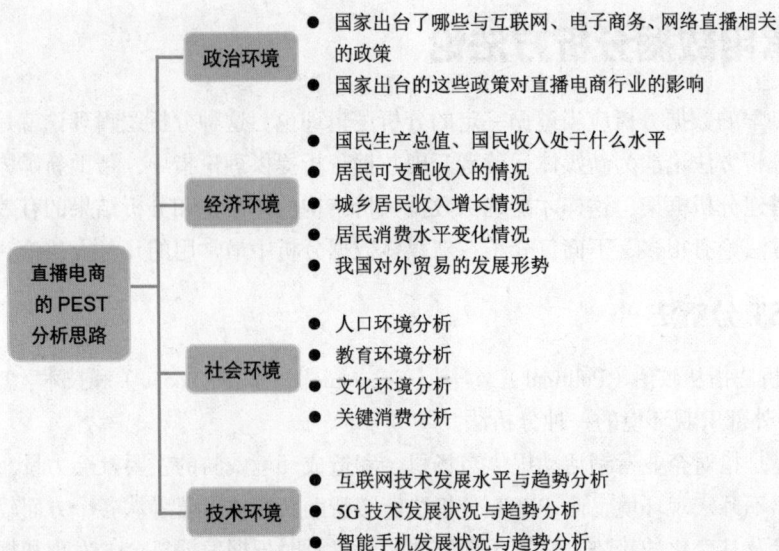

图4-1　直播电商的PEST分析思路

4.1.2　5W2H 分析法

5W2H 分析法又称七问分析法，即何事（What）、何因（Why）、何人（Who）、何时（When）、何地（Where）、如何做（How）、何价（How much）。用 5 个以 "W" 开头的英语单词和两个以 "H" 开头的英语单词进行设问，帮助分析者从回答中发现解决问题的线索，寻找解决问题的方法。

- What——对象是什么？目的是什么？做什么工作？
- Why——为什么？为什么会产生这种效果？为什么要这么做？可不可以不做？
- Who——谁？由谁来承担？谁来完成？谁负责？
- When——何时？什么时间完成？什么时机最适宜？
- Where——何处？在哪里做？从哪里入手？
- How——怎么做？如何提高效率？如何实施？方法是怎样的？
- How much——多少？做到什么程度？数量如何？质量水平如何？费用如何？

5W2H 分析法简单、方便，易于理解、使用，被广泛应用于企业的营销、管理活动中，能为新媒体运营者制订决策和执行活动提供思路，也能让新媒体运营者在考虑问题时避免疏漏。例如，运用 5W2H 分析法对淘宝直播间热销商品进行分析，其思路如图 4-2 所示。

图 4-2 只是给出了一个运用 5W2H 分析法构建数据分析框架的思路，新媒体运营者在面对实际问题时，需要具体问题具体分析，根据实际情况合理设计分析框架，切忌生搬硬套。

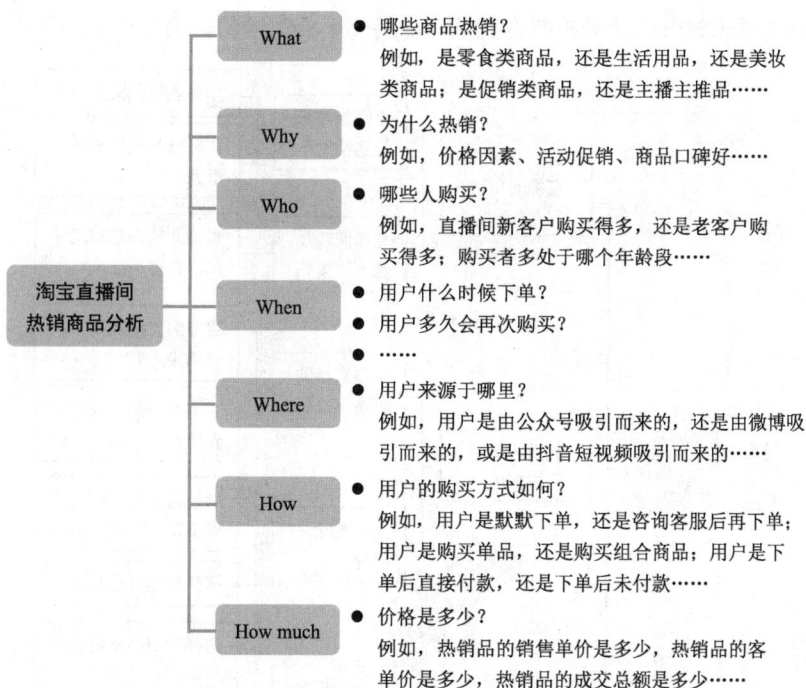

图4-2　运用5W2H分析法对淘宝直播间热销商品进行分析的思路

4.1.3　逻辑树分析法

逻辑树也称问题树、演绎树或分解树，它将问题的所有子问题分层罗列，从最高层开始，并逐步向下扩展，即把一个已知问题当成树干，然后开始考虑与这个问题相关的因素。每想到一点，就给这个树干（也就是问题）加一个树枝，并标明这个"树枝"代表什么问题。一个大的树枝上还可以有小的树枝，依次类推，将每个问题都细化到最小的程度，形成一棵"树"，最终找出与问题相关的所有因素。

逻辑树分析法的基本框架如图 4-3 所示。

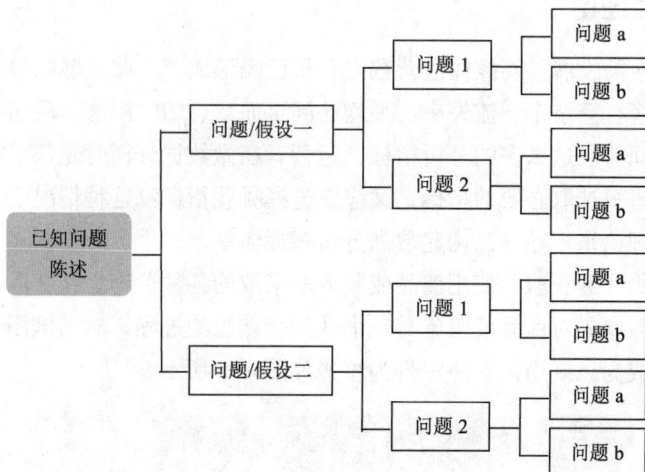

图4-3　逻辑树分析法的基本框架

例如，利用逻辑树分析法分析抖音直播商品转化率低的问题，其分析思路如图4-4所示。

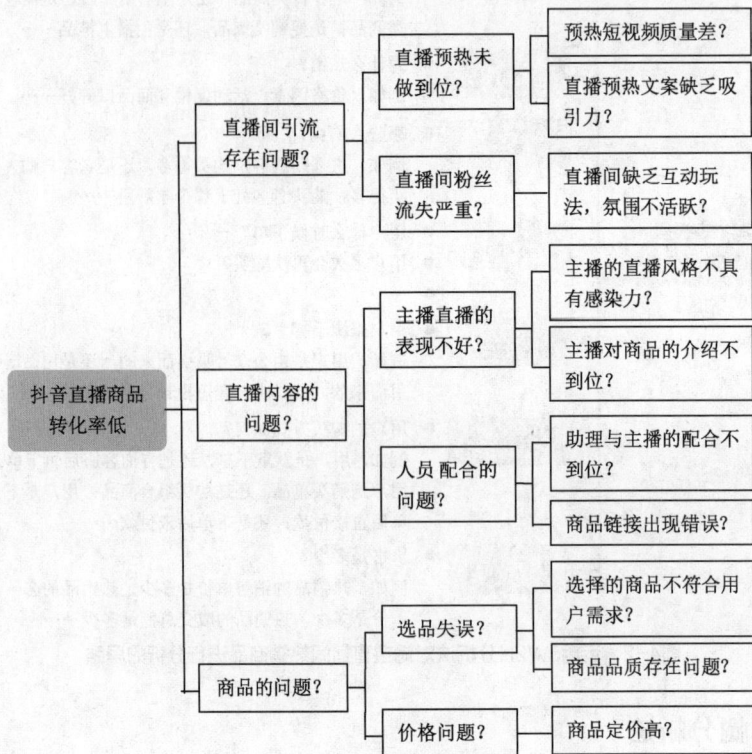

图4-4 基于逻辑树分析法的抖音直播商品转化率低的分析思路

新媒体运营者在运用逻辑树分析法时，需要遵循以下3个原则。

- **一致性**：在细分问题时，每一层级的问题划分标准应保持一致。
- **关联性**：各个子级的问题应该与高一层级的问题密切相关。
- **穷尽化**：遵守不重不漏的原则，尽量把涉及的问题考虑周全。

4.1.4 用户行为理论

随着新媒体行业的发展，新媒体运营数据分析已经形成了一些成熟的数据分析指标，如页面浏览量、独立访客、登录率、流失率、平均访问页面数、访问深度、回访率、回访次数、跳出率、页面留存时间等。这么多的分析指标，运营者在做数据分析时是都采用，还是只从中选取必要的指标？如果只选取必要的指标，又应该选择哪些指标？这种情况下，新媒体运营者可以尝试用用户行为理论来指导自己构建数据分析指标体系。

用户行为是指用户为获取、使用商品或服务所采取的各种行动。在获取、使用某件商品或某项服务时，用户需要先对商品或服务有一个认知、熟悉的过程，然后试用，再决定是否继续使用或消费，最终成为忠诚用户。用户行为轨迹如图4-5所示。

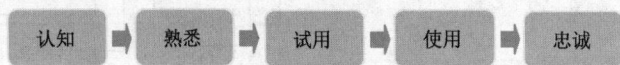

图4-5 用户行为轨迹

　　新媒体运营者在开展数据分析时，可以根据用户行为轨迹梳理、归纳出用户可能出现的行为，并梳理出与这些行为相关的数据指标，从而建立符合业务需求的数据分析指标体系。

　　例如，对于公众号运营者来说，用户的行为分为认知、熟悉、试用、使用、忠诚 5 个阶段。在不同的阶段，用户产生的行为会有所不同，可以将其行为分为访问公众号、浏览公众号文章、关注公众号、付费阅读、用户流失或用户黏性等方面。基于用户行为理论构建的公众号运营状况分析框架如图 4-6 所示。

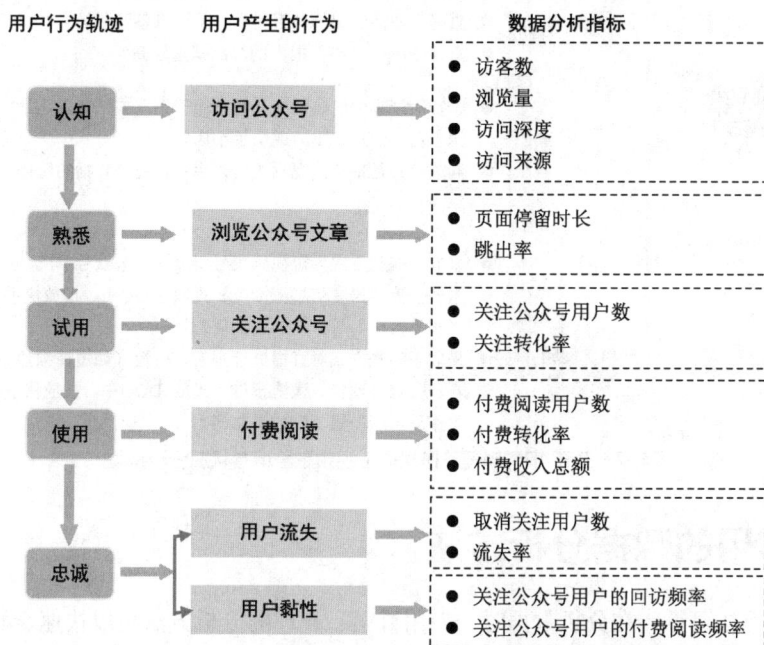

图4-6　基于用户行为理论构建的公众号运营状况分析框架

4.1.5　4P 营销理论

　　4P 营销理论被归纳为 4 个基本策略的组合，即产品（Product）、价格（Price）、渠道（Place）、促销（Promotion），由于这 4 个词的英文单词开头都是 P，所以简称"4P"。

　　用 4P 营销理论从管理决策的角度来分析商品的市场营销问题，其分析内容包括产品、价格、渠道和促销 4 个要素。

- **产品**：企业能够提供给市场的被人们使用和消费并满足人们某种需要的任何东西，包括有形商品、服务、品牌、包装、样式、技术、观念等。
- **价格**：企业在销售商品时制订的价格，包括基本价格、折扣价格、付款期限，以及各种定价方法和定价技巧等因素的组合和运用。
- **渠道**：企业为使其商品进入和达到目标市场所组织实施的各种活动，包括途径、环节、场所、仓库和运输等。通常商品会经过代理商、批发商、商场或零售店等环节，也有网络直销、电话直销、专卖店直销等模式。
- **促销**：企业利用各种信息载体与目标市场进行沟通的传播活动，包括广告、人员推销、营销推广与公共关系等。

例如，利用4P营销理论对短视频账号的运营状况进行分析，搭建的分析模型如图4-7所示。

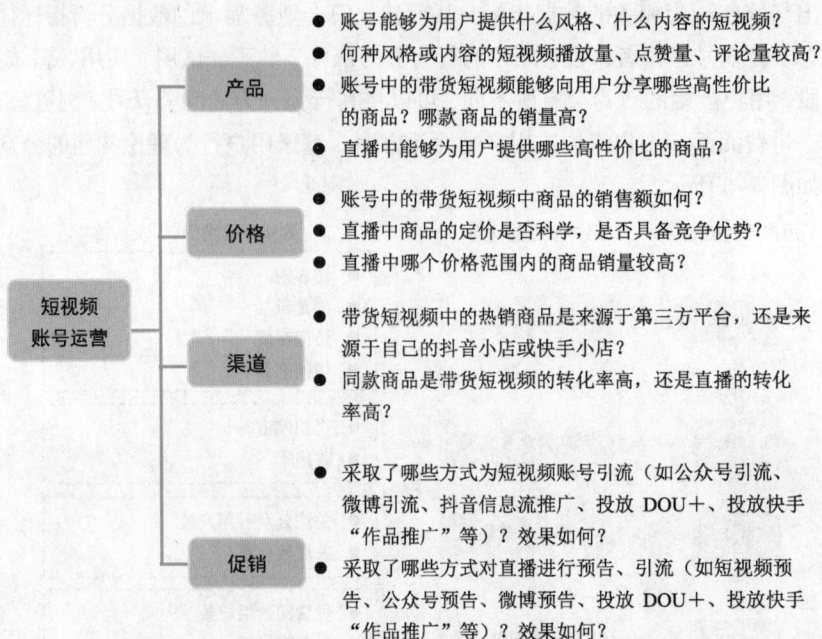

产品
- 账号能够为用户提供什么风格、什么内容的短视频？
- 何种风格或内容的短视频播放量、点赞量、评论量较高？
- 账号中的带货短视频能够向用户分享哪些高性价比的商品？哪款商品的销量高？
- 直播中能够为用户提供哪些高性价比的商品？

价格
- 账号中的带货短视频中商品的销售额如何？
- 直播中商品的定价是否科学，是否具备竞争优势？
- 直播中哪个价格范围内的商品销量较高？

短视频账号运营

渠道
- 带货短视频中的热销商品是来源于第三方平台，还是来源于自己的抖音小店或快手小店？
- 同款商品是带货短视频的转化率高，还是直播的转化率高？

促销
- 采取了哪些方式为短视频账号引流（如公众号引流、微博引流、抖音信息流推广、投放DOU＋、投放快手"作品推广"等）？效果如何？
- 采取了哪些方式对直播进行预告、引流（如短视频预告、公众号预告、微博预告、投放DOU＋、投放快手"作品推广"等）？效果如何？

图4-7 基于4P营销理论搭建的短视频账号运营状况分析模型

4.2 常用的数据分析方法

数据分析有法可循，在分析数据时，使用科学、合理的分析方法可以快速、有效地分析数据，并从数据中获取信息。在新媒体数据分析中，常用的数据分析方法有对比分析法、分组分析法、结构分析法、平均分析法、交叉分析法、四象限分析法、漏斗图分析法、杜邦分析法和综合评价分析法，下面将分别对它们进行介绍。

4.2.1 对比分析法

对比分析法也称比较分析法，将两个或两个以上的数据进行对比，分析它们之间的差异，进而揭示这些数据背后隐藏的规律。

1. 对比分析法的类型

按照发展速度采用基期的不同，对比分析法可以分为同比、环比和定基比。三者均用百分数和倍数表示。

同比是指今年第 N 月与去年第 N 月相比较。同比可消除季节变动带来的影响，用于说明本期发展水平与去年同期发展水平的对比情况，从而得到相对发展速度。例如，2021年6月微信公众号订阅量与2020年6月微信公众号订阅量对比，2021年5月微信公众号文章阅读量与2020年5月微信公众号文章阅读量对比。

同比增长率的计算公式如下。

同比增长率＝（本期数据－上一周期同期数据）÷上一周期同期数据×100%

环比是指本期水平与其前一期水平之比，表明某种现象逐期的发展速度。例如，2021年7

月微博账号粉丝数量与 2021 年 6 月微博账号粉丝数量对比。

环比增长率的计算公式如下。

$$环比增长率＝（本期数据－上期数据）÷上期数据×100\%$$

定基比是指本期水平与某一固定时期水平之比，它表明这种现象在较长时期内的总的发展速度。例如，将 2021 年各月的微博账号粉丝数量，均以 2020 年 12 月微博账号粉丝数量为基准进行对比。

定基比增长率的计算公式如下。

$$定基比增长率＝（本期数据－基期数据）÷基期数据×100\%$$

按照比较的角度不同，对比分析法可以分为横向比较和纵向比较。横向比较是指同类的两个或两个以上的事物在统一标准下进行比较的方法。例如，抖音中两种风格短视频账号的粉丝数量对比。纵向比较是指对一个事物的历史、现状乃至未来的情况进行比较，以此来了解该事物的发展与变化过程，揭示事物的发展规律。例如，2021 年 6 月的微信公众号订阅量与 2021 年 5 月的微信公众号订阅量的对比。

2. 对比分析法的应用

在实际操作中，对比分析法的应用有以下几个维度。

（1）将实际完成值与设定的目标进行对比

将实际完成值与设定的目标进行对比，属于纵向比较。例如，在新媒体账号的运营中，运营者每年都会设定全年的目标业绩，因此可以将当前达成的业绩与设定的全年目标业绩做对比，以了解自己的工作进度和业绩完成率，分析目标设定得是否合理，是否需要调整。

（2）行业内做对比

将自身发展水平与同行业竞争对手或行业的平均水平做对比，属于横向比较。这样有利于运营者了解自己的发展水平在行业中处于何种位置，了解自己设定的指标是否具有先进性，从而为自己制订发展策略提供参考依据。

（3）与同级部门做对比

将自身与公司内同级部门做对比，属于横向比较。例如，在微信公众号的运营中，将负责撰写时尚类文章的小组的业绩与负责撰写美食类文章的小组的业绩进行对比。这样能够让各个部门认识到自己处于什么水平，进而找到下一步发展的方向。

（4）将活动效果做对比

开展某项营销推广活动后，可以将活动前后的相关运营数据进行对比，这样可以帮助运营者了解营销推广活动的效果，分析营销推广活动是否达到了预期目标。

3. 使用对比分析法的注意事项

使用对比分析法时，必须要确定所选的对比对象之间具有可比性，这样所做的对比才有意义。其次，要注意选取的比较口径、计量单位、计算方法必须一致。

4.2.2　分组分析法

分组分析法是指根据目标数据的性质、特征，按照一定的指标，将目标数据划分为几个部分进行分析，以揭示各个部分的内在联系和相互关系。

将目标数据进行分组的目的是便于对比，通过合理的分组，将性质相同的数据归纳在一起，有利于保持各组内数据性质的一致性，同时便于体现组与组之间数据性质的差异性，进而更好地分析数据内在的联系。

按照分组时所采用的指标性质的不同，分组方法分为按属性指标分组和按数量指标分组。

1. 按属性指标分组

属性指标所代表的数据不能进行计算，它们只能用于说明事物的性质、特征等，如人的姓名、性别、年龄、受教育程度等。将数据按属性指标进行分组，操作起来比较简单，一旦确定了所使用的分组指标，组名、组数、组与组之间的界限也就确定了。例如，统计微信公众号目标受众时按性别分为男、女两个组，每个目标受众应该属于哪一组一目了然。

2. 按数量指标分组

数量指标所代表的数据可以进行加、减、乘、除运算，它们能够用于说明事物的数量特征，如人的年龄、工资水平、企业的盈利等。

对数量指标进行分组，又可分为单项式分组和组距式分组两种类型。

（1）单项式分组

单项式分组是指直接按照标志值进行分组的方法。标志值按照大小进行排列，每一个标志值就是一个组，有多少个标志值就分为多少个组。在单项式分组中，标志值都是整数，但整数之间允许间断。例如，在头条号指数中，其原创度分为0、2、4、6、8、10共6个级别，它是由6个标志值构成的单项式分组。

通常来说，单项式分组适用于目标数据分布离散，且数值不多、数据变动范围较小的情况。

（2）组距式分组

组距式分组是指将全部变量值依次划分为若干个区间，每个区间作为一组，每个组内数据的性质相同，组与组之间的性质相异。例如，按照年龄将微信公众号的受众进行分组，然后分析该微信公众号各年龄段受众的占比情况，结果如表4-1所示。

表4-1 微信公众号各年龄段受众的占比情况

受众年龄分布	人数占比
19岁以下	5%
20～29岁	10%
30～39岁	44%
40～49岁	38%
50岁及以上	3%

组距式分组适用于连续变量，或离散变量且变量的变动幅度较大的情况。在组距式分组中，需要明确组数、组限、组距、组中值等要素。

① 组数。组数即分组的个数，表4-1中分组的组数为5。组数可以由数据分析人员自己决定，但在确定组数时需要考虑数据本身的特点，如数据的大小、数据的个数等。对数据进行分组的原因之一就是为了更好地观察数据的分布规律，因此组数不能太多，也不能太少。如果组数太多，容易导致数据分布得过于分散；如果组数太少，则容易导致数据分布得过于集中。这两种情况都会导致数据的分布规律和特征无法得到准确展示。

② 组限。组限是指各组之间的取值界限，一个组中的最小值称为该组的下限，最大值称为

该组的上限。例如，表中"20～29 岁"这一组，下限为 20，上限为 29。

组限最好采用整数表示，在确定组限的时候，第一组的下限应该小于或等于全部数据中的最小变量值，最后一组的上限应该大于或等于全部数据中的最大变量值。如果全部数据中有极小值或极大值，为了避免出现空白组（即没有变量值的组）或个别端值被漏掉，第一组和最后一组可以用开口组表示。所谓开口组是指没有上限或没有下限的组，通常用"××以上"或"××以下"表示，如表 4-1 中的"50 岁以上""19 岁以下"。

③ 组距。组距是指每组的上限与下限之间的差值。组距可以根据全部数据的最大值和最小值，以及组数确定，组距的计算公式如下。

$$组距＝（最大值－最小值）÷组数$$

在组距式分组中，各组组距都相等的分组称为等距分组，各组组距并不完全相等的分组称为不等距分组。表 4-1 中的分组为不等距分组。一般来说，如果各单位数据的变动比较均匀，适宜采取等距分组；如果各单位数据的变动不均匀，适宜采取不等距分组。

④ 组中值。组中值是指每组的上限和下限的中点值，它是各组数据的代表值。假设各组数据在本组内均匀分布，则组中值的计算公式如下。

$$组中值＝（上限＋下限）÷2$$

运用分组分析法应该遵循"相互独立，完全穷尽"的原则。相互独立是指组与组之间不能存在交叉的现象，各组之间要具有明显的差异，每个数据只能归属于某一组；完全穷尽是指分组时不要遗漏任何数据，保持数据的完整性，各组的空间足以容纳所有数据。

4.2.3 结构分析法

结构分析法是在统计分组的基础上，计算某一总体内各组成部分占总体的比例，进而分析总体的内部结构特征、总体的性质、总体内部结构变化规律的分析方法。例如，分析抖音账号各年龄段粉丝数量占比情况，就要用结构分析法，如图 4-8 所示。

结构分析法的基本表现形式就是计算结构指标，结构指标的计算公式如下。

结构指标（%）＝（总体中某一部分数值÷总体值）×100%

一般来说，在结构分析法中，某部分占总体的比例越大，说明该部分的重要程度越高，对总体的影响越大。

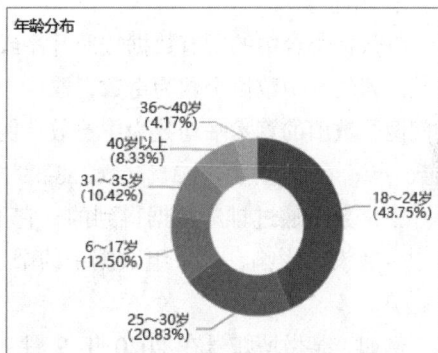

图4-8 抖音账号各年龄段粉丝数量占比情况

4.2.4 平均分析法

平均分析法是利用平均指标对事物进行分析的方法。平均指标又称平均数，反映的是事物总体的一般水平。运用平均分析法可以比较同类事物之间的本质差距，可以对某一事物在不同时间段的水平进行比较，以说明该事物的发展趋势和规律。

平均指标分为数值平均数和位置平均数。数值平均数是指所有数据都参与计算而得出的平均数，包括算术平均数、调和平均数、平方平均数、几何平均数。在新媒体数据分析中，最常用的是算术平均数。位置平均数是指在数据集合中，按照数据的大小顺序或数据出现的频率选出代表值参与计算，包括中位数和众数。

1. 算术平均数

算术平均数分为简单算术平均数和加权算术平均数，新媒体数据分析中常用的是简单算术平均数。简单算术平均数是未分组的原始数据的算术平均数。将数据集合中所有数据之和除以数据的个数就可得到简单算术平均数，其计算公式如下。

简单算术平均数＝所有数据之和÷数据个数

例如，某微信公众号在 2020 年 8 月 26 日所推送的 8 篇文章的阅读量分别为 1 346、2 228、4 339、3 189、2 912、3 368、3 097、2 309，那么，2020 年 8 月 26 日该微信公众号所推送的文章的平均阅读量的计算方法如下：平均阅读量＝（1 346+2 228+4 339+3 189+2 912+3 368+3 097+2 309）÷8＝2 848.5。这样运营者能快速找出阅读量大于平均值的文章，然后分析这些文章在选题、标题设置、排版、配图等方面有哪些优势，以便后续开展文章内容优化工作。

简单算术平均数能很好地反映一组数据的平均水平，但它容易受到极端值的影响。当数据集合中存在极端值时，数据分析结果往往不能反映数据的真实特征。例如，某微博账号在 2020 年 9 月 1 日至 9 月 7 日期间每天发布一篇文章，截至 2020 年 9 月 8 日，每篇文章的阅读量分别为 101 289、3 215、3 230、2 646、4 698、1 563、2 860，则该微博账号近 7 天文章的平均阅读量为 17 072（保留到整数位）。如果单看平均阅读量，该微博账号近 7 天的文章的平均阅读量是比较高的，但是很明显，这是因为第一个数据是极大值，它拉高了整体数据的平均数。由此可见，极端值的出现会使算术平均数的真实性受到干扰，此时可以考虑使用位置平均数来进行分析。

2. 中位数

将数据集合中的所有数据按照升序或降序的方式排列，居于最中间的数值即为该集合的中位数。若集合中数值个数为奇数，取最中间的数值为中位数；若集合中数值个数为偶数，取最中间两个数值的算术平均数为中位数。例如，在数据集合 {2、5、6、9、13、15、20} 中，中位数为 9；在数据集合 {3、5、6、8、9、12、13、17} 中，中位数为（8+9）÷2＝8.5。

中位数是通过排序数据得到的，它不受最大、最小两个极端值的影响。部分数据的变动对中位数没有影响，当一组数据中的个别数据变动较大时，常用中位数来描述这组数据的集中趋势。

例如，某微博账号在 2020 年 9 月 1 日至 9 月 7 日期间发布的每篇文章的阅读量分别为 101 289、3 215、3 230、2 646、4 698、1 563、2 860，在该数据集合中存在极大值 101 289 和极小值 1 563，此时可以选择用中位数来反映平均水平。将数据集合 101 289、3 215、3 230、2 646、4 698、1 563、2 860 按照从大到小的顺序进行排列，得到 101 289、4 698、3 230、3 215、2 860、2 646、1 563，中位数为 3 215，显然它比简单算术平均数 17 072（保留到整数位）更加合理。

3. 众数

众数是指一组数据中出现次数最多的数值，它反映了一组数据的集中程度。例如，在{1, 2, 3, 3, 4}这组数据中，众数是 3。有时一组数据中的众数不止一个，例如，{1, 2, 2, 3, 3, 4}这组数据的众数是 2 和 3。如果在一组数据中所有数据出现的次数都一样，那么这组数据没有众数。

众数用来代表一组数据的"多数水平"，它与数据出现的次数有关，用于对各数据出现的频率进行考察，其大小只与这组数据中的部分数据有关，不会受到极端值的影响。

通过分析数据重复出现的次数，可以发现数据的某些规律。在日常生活中，诸如"最佳""最受欢迎""最满意"等描述都与众数有关系，它反映了一种普遍的倾向。

例如，表 4-2 所示为运营者统计的 5 月销量排名前 10 的直播商品及其所属品类，从中可以发现"食品类"出现的次数最多，即这组数据的众数是"食品类"。那么可以初步推断，5 月食品类商品在直播间是比较受欢迎的。

表 4-2　5 月销量排名前 10 的直播商品及其所属品类

商品名称	所属品类	商品名称	所属品类
粉底液	美妆类	洗衣凝珠	日常生活类
电动牙刷	小型电子商品类	火锅底料	食品类
牛肉酱	食品类	卫衣	服装类
螺蛳粉	食品类	薯片	食品类
鲜花饼	食品类	眼影	美妆类

作为一组数据的代表，众数的可靠性比较差，因为它只利用了部分数据。在一组数据中，如果个别数据有很大的变动，且某个数据出现的次数最多，此时用众数表示这组数据的"集中趋势"就比较适合。

4.2.5　交叉分析法

交叉分析法是指同时将两个或两个以上有一定联系的变量及其变量值按照一定的顺序交叉排列在一张统计表内，使各变量值成为不同变量的交叉结点，从而分析各变量之间的关系，并得出科学的结论。

交叉表的维度越多，交叉表就越复杂，所以在设计交叉表的维度时需要根据具体的情况来决定。在新媒体数据分析中，最常见的是二维交叉表。

例如，某个美食类公众号的 3 类商品在 7 月、8 月通过公众号文章中的"阅读原文"所实现的订单量统计如表 4-3 所示。

表 4-3　7 月、8 月各地区商品订单量统计

单位：件

月份	受众所在地区	商品名称	订单量
7 月	上海	咸鸭蛋	265
7 月	北京	咸鸭蛋	126
7 月	天津	咸鸭蛋	96
7 月	上海	鲜鸡蛋	69
7 月	北京	鲜鸡蛋	85
7 月	天津	鲜鸡蛋	40
7 月	上海	水果玉米	136
7 月	北京	水果玉米	201

续表

月份	受众所在地区	商品名称	订单量
7月	天津	水果玉米	145
8月	上海	咸鸭蛋	315
8月	北京	咸鸭蛋	232
8月	天津	咸鸭蛋	106
8月	上海	鲜鸡蛋	65
8月	北京	鲜鸡蛋	53
8月	天津	鲜鸡蛋	45
8月	上海	水果玉米	98
8月	北京	水果玉米	156
8月	天津	水果玉米	202

使用交叉分析法，统计该公众号7月、8月两个月内3类商品在3个地区的订单量，如表4-4所示。表4-4中使用了地区——商品交叉分析法分析商品订单量的情况，每个交叉结点的值代表既满足行条件，又满足列条件的记录的汇总。

表4-4 7月、8月各地区商品订单总量

单位：件

地区	咸鸭蛋	鲜鸡蛋	水果玉米	订单总量
上海	580	134	234	948
北京	358	138	357	853
天津	202	85	347	634
总计	1 140	357	938	2 435

4.2.6　四象限分析法

四象限分析法也称矩阵分析法，它将事物的两个重要属性作为分析的依据，并将这两个属性分别作为横轴和纵轴，组成一个坐标系；在两个坐标轴上分别按某一标准做好刻度划分，构成4个象限，再将分析对象投射到4个象限中，进而分析每个对象在这两个属性上的表现。

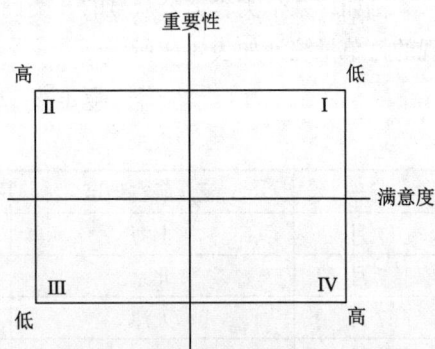

图4-9　某微信服务号用户满意度分析

例如，图4-9所示为某微信服务号的用户满意度分析，通过4个象限能够很直观地看出该微信服务号所提供的各个服务项目的竞争力，从而帮助运营者有针对性地对服务号进行优化。

第一象限为重要性高、满意度也高的象限。它表示用户认为这些服务项目对于他们来说非常重要，且用户对这些服务项目的满意度很高。对于位于这个象限内的服务项目，运营者应该继续给予支持并保持它们的优势。

第二象限为重要性高、满意度低的象限。它表示用户认为这些服务项目对他们来说是重要的，但是当前该服务号在这些服务项目上表现得较差。对于位于这个象限的服务项目，运营者需要分析它们存在哪些问题，并积极改进。如果运营者能够提高这几个服务项目的服务水平，就能有效地提高用户对服务号的满意度，进而提升服务号的竞争优势。

第三象限为重要性低、满意度也低的象限。它表示用户认为这些服务项目对他们来说并不重要，用户的满意度也较低。对于位于这个象限内的服务项目，运营者需要持续关注用户对这些服务项目的期望值，以及时为用户提供符合他们需求的服务。

第四象限为重要性低、满意度高的象限。它表示用户认为这些服务对他们来说并不重要，但是该服务号为他们提供了超出他们需求的服务。对于用户来说，这些服务项目属于锦上添花的类型，它们对该服务号的意义并不大。但是，为了给用户提供这些服务项目，运营者在这些服务项目上投入了更多的时间、精力和资源。因此，基于资源优化配置的原则，如果有可能，运营者应该把在此象限内投入过多的资源转移到其他更重要的服务项目上。

四象限分析法遵循了先解决主要矛盾，再解决次要矛盾的原则，在解决问题和优化资源配置方面，为运营者提供了有效的参考依据。

4.2.7　漏斗图分析法

漏斗图分析法是一种以漏斗图的形式展示分析过程和结果的分析方法。这种分析方法适用于业务流程比较规范、业务流程周期较长、各流程环节涉及复杂业务流程较多的情况。漏斗图能够让各环节的业务数据得到直观的展示，以直观地说明业务流程中存在问题的环节。

例如，运用漏斗图分析法分析通过微信公众号文章"阅读原文"路径发生的商品转化情况（见图 4-10），不仅能让运营者了解用户从进入微信公众号到实现商品购买的最终转化情况，还能让运营者了解整个流程中每一个环节的转化情况。

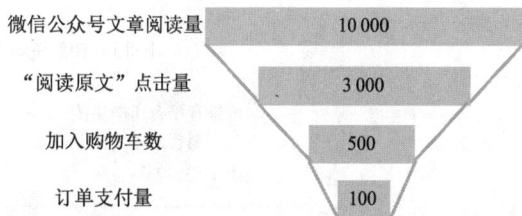

图4-10　通过微信公众号文章"阅读原文"路径发生的商品转化情况

4.2.8　杜邦分析法

杜邦分析法是杜邦公司最先使用的一种分析方法，它是利用几种主要的财务比率之间的关系来综合地分析企业财务状况的一种分析方法。

杜邦分析法多用于财务分析中，它以企业净资产收益率作为核心，将影响净资产收益率的因素进行逐层分解，形成一个完整的指标体系，并揭示各指标间的相互影响关系，从而为企业管理者了解企业经营状况、提高经营收益提供有效的参考。

传统的杜邦分析法的整体框架如图 4-11 所示。

虽然杜邦分析法主要用于企业财务方面的分析，但是在新媒体运营中也可以借用这一思路，采用层层分解的方法来进行运营分析。

例如，一个主营化妆品的淘宝店铺，通过微信公众平台、抖音、微博 3 个平台同时对商品进行站外引流推广。每个平台的推广运营均为店铺内的商品创造了不错的销售额。店铺运营者发现，在 2020 年 8 月，通过抖音平台所产生的商品销售额环比增长了 4%，但其在三大引流平台所产生的总销售额中的占比却下降了 3%。店铺运营者需要分析抖音平台所产生的销售额在三大引流平台所产生的总销售额中占比下降的原因。因此，可以从销售额占比的计算公式开始进行细分，形成图 4-12 所示的杜邦分析框架。

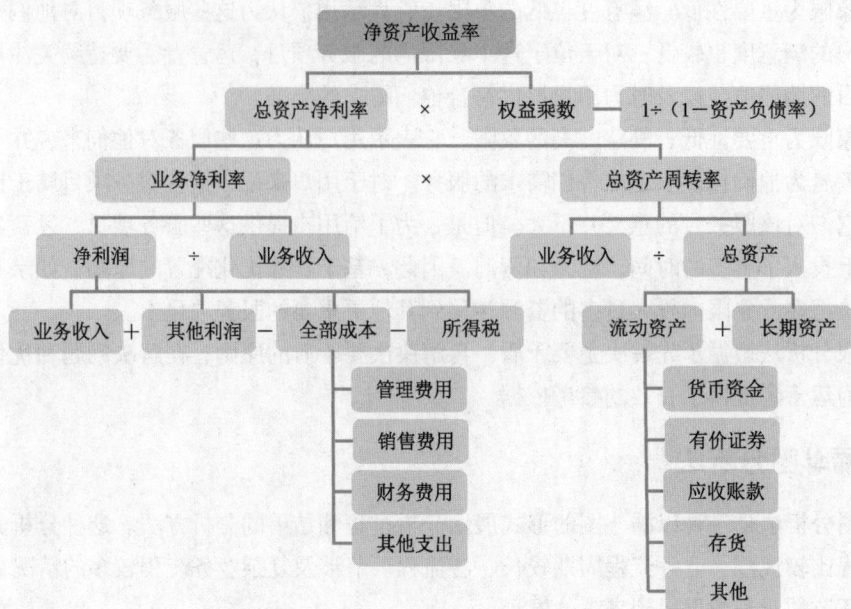

图4-11 传统的杜邦分析法的整体框架

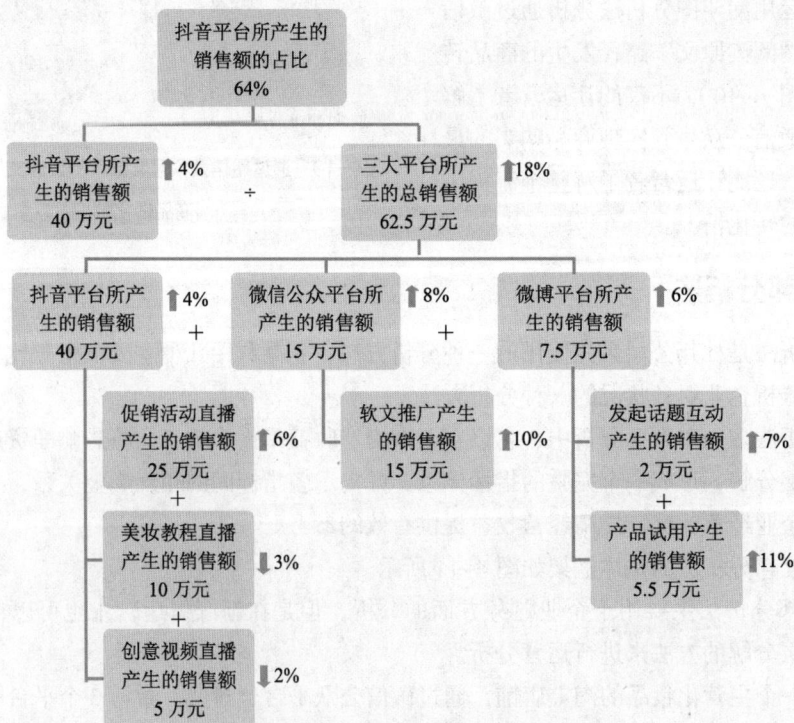

图4-12 基于杜邦分析法的销售额占比下降原因分析

运用杜邦分析法进行分析后发现以下几个特点。

① 微信公众平台和微博平台所产生的销售额与上月相比均有增加，带动了站外引流所产生的整体销售额的增长。

② 抖音平台所产生的销售额虽然有 4% 的增长，但其增长幅度小于微信公众平台和微博平台所产生的销售额的增长幅度。

③ 2020 年 8 月抖音平台销售额的增长主要是依靠促销活动直播，而美妆教程直播和创意视频直播所产生的销售额均有所下降，但微信软文推广和微博发起话题互动、产品试用所产生的销售额均大幅增长。

因此，抖音平台所产生的销售额在三大引流平台所产生的总销售额中占比下降的原因可以归结如下：抖音平台上的促销活动直播带动了抖音平台销售额的增长，但是美妆教程直播和创意视频直播销售额的负增长严重影响了抖音平台所产生的整体销售额。

4.2.9　综合评价分析法

综合评价分析法是指运用多个指标对多个参评单位进行评价的方法。其实质就是将多个指标按照不同的权重转化为一个能够反映事物综合情况的指标来对事物进行分析评价。在新媒体账号的运营中，对客户进行分类、分析运营关键绩效指标（Key Performance Indicator，KPI）、考核员工绩效等通常会采用这种分析方法。

综合评价分析法分为 5 个基本步骤，如图 4-13 所示。

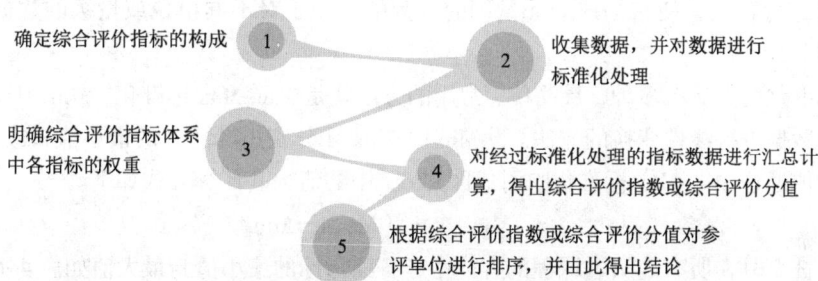

图4-13　综合评价分析法的5个基本步骤

在面向客户制订运营策略、营销策略时，运营者希望能够针对不同的客户制订不同的营销策略，实现精准化运营，以获取最高的转化率。而开展精准化运营的关键就是评价客户价值，对客户进行分类。对客户群体进行细分，区分出低价值客户、高价值客户，从而为不同的客户群体提供不同的个性化服务，将有限的资源合理地分配给不同价值的客户，进而实现效益最大化。

例如，运用综合评价分析法，分析某教育培训类公众号近 3 个月内 3 位购买过课程的客户甲、乙、丙的价值，具体的操作步骤如下。

第一步：确定综合评价指标的构成

评价客户价值的指标有多种，如购买次数、购买频率、消费金额、客单价、平均每次消费金额、评价数等。在此，所确定的评价指标如图 4-14 所示。

最近一次消费指客户最近一次消费那天距离现在的时间。

购买频率指客户在一段时间内（近 3 个月）购买课程的次数。

图4-14　客户价值评价指标体系

消费金额指客户在一段时间内（近3个月）产生的消费金额。

单次消费最高金额指客户在一段时间内（近3个月）单次购买课程所花费的最高金额。

购买课程的种类指客户在一段时间内（近3个月）购买的课程的种类数量。

第二步：收集数据，并对数据进行标准化处理

首先，收集最近3个月内客户甲、乙、丙对应评价指标的数据，如表4-5所示。

表4-5　最近3个月内购买过课程的客户的相关数据

客户名称	最近一次 消费/天	购买频率/次	消费金额/元	单次最高 消费金额/元	购买课程的 种类/种
甲	8	5	2 400	300	5
乙	20	2	510	210	2
丙	3	3	420	120	4

其次，对收集到的数据进行标准化处理。数据的标准化是指通过某种方法，将不同度量单位的数据进行转化，使它们成为无量纲的纯数值，便于对不同单位或量级的数据进行比较和加权处理。

数据标准化的方法有多种，最简单、常用的方法就是Min-Max标准化。Min-Max标准化方法是对原始数据进行线性变换的方法。设MinA和MaxA分别为属性A的最小值和最大值，将A的一个原始值通过Min-Max标准化映射成区间[0,1]中的值，其计算公式如下。

$$x' = (x - MinA) \div (MaxA - MinA)$$

假设近3个月在所有购买过课程的客户中，各项指标的最小值与最大值如表4-6所示。

表4-6　各项指标的最小值和最大值

项目极值	最近一次 消费/天	购买频率/次	消费金额/元	单次最高 消费金额/元	购买课程的 种类/种
Min	1	1	100	50	1
Max	90	10	5 000	1 000	5

对客户甲、乙、丙各项指标的数据进行标准化处理，结果如表4-7所示。

表4-7　标准化处理后的指标数据

客户名称	最近一次 消费/天	购买频率/次	消费金额/元	单次最高 消费金额/元	购买课程的 种类/种
甲	0.92	0.44	0.47	0.26	1.00
乙	0.79	0.11	0.08	0.17	0.25
丙	0.98	0.22	0.07	0.07	0.75

在该数据标准化示例过程中，有一点需要注意，对于"最近一次消费"指标来说，该指标的数值越大，其价值越小。因此，在对其进行标准化处理时，最近一次消费的标准化值＝（MaxA－x）÷（MaxA－MinA）。

第三步：明确综合评价指标体系中各指标的权重

在整个指标体系中，各项指标对最终评分所造成的影响是不同的，因此需要确定各项指标的权重。确定指标权重的方法有多种，如德尔菲法、层次分析法、主成分分析法、因子分析法、专家访谈法等。这些方法都比较复杂，不便于操作。下面介绍一种比较简单的确定指标权重的方法，即目标优化矩阵表。

目标优化矩阵表就是将各项指标填入一张二维表中，然后将二维表中纵向上的指标依次与横向上的指标进行对比。如果纵向上的指标比横向上的指标重要，那么在两个指标交叉的单元格内填"1"，否则填"0"（两个指标中到底哪个指标更重要，可以通过咨询专业人士，或者根据实际的运营发展需求来确定）。例如，"最近一次消费"比"购买频率""消费金额""单次最高消费金额""购买课程的种类"4个指标重要，一则依次在交叉的单元格内填"1"。最后将每行的结果相加，得到该指标的重要性累计值。

本示例中，目标优化矩阵表如表4-8所示。

表4-8　目标优化矩阵表

项目	最近一次消费	购买频率	消费金额	单次最高消费金额	购买课程的种类	重要性累计值
最近一次消费		1	1	1	1	4
购买频率	1		0	1	1	3
消费金额	0	0		1	1	2
单次最高消费金额	0	0	0		1	1
购买课程的种类	0	0	0	0		0

然后，利用表中的"重要性累计值"来计算各项指标的权重。由于"购买课程的种类"的重要性累计值为0，但在实际应用中它还是应该占有一定权重的，所以在不影响重要性的前提下，可以在每项指标的"重要性累计值"的基础上加1，再计算各项指标的权重。指标权重的计算公式如下。

某项指标的权重＝某项指标的重要性累计值÷所有指标的重要性累计值的总和×100%

由此，得出的各项指标的权重如表4-9所示。

表4-9　各项指标的权重

项目	权重（取整数）
最近一次消费	33%
购买频率	27%
消费金额	20%
单次最高消费金额	13%
购买课程的种类	7%

第四步：对经过标准化处理的指标数据进行汇总计算，得出综合评价指数或综合评价分值

根据经过标准化处理的各项指标的标准值，分别计算客户甲、乙、丙的综合评价指数。某个客户的综合评价指数的计算公式如下。

某个客户的综合评价指数＝评价指标 A 的标准值×该指标权重＋评价指标 B 的标准值×该指标权重＋评价指标 C 的标准值×该指标权重＋……

由此，得出客户甲、乙、丙的综合评价指数，如表 4-10 所示。

表 4-10　客户甲、乙、丙的综合评价指数

客户名称	综合评价指数（保留两位小数）
甲	0.62
乙	0.35
丙	0.46

第五步：根据综合评价指数或综合评价分值对参评单位进行排序，并由此得出结论

由表 4-10 可知，在最近 3 个月的消费历史中，客户甲的综合价值最高，其次是客户丙和客户乙的综合价值最低。

【课后习题】

1. 简述什么是 PEST 分析法，尝试使用 PEST 分析法规划开展"2021 年短视频行业发展状况"数据分析的思路。

2. 尝试运用用户行为理论构建分析"抖音直播间销售额"的分析框架。

3. 图 4-15 中采用的是哪种数据分析方法？使用该数据分析方法时需要注意哪些问题？

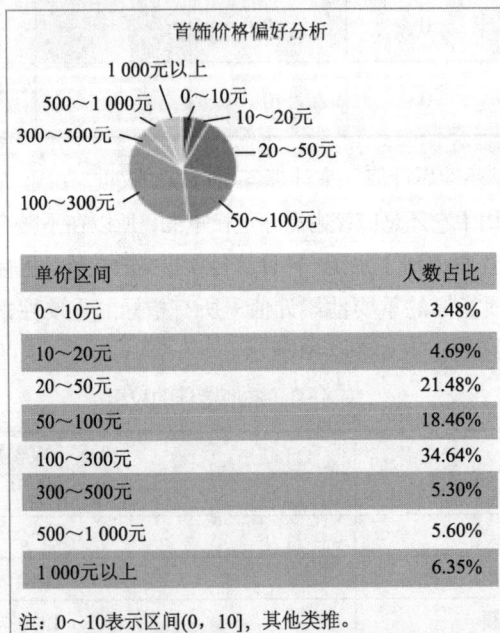

单价区间	人数占比
0～10元	3.48%
10～20元	4.69%
20～50元	21.48%
50～100元	18.46%
100～300元	34.64%
300～500元	5.30%
500～1 000元	5.60%
1 000元以上	6.35%

注：0～10表示区间(0, 10]，其他类推。

图4-15　首饰价格偏好分析

第 5 章

新媒体数据的可视化

【学习目标】

- 了解新媒体数据可视化的基本流程、数据可视化的设计原则。
- 掌握新媒体数据可视化的常用图表类型和图表的构成要素。
- 掌握使用 Excel 进行数据可视化的方法。
- 了解新媒体数据可视化图表的优化原则和图表配色的优化方法。

对新媒体数据进行可视化处理不仅可以让数据变得更加美观，提高数据的视觉吸引力，还可以更加直观、清晰地展现数据之间的关系，让新媒体运营者从中获得更多的信息。数据可视化并不是简单的图文混排，而是要在讲究视觉传达效果的基础上清楚、准确地传达数据信息。本章将详细介绍新媒体数据可视化方面的知识。

5.1 初识新媒体数据可视化

数据可视化是关于数据视觉表现形式的科学技术研究，它通过图形、图表等形式，直观、生动、形象地展示数据，使人们能够以更加直观的方式从不同角度观察数据及其结构关系，洞察数据背后隐藏的信息。

5.1.1 新媒体数据可视化的基本流程

新媒体运营者在正式对数据进行可视化设计之前，先不要急着思考使用何种图表来展现数据，也不要纠结于在图表中使用何种字体、何种颜色，而应该先梳理数据可视化的基本流程，以保证后续数据可视化过程的科学性、客观性和有效性。

1. 了解数据可视化的需求

新媒体运营者先要明确数据可视化的需求，明确为什么要进行数据可视化。新媒体运营者分析数据可视化的需求，可以围绕 4 点来展开，如图 5-1 所示。

（1）明确哪些内容需要进行可视化

新媒体运营者在明确哪些内容需要进行可视化时，可以从以下几个方面来考虑。

图5-1　分析数据可视化的需求

① 可视化的目的是什么，可视化的受众是谁，受众在什么情况下会查看可视化结果，受众多久查看一次可视化结果。

② 是使用实时数据，还是使用历史数据；哪些数据是实时数据，哪些数据需要收集；哪些数据可以直接使用，哪些数据需要进行计算。

③ 数据的指标有哪些；哪些指标必须要展现，哪些指标不用展现，哪些指标展现或不展现都可以。

④ 从哪种维度展现数据指标，如是按时间维度，还是按地域或部门维度。

⑤ 希望从可视化过程中得到哪些信息。

（2）受众是谁

受众不同，数据可视化设计的侧重点也会有所区别。如果受众是公司领导，那么数据可视化的设计需要注重内容，强调数据的精准性和数据可视化逻辑的合理性；如果受众是不太了解技术的业务人员，那么数据可视化的设计就要讲究简单、直观，避免技术性太强；如果受众是前来公司参观的客户，那么为了凸显公司的形象和实力，可以将数据可视化设计得"高大上"一些。

（3）数据可视化的呈现方式

新媒体运营者可以根据受众的不同，选择不同的数据可视化呈现方式。例如，如果是向公司领导汇报工作，新媒体运营者可以选择使用 PPT 或 Excel 表格来呈现数据可视化结果；如果是向公司各部门同事介绍成果，可以采取图文结合的形式，制作一份数据可视化信息图；如果是向前来公司参观的客户介绍公司情况，可以使用大屏幕来呈现数据可视化结果；如果是为很多不同类型的用户提供周期性统计计算的数据，并且要能让所有用户在不同条件下都可以查看数据，那么可以制作数据可视化报表或者是数据产品。

（4）受众在什么场景下查看可视化作品

第一印象是非常重要的，如果受众对数据可视化作品的第一印象不好，那么他很可能就不会继续往下看了。因此，新媒体运营者制作的数据可视化作品要能给受众带来良好的第一印象。要想让受众在看到数据可视化作品的第一眼就产生良好的视觉体验，新媒体运营者就要多思考受众会在什么场景下查看可视化作品。

在使用手机浏览信息的情况下，多数人通常只会根据标题来决定是否点击文章进行阅读。此时，为可视化作品设计一个生动、具有吸引力的标题就非常重要了，这有利于可视化作品从众多内容中脱颖而出，获得更多受众的点击。

而在企业内部，尤其是人员比较多的企业，各部门的人员每天都会收到很多邮件，在众多邮件的压力下，很多人只能从中选择部分邮件进行阅读。在这种场景下，新媒体运营者除了要为可视化作品设计具有吸引力的标题外，还要考虑受众打开邮件后的阅读场景，尽量让可视化作品的标题、内容摘要显示在邮件正文中比较靠上的位置，以便尽快让受众了解邮件的内容，吸引他们继续往下阅读。

2. 数据可视化设计

可视化设计是数据可视化中的一个重要环节，这个环节包括以下 5 个步骤。

（1）梳理可视化逻辑

新媒体运营者要站在受众的角度梳理数据可视化的逻辑结构，也就是明确数据可视化的主要内容和各个内容出现的先后次序，即讲什么、不讲什么，先讲什么、后讲什么。简单、清晰的逻辑结构更便于受众理解可视化作品。

（2）确定可视化作品的风格

不同风格的可视化作品能够给受众带来不同的阅读体验，新媒体运营者要根据受众的不同、场景的不同，确定可视化作品是走可爱风，还是严肃风、科技风等。

（3）确定可视化作品的版式

一般来说，一份可视化作品包括标题、图表、说明文字等元素。版式设计就是对这些元素进行布局，并合理摆放这些元素。

（4）选择合适的图表

新媒体运营者要为数据选择一个合适的可视化图表，因为不同类型的数据有其最适合的图表类型，如果使用一个错误的图表类型来展现数据，很容易让人误解。

① 根据系统推荐选择图表。在 Excel 中，系统可以根据数据的特征为用户推荐合适的图表类型，一般系统推荐的图表能够满足用户的基本需求。因此，对于新手来说，如果对各类图表尚不熟悉，可以利用系统推荐的方法来选择图表。在 Excel 2016 中，单击"插入"选项卡下的"推荐的图表"按钮，即可打开"插入图表"对话框，其中显示了系统推荐的图表类型，如图 5-2 所示。

② 根据图表建议思维指南选择图表。新媒体运营者还可以根据可视化专家阿贝拉博士整理出来的图表建议思维指南选择图表，如图 5-3 所示。

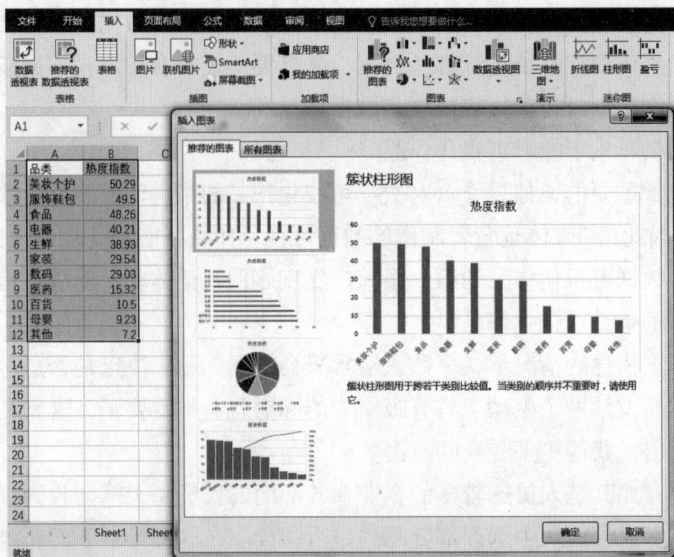

图5-2 系统推荐的图表

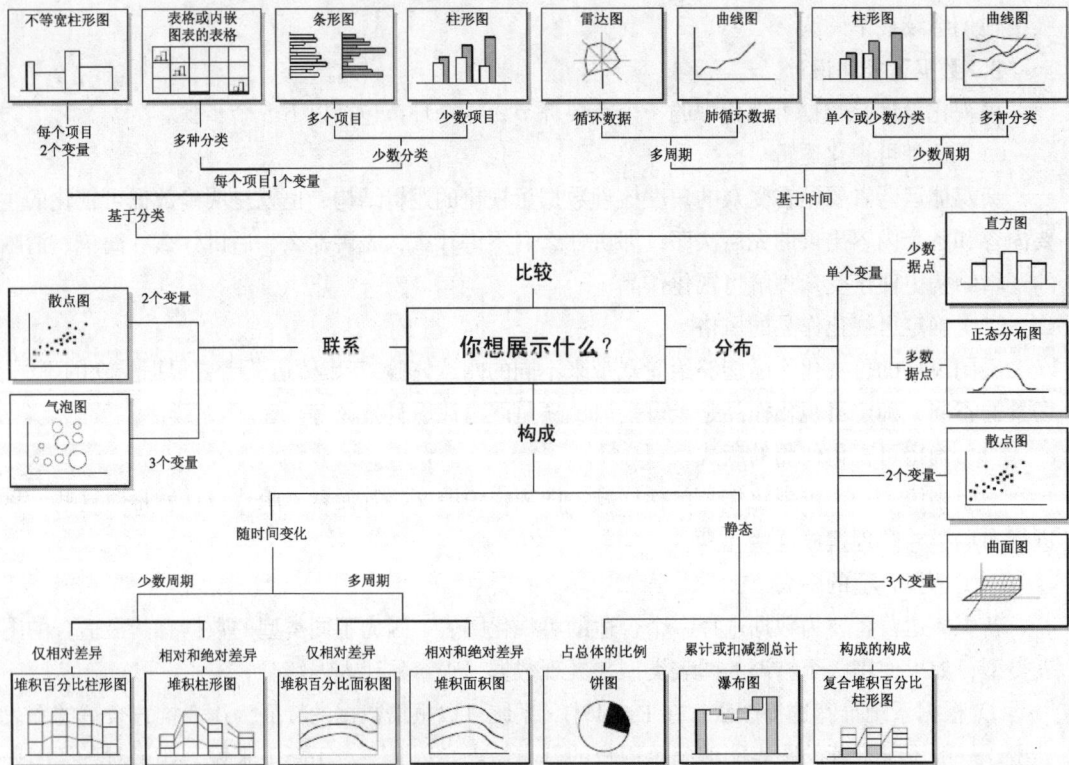

图5-3 阿贝拉博士图表建议思维指南

（5）对细节进行调整

对单个部分进行可视化设计并不能完全保证整个可视化作品的美观，因此新媒体运营者需要对可视化作品进行细节上的调整，如图表的配色、字体的调整，图表位置的调整等。

5.1.2 新媒体数据可视化的设计原则

新媒体运营者在进行数据信息可视化设计时，应该遵循简洁、直观、美观 3 个原则。

1. 简洁

数据可视化的设计要简洁易懂，新媒体运营者只需根据图表类型的特点，将主要数据信息呈现在图表中即可，这样更便于阅读者观看图表和理解图表所传达的信息。

2. 直观

新媒体运营者应该将数据信息清晰直观地展示出来，使阅读者一眼就能通过可视化图表洞察事实，更迅速地发现问题并做出决策。

3. 美观

缺乏美感的数据可视化作品缺乏说服力，因此数据可视化设计要讲究美观。美观包括两个方面：一方面是指整体协调美，如对图表中的各个元素（包括图表标题、坐标轴、图例等）进行合理的排版并使用协调的配色；另一方面是指局部细节美，如新媒体运营者可以根据流行趋势给图表添加渐变色。

5.2 新媒体数据可视化图表

在数据分析过程中，图表所传递的信息往往比文字更加直观，现在常见的“一图读懂××”就是用图表来传递信息，是典型的数据可视化成果。

5.2.1 新媒体数据可视化常用的图表

新媒体数据可视化的展现形式大致可以分为表格和图形两大类。

1. 表格

表格既是一种可视化交流模式，又是一种组织、整理数据的手段，有利于展现数据的全面性，如图 5-4 所示。

	A	B	C	D	E	F	G
1	传播指数	视频标题	点赞数	评论数	分享数	视频时长	视频发布时间
2	10.70	桃花开成一片粉雪，趁着有空摘了些，做点春日花食 #抖音美食创作人 #一口吃	71551	3031	286	231	2021-04-13 19:55:00
3	45.15	捣鼓了一身看花的衣裳，和我家老小孩一起拥抱春天！（下）#抖音美食创作人	669671	38444	4271	516	2021-04-07 16:01:52
4	45.80	捣鼓了一身看花的衣裳，和我家老小孩一起拥抱春天！（上）#抖音美食创作人	723553	33706	4127	631	2021-04-06 20:58:53
5	54.74	下饭小菜里的“老大哥”——榨菜 #抖音美食创作人 #一口吃掉春天	1489788	54915	6791	330	2021-04-02 19:30:00
6	48.99	踏花归去马蹄香~暖风融融，春光正好，一起来吃花呀！ #抖音美食创作人 #一口	767134	35012	5811	357	2021-03-31 19:05:00
7	21.68	颗颗桃花泪，淡淡春日甜，吃一碗桃胶解春乏，甘润香甜里，赴这一场春日宴 #	481466	24866	4084	291	2021-03-27 18:30:00
8	49.53	一到春天，大自然就是天然的菜园子！各种野菜是属于春日独特的鲜! #抖音美食	808319	29138	6627	416	2021-03-20 18:10:15
9	15.83	给奶奶缝了件“牛气冲天”大红袄，快乐地看雪去	228468	9174	528	106	2021-03-16 19:05:00
10	15.47	把各式吃食摆到堂屋里头，够吃好久喽~ #抖音美食创作人 #美食趣胃计划	210144	5012	552	81	2021-03-14 19:10:24

图5-4　表格

新媒体运营者在使用 Excel 制作表格时，经常需要对各种数据进行更深一步的统计计算。有时候直接在表格中看数据，效果并不是特别直观，此时可以使用 Excel 制作数据可视化表格。

（1）数据条表格

将单元格中的数据进行可视化展示，可以让数据更加简单明了，如图 5-5 所示。没有经过任何修饰和美化的表格很难吸引人的注意，新媒体运营者可以利用 Excel 的“一键美化功能”来美化表格，如图 5-6 所示。

图5-5　数据条表格

图5-6　美化后的数据条表格

（2）迷你图表格

在单元格中创建迷你图，可以轻松地呈现出数据的变化趋势和数据间的差异，既简单又方便，如图5-7所示。

图5-7　迷你图表格

2. **图形**

表格有利于展现数据的全面性，但是如果将所有信息都堆砌在表格中，就会使表格显得非常拥挤，反而不利于数据的展现。此时，新媒体运营者可以使用柱形图、条形图、折线图等图形来展示数据可视化的结果。

不同图形的展示重点有所不同，因此新媒体运营者要了解各类图形的适用场景，以便根据不同的数据源和分析目标选用最合适的图形来展示数据间的关系。

（1）柱形图

柱形图是一种以矩形高度表示数据变化的图表，用于显示一段时间内数据的变化或者各组数据之间的比较关系。

① 柱形图的子图类型。在 Excel 中，柱形图的子图分为簇状柱形图、堆积柱形图和百分比堆积柱形图 3 种。

● **簇状柱形图**：用于比较多个项目的值或某个项目随时间推移的数值变化，如图 5-8 所示。在这个柱形图中，横轴表示数值类别，纵轴表示各类别的值，因此可以通过矩形的高低快速了解和对比女士上衣、裙装与女士裤子 3 类商品在各月的销量。

● **堆积柱形图**：将数据叠加到一个矩形上，通过不同数据在同一个矩形上的高度显示不同数据之间的对比关系，如图 5-9 所示。这种图适合展示各个项目与整体之间的关系，从而比较各类别的值在总和中的占比情况。在图 5-9 中，通过对比可以清晰地看出每个月各类商品的销量与该月 3 类商品总销量之间的比例关系，同时也可以看出哪个月的商品销量最高。

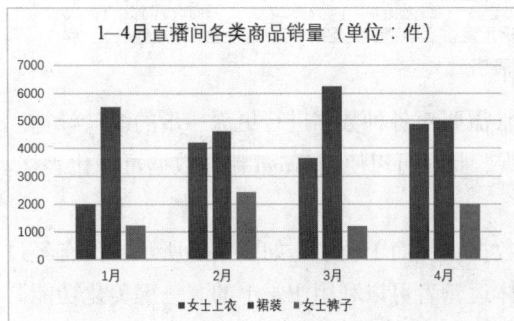

图5-8　簇状柱形图

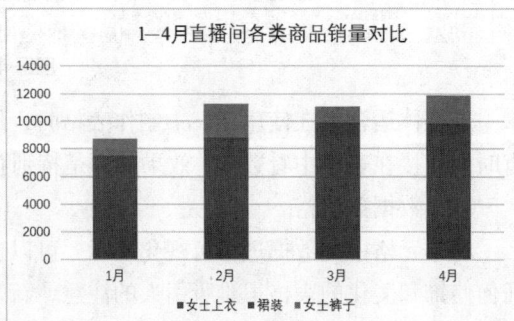

图5-9　堆积柱形图

● **百分比堆积柱形图**：将数据叠加到一个矩形上，每个矩形的总值为 100%，各项数据在矩形中占据了一定比例，如图 5-10 所示。百分比堆积柱形图以百分比形式比较各类别的值在总和中的占比情况。在百分比堆积柱形图中，纵轴上显示的是百分比值而非数值，所以此图表显示了关注直播电商平台的用户年龄结构。

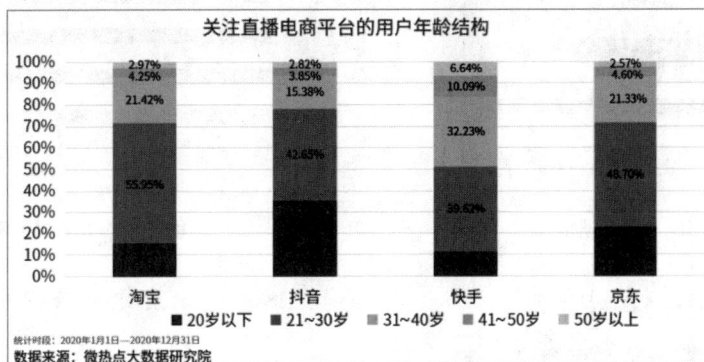

图5-10　百分比堆积柱形图

② 使用柱形图的注意事项。新媒体运营者在使用柱形图时，需要注意两点。

一是在柱形图中，同一个数据序列要使用相同的颜色来表示。

二是横轴上的项目名称要清晰，以免给阅读者带来困扰。如果横轴上的项目名称字数较多，可以使用条形图来代替柱形图。在图 5-11 所示的柱形图中，横轴上项目的名称字数较多，且不能省略，这时应该将柱形图转换为条形图，如图 5-12 所示。转换成条形图后，即使项目的名称字数较多，也能正常显示。

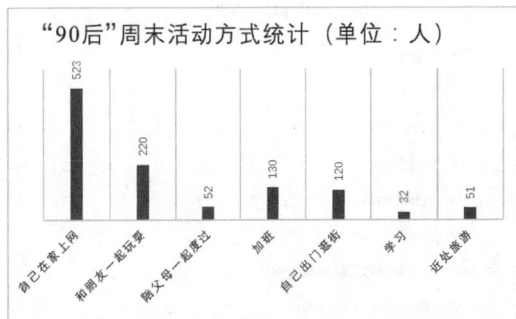

图5-11　"90后"周末活动方式统计（柱形图）

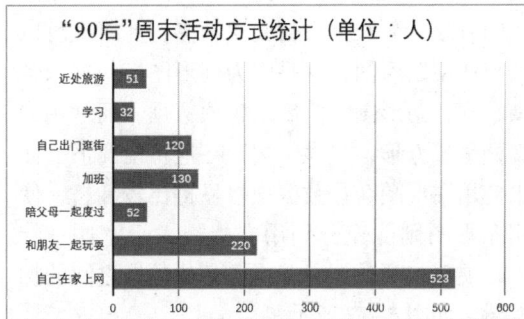

图5-12　"90后"周末活动方式统计（条形图）

（2）条形图

条形图是用宽度相同的矩形的长短来表示数据多少的图形，可以将其看成顺时针旋转 90° 的柱形图，因此条形图的子图类型与柱形图基本一致。在 Excel 中，条形图也分为簇状条形图（见图 5-13）、堆积条形图（见图 5-14）和百分比堆积条形图（见图 5-15）3 种子图表，各类条形图子图表的用法与用途也基本与柱形图子图表的用法与用途相同。

条形图与柱形图十分相似，只是矩形的方向有所不同，在具体应用过程中，运营者要根据实际情况灵活选择。如果数据中有负数，此时选择柱形图比较合适。因为在条形图中，需要将负数置于纵轴的左方，如果没有特别标注，很难让人一看就知道那是负数。而在柱形图中，负数置于横轴下方，即使没有特别标注，也能让人一看就知道那是负数，如图 5-16 所示。

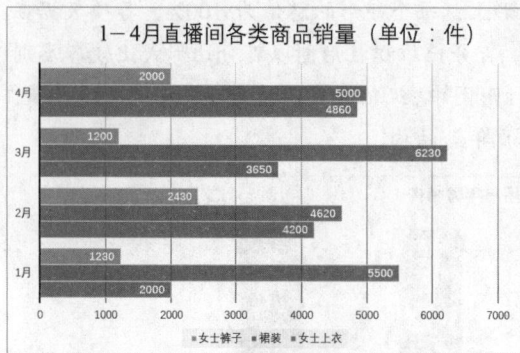

图5-13　簇状条形图

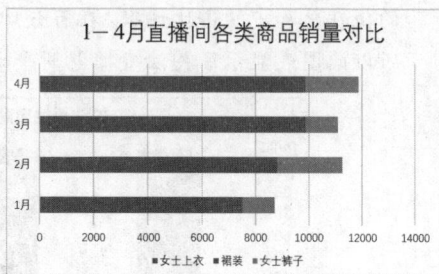

图5-14　堆积条形图

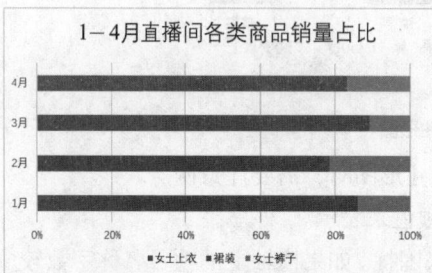

图5-15　百分比堆积条形图

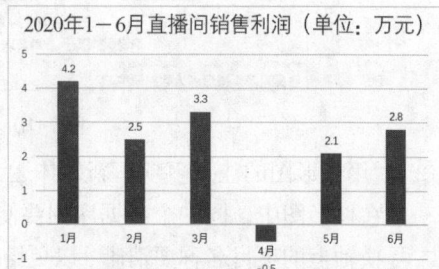

图5-16　带有负数的柱形图

　　如果横轴上的项目名称字数较多，可以使用条形图代替柱形图。此外，如果展示数据的空间有限，而数据项目又比较多，此时也可以选择使用条形图，这是因为柱形图横向展示各项数据，条形图纵向展示各项数据，而常用的文档呈长方形，长大于宽。在这种情况下，如果使用柱形图会让数据项目显得比较拥挤，使用条形图则能充分利用文档长大于宽这一特性，展现多项数据，并减弱各项数据之间的拥挤感，如图5-17所示。

　　（3）折线图

　　折线图是反映数据变化趋势的图表。根据折线图中线条的波动趋势，新媒体运营者可以了解在不同时间段内数据的变化趋势，还可以

图5-17　使用条形图展示多项数据

根据折线的最高点和最低点了解数据波动的波峰值和波谷值。

　　折线图可以是单线图（见图5-18），也可以在图中进行多指标变化趋势比较（见图5-19）。

　　当横轴表示的是时间时，使用柱形图也能表现数据随时间变化而变化的效果，但柱形图强调的是数据的量的变化，而折线图强调的是数据的变化趋势，甚至可以忽略数据的量的大小。因此，如果横轴表示的是时间，新媒体运营者需要根据是否要强调数据在量上的变化来选择是使用柱形图还是使用折线图。

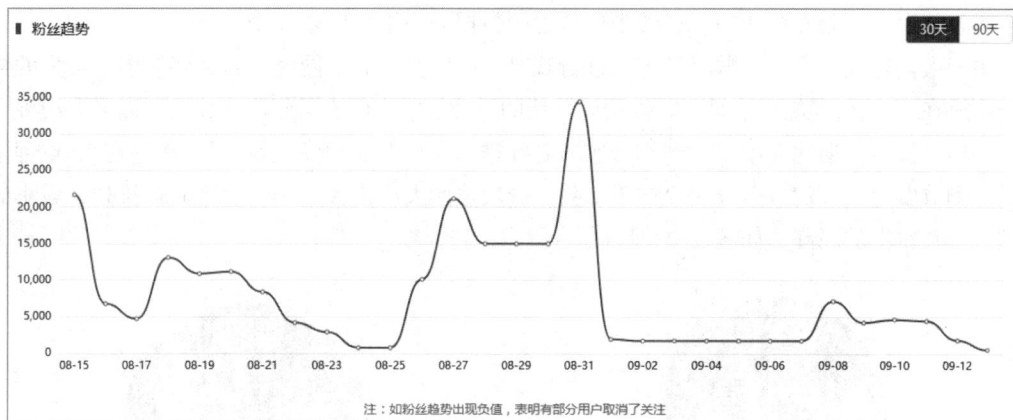

图5-18　单线直线图

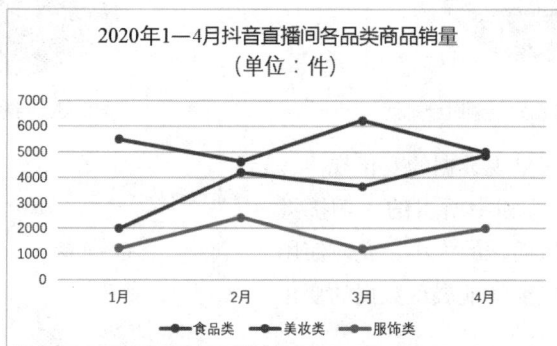

图5-19　多指标折线图

（4）饼图

饼图用于展现组成数据系列的各个项目的值在项目总和中所占的比例。在 Excel 中，饼图分为普通饼图和复合饼图。

- **普通饼图**：用于显示各数据项目的值在项目总和中的占比情况，如图 5-20 所示。
- **复合饼图**：一种将用户定义的值提取出来并显示在另一张饼图中的饼图。为了更详细地展现饼图中某个小扇区中的各个项目，新媒体运营者在制作饼图时可以将这个小扇区中的各个项目组成一个新的项目集合，并在主图旁边用小型饼图或条形图将这个新的项目集合中的各个成员分别显示出来，如图 5-21 所示。

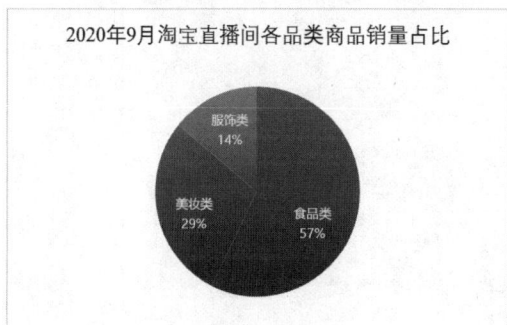

图5-20　普通饼图

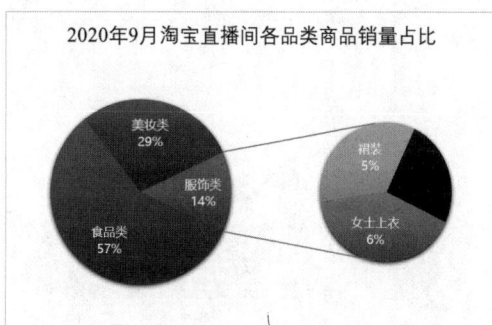

图5-21　复合饼图

为了使饼图充分发挥作用，饼图中所包含的数据分块不宜多于 6 个。

由于人们比较习惯于按顺时针方向进行观察，所以在绘制饼图时，建议将饼图中最大的数据分块放在 12 点钟位置的右侧，以强调该分块的重要性。其余数据分块的放置可以采取两种方式：一种是按照数据的大小由大到小依次顺时针排列，如图 5-22 所示；另一种是在 12 点钟位置的左侧放置第二大的数据分块，剩下的数据分块按照大小由大到小依次逆时针排列，最小的数据分块在饼图的底部，如图 5-23 所示。

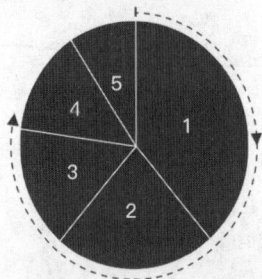

图5-22　按照数据大小顺时针排列　　　　图5-23　逆时针排列

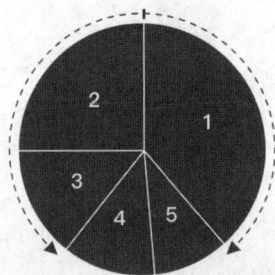

饼图通过扇区面积来呈现数据的变化规律，当各个项目的值在项目总和中所占的比例接近时，无法直观地判断扇区面积的大小，此时使用条形图来呈现数据能够更清晰地展现数据的变化规律。

（5）圆环图

圆环图也可以用于表现组成数据系列的各个项目的值在项目总和中所占的比例，如图 5-24 所示。

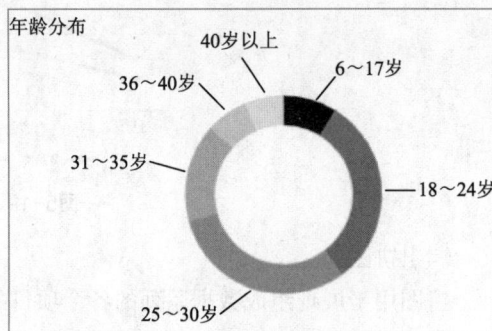

图5-24　圆环图

（6）面积图

面积图用于展现数据项目随时间变化的趋势，同时也能展现数据项目随时间变化的程度。也就是说，使用面积图表示数据，运营者不仅能分析数据变化的趋势，还能对数据变化的量进行分析，如图 5-25 所示。

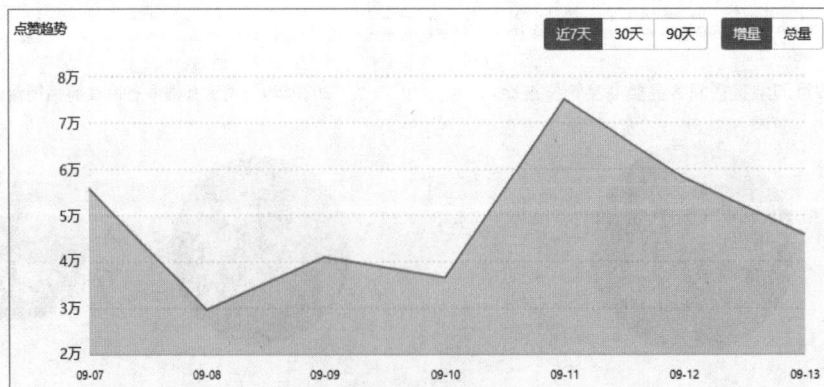

图5-25　面积图

面积图中用色块来展示数据，当面积图中有多层色块时，要尽量确保色块间不发生重叠。如果无法避免发生色块重叠，则可以通过调整色块的透明度来提高重叠的色块的可读性。

面积图适合用于展示 2～3 组数据，最多不要展示超过 4 组数据。如果数据系列过多，容易导致无法清楚地通过色块来展示各组数据，因此要避免在需要比较多个数据类别的情况下使用面积图。

（7）雷达图

雷达图又称蜘蛛网图，用于显示 3 个或更多维度的变量。雷达图是以在同一点开始的轴上显示的 3 个或更多个变量的二维图的形式来显示多元数据的方法，其中轴的相对位置和角度通常是无意义的，如图 5-26 所示。

雷达图的每个变量都有一个从中心向外发射的轴线，所有的轴之间的夹角相等，同时每个轴有相同的刻度，将轴到轴的刻度用网格线连接起来作为辅助元素，连接每个变量在其各自的轴线上的数据点可形成一个多边形。

雷达图可以用于查看哪些变量具有相似的值、变量之间是否有异常值，也可用于查看变量在数据集内得分的高低，因此它非常适用于显示性能数据，如图 5-27 所示。

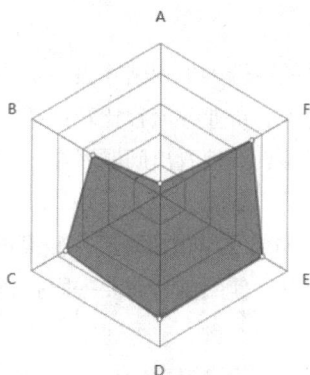

图5-26　雷达图

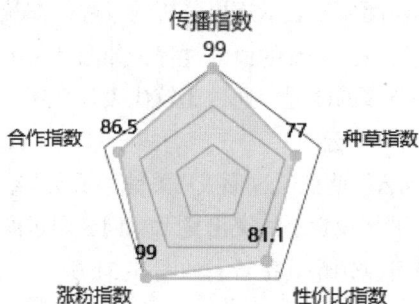

图5-27　显示性能数据的雷达图

雷达图展示的对比项目最好不要超过 6 个，如果展示的项目太多，无论是雷达图的轮廓，还是填充区域，都会显得非常混乱，进而导致数据难以阅读。

在雷达图中，由于直径方向上的距离很难判断，所以虽然雷达图中有网格线作为参考线，但还是很难直观地对图表中数据的具体值作比较。如果需要比较数据的具体值，可以选择使用折线图。

（8）散点图

散点图是指在回归分析中，数据点在直角坐标系平面上的分布图，如图 5-28 所示。在散点图中，每个数据点都由 x 值和 y 值构成。散点图适用于在不考虑时间的情况下比较大量的数据点。新媒体运营者通过散点图可以分析两个变量之间的相关性，或者观察两个变量之间的关系，从而发现某种趋势，还可以查找异常数据或理解数据分布规律。

需要注意的是，散点图能够说明两个变量之间的相关性，但并不能证明两个变量之间存在因果关系。例如，商品的广告投放量与商品点击率之间存在正相关关系，但这并不能说明商品的点击率高一定是因为广告投放量多。

（9）气泡图

气泡图与散点图类似，它也是根据平面坐标系上的两个变量绘制出来的，但是气泡图增加了第三个数值，即代表气泡大小的变量，它可用于展示 3 个变量之间的关系，如图 5-29 所示。在气泡图中，较大的气泡表示较大的值，新媒体运营者可以通过气泡的位置和大小来分析数据的规律。

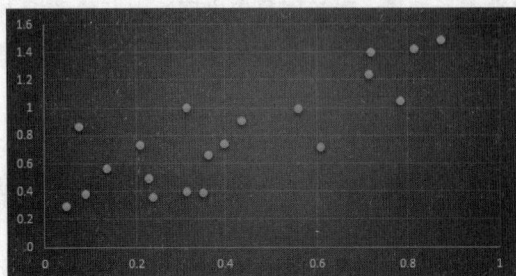

图5-28　散点图

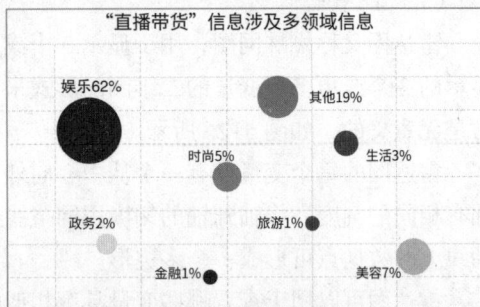

图5-29　气泡图

（10）漏斗图

漏斗图用于表示逐层分析的过程，即从一个总值（漏斗图最顶端）中不断除去不重要的部分，最终得到重要的值的过程，如图 5-30 所示。漏斗图多用于分析业务流程比较规范、周期长、环节多的流程，通过比较代表各个环节的形状的大小，能够直观地看出问题所在。

（11）词云图

"词云"就是通过形成"关键词云层"或"关键词渲染"，对网络文本中出现频率较高的"关键词"进行视觉上的突出显示。词云图过滤掉了大量的文本信息，使阅读者只要一眼扫过词云图，就可以领略其主旨，如图 5-31 所示。

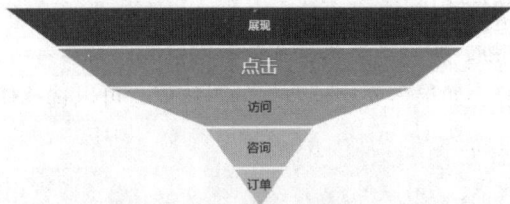

图5-30　漏斗图

图5-31　词云图

（12）地图

地图是信息密度最大的数据可视化方式，人们在日常生活中经常使用地图，所以能够直观地理解地图。在数据分析中，常用的地图类型有区域地图、散点地图和热力地图。

- **区域地图**：按照国家、省市行政区划分，用于展现地理信息，以及与地理位置有关的信息的图。在区域地图中，指标的多少可以用颜色的深浅来进行区分。
- **散点地图**：通过定位经纬度，用散点来表示访客所在位置的信息指标。

- **热力地图：**以高亮的形式显示访客所在的地理区域的图，它用不同颜色展示不同区域的密度分布。

（13）混合图

混合图是指在一张图中将多种图组合起来展示的图，如图 5-32 所示。

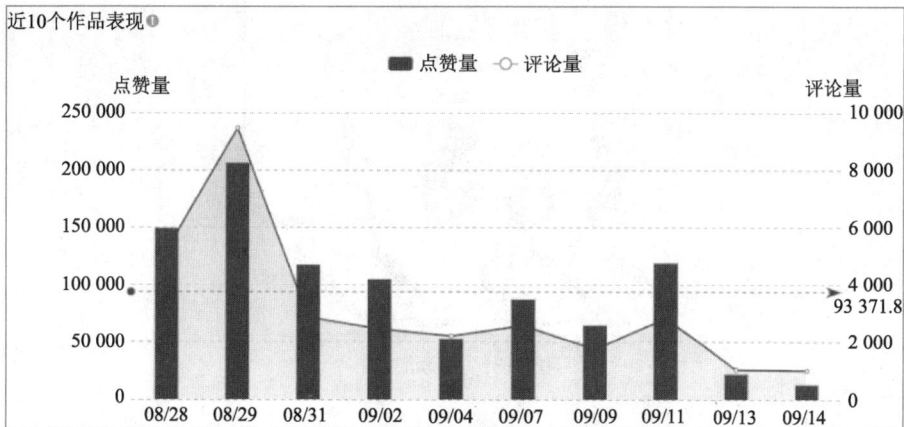

图5-32　混合图

5.2.2　新媒体数据可视化图表的构成要素

图表由图表标题、坐标轴、图例、数据标签、网格线等元素组成，不同的元素有不同的作用。在设计图表时，新媒体运营者可以根据图表想要传递的信息合理选择元素。

1. 图表标题

图表标题就是图表的名称，它能说明图表的主要内容。在图表中，标题是必不可少的元素。新媒体运营者可以根据图表想要展现的内容来拟定图表标题：如果图表只用于展现数据状况，可以为图表拟定一个概括性的标题，如图 5-33 所示；如果图表用于展示某个结论或强调某个观点，可以使用该结论或观点作为图表标题，如图 5-34 所示。

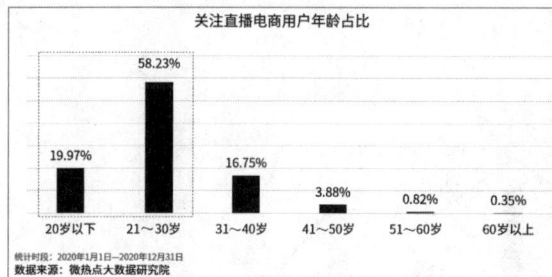

图5-33　概括性标题

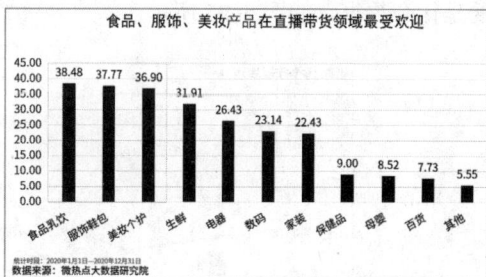

图5-34　以某个结论或某个观点作为标题

2. 坐标轴

坐标轴是指图表的 x 轴和 y 轴。如果图表中的数据项目添加了数据标签，可以无须通过 y 轴来确定数据的大小，此时新媒体运营者在制作图表时可以考虑不添加 y 轴，如图 5-35 所示。

轴标题说明了 x 轴和 y 轴分别表示的是什么数据，例如，x 轴代表时间，就可以将该轴标题命名为"时间"；y 轴代表粉丝数量，就可以将该轴标题命名为"粉丝数"。通常情况下，阅

读者通过 x 轴上的项目名称就可以判断出 x 轴表示的是什么数据，因此在不影响图表可读性的前提下，新媒体运营者可以不添加 x 轴的标题，如图 5-36 所示。

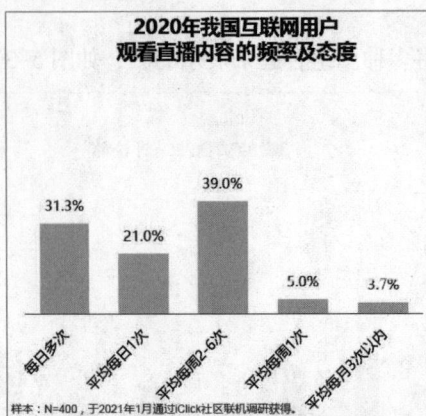

图5-35　不添加 y 轴

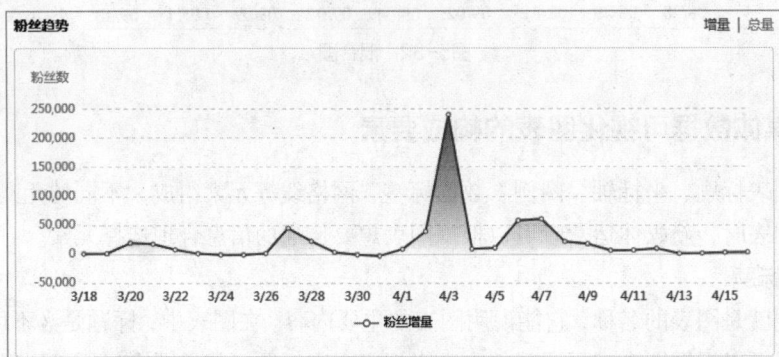

图5-36　不添加 x 轴的标题

如果图表有两个 y 轴，此时必须要为 y 轴添加标题，以便让阅读者区分两个 y 轴分别表示的是什么数据，如图 5-37 所示。

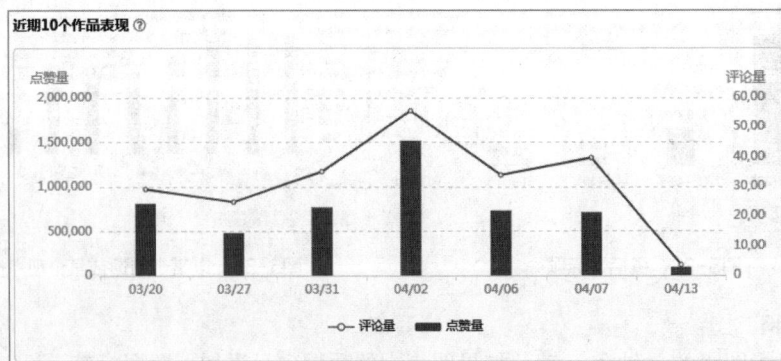

图5-37　双 y 轴图表

3. 图例

图例说明了图表中不同类型、不同颜色的数据系列分别代表什么，如在图 5-37 中，折线图代表了评论量，柱状图代表了点赞量。

4. 数据标签

数据标签说明的是项目的具体数值和名称。在图表中添加数据标签后，能够使数据项目和数据值更加清晰，更易于理解，如图 5-38 所示。

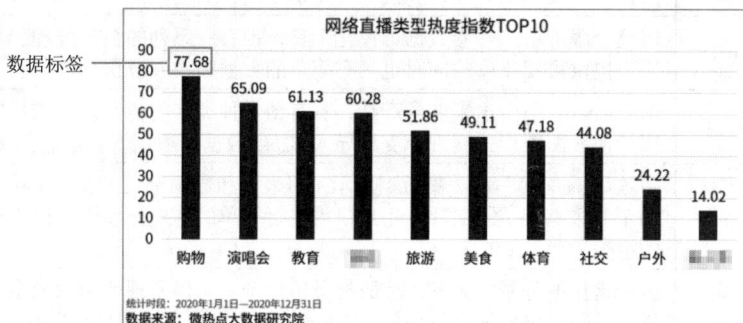

图5-38 添加了数据标签的图表

5. 网格线

网格线分为水平网格线和垂直网格线，主要起引导作用，能够让阅读者在阅读图表时快速找到数据项目所对应的 x 轴坐标和 y 轴坐标，从而准确地判断对应的数值。图表中是否需要添加网格线，添加何种网格线，需要根据图表所展现的数据项目来决定。

5.3 新媒体数据可视化图表的制作与优化

图表是展现数据可视化结果的重要形式之一，新媒体运营者需要掌握一定的制作与优化数据可视化图表的技能。

5.3.1 制作新媒体数据可视化图表的常用工具

运用合适的可视化工具来进行数据可视化操作，不仅能够制作出高品质的可视化作品，还能有效提高编辑人员的工作效率。Excel 是一款较基础的工具，它不仅能用于处理表格，还能用于制作折线图、饼图、柱状图、条形图等可视化作品。虽然它的可视化功能并不是很强大，难以创建出看上去非常炫酷的视觉效果，但它能够满足制作数据可视化图表的基本需求。

除了 Excel 以外，表 5-1 中列举了一些常用的数据可视化工具。

表 5-1 常用的数据可视化工具

工具类型	工具名称	简介
数据可视化库类	ECharts	一个用 JavaScript 实现的开源可视化库，它可以流畅地运行在 PC 端和移动设备上，兼容当前绝大部分浏览器（IE 8/9/10/11、Chrome、Firefox、Safari 等）。ECharts 为用户提供了丰富的可视化类型，支持多种数据格式，支持以 Canvas、SVG（4.0+）、VML 的形式渲染图表，提供了图例、视觉映射、数据区域缩放、Tooltip、数据刷选等交互组件，用户可以进行多维度数据筛取、视图缩放、展示细节等交互操作。此外，ECharts 针对移动端的交互做了细致的优化，例如，用户在移动设备上用手指在坐标系中进行缩放、平移操作，用户在 PC 端也可以用鼠标在图中进行缩放、平移等操作

工具类型	工具名称	简介
数据可视化库类	HighCharts	与 ECharts 相似，HighCharts 同样是可视化库，其优势是文档和实例都很详细，用户学习和使用起来都比较省时省力，产品的稳定性也比较好。个人网站、学校网站和非营利机构可免费使用，商用则需要付费
	AntV	蚂蚁金服推出的一套数据可视化工具，带有一系列的数据处理 API，在为用户提供可视化库的同时也具有简单的数据归类、分析功能
可视化报表类	百度图说	由 ECharts 衍生出来的子产品，具有图表种类多的特点。它支持把表格数据转换成图表形式展现，支持导入 Excel 数据，适用于做静态的图表报告
	FineReport	一款用 Java 编写的、集数据展示（报表）和数据录入（表单）功能于一体的企业级 Web 报表工具，用户仅需进行简单的拖曳操作便可以设计出精美的报表
	Tableau	内置常用的分析图表和一些数据分析模型，可以实现快速的探索式数据分析，并制作出数据分析报告。Tableau 很容易上手，用户可以在 Tableau 中将大量数据拖放到数字"画布"上，迅速创建好各种图表
	Fine BI	一款自助式的 BI 工具，也是一款成熟的数据分析产品。它内置丰富的图表，用户不需要输入代码，直接拖曳数据即可生成图表。它可用于企业业务数据的快速分析，制作商业智能仪表盘，也可用于构建可视化大屏
	Power BI	微软公司推出的一款工具，能和 Excel 无缝切换使用。它支持各类数据源（市面上绝大部分 BI 都支持，只是读取方式略有差异），不仅支持 Excel 和 CSV 文件，还支持 Access、SQL 数据库、Hadoop/HDFS、Spark 和第三方 API 等。 Power BI 有数据分析表达功能（Data Analysis Expressions，DAX），是整个 Power BI 使用的公式语言。DAX 类似 Excel 函数（大多数第三方 BI 的函数均接近 Excel 中的函数），函数名字基本上都一样，所以它针对新手非常友好。 建立表间的联系是数据可视化中非常重要的一个环节，在 Excel 中，一般通过 VLOOKUP 函数实现这项操作，而在 Power BI 中可通过拖曳关联数据的方式实现这项操作，非常方便
可视化大屏类	阿里 DataV	阿里云推出的拖曳式可视化工具，提供了丰富的模板与图形，支持多数据源，不需要编程，通过简单的拖曳配置就能生成可视化大屏或者仪表盘。它主要用于业务数据与地理信息融合的大数据可视化，适合展览中心、企业管控中心使用
	FineReport	这个工具能做可视化报表，也能做可视化大屏。用户可以通过布局、选择色彩、绑定数据等环节完成大屏的制作，适合展览中心、BOSS 驾驶舱、城市交通管控中心、交易大厅等使用
数据地图类		很多工具都能制作数据地图，如 ECharts、FineReport、Tableau 等。除了这些工具外，比较专业的制作可视化地图的工具有地图慧、Power Map 等
编程式图表工具	R–ggplot2	R 语言最流行的第三方扩展包，它是机器学习、数学、科学计算领域专业的绘图语言。它对用户的专业与技术要求都很高，不是专门从事机器学习或者科学计算的工程师，一般不会用到
	Python	一门编程语言，其绘图库也比较丰富，如 Pandas 和 Matplotlib。Pandas 能够绘制折线图、柱形图、饼图、密度图、散点图等；Matplotlib 主要用于绘制与数学函数相关的图，如三角函数图、概率模型图等

5.3.2 使用 Excel 制作数据可视化图表

使用 Excel 制作
数据可视化图表

Excel 是一款很常用的办公软件，用它处理数据既方便又快捷。新媒体运营者可以使用 Excel 2016 制作数据可视化图表，方法如下。

1 在工作表中选中任意数据单元格，切换到"插入"选项卡，在"图表"组中单击"推荐的图表"按钮，如图 5-39 所示。

2 弹出"插入图表"对话框，切换到"所有图表"选项卡。在左侧选择"组合"选项，在"点赞增量"系列的"图表类型"下拉列表中选择"簇状柱形图"选项；在"评论增量"系列的"图表类型"下拉列表中选择"带数据标记的折线图"选项，在右侧勾选"次坐标轴"复选框；在"转发增量"系列的"图表类型"下拉列表中选择"带数据标记的折线图"选项，在右侧勾选"次坐标轴"复选框，然后单击"确定"按钮，如图 5-40 所示。

图5-39 单击"推荐的图表"按钮

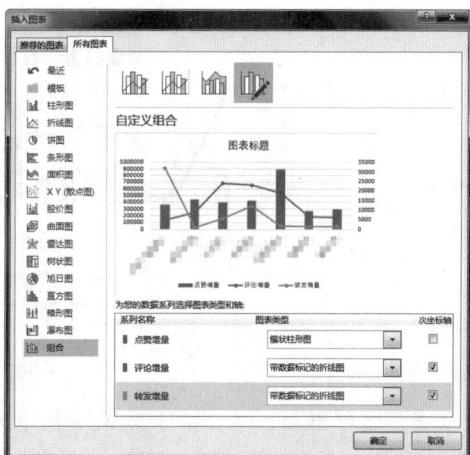

图5-40 设置组合图表类型

3 查看创建的组合图表，左侧的纵坐标轴为主要纵坐标轴，对应的是簇状柱形图的数据；右侧的纵坐标轴为次要纵坐标轴，对应折线图的数据，如图 5-41 所示。

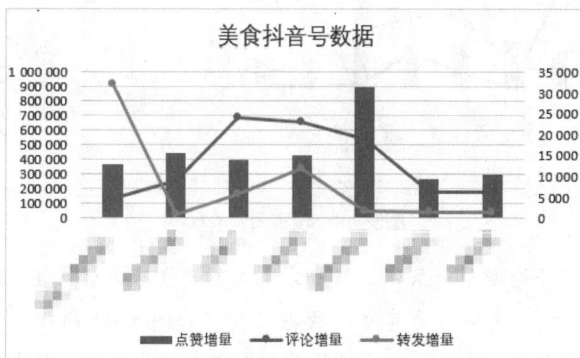

图5-41 查看创建的组合图表

4 选中图表，单击右上方的"图表样式"按钮，在弹出的界面中选择所需的样式，如图 5-42 所示。

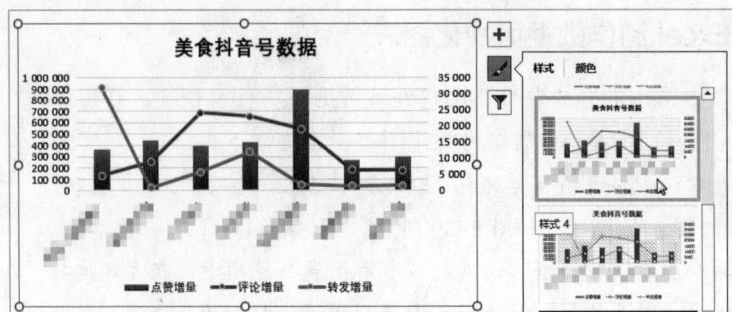

图5-42　应用图表样式

⑤　单击右上方的"图表样式"按钮，在弹出的界面上方选择"颜色"选项，然后选择所需的配色方案，如图5-43所示。

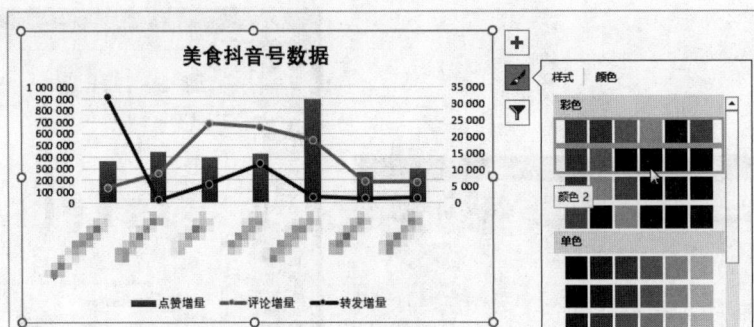

图5-43　选择配色方案

⑥　选中图表，单击右上方的"图表元素"按钮，在弹出的界面中选择"图例"|"顶部"选项，将图例置于图表顶部，如图5-44所示。

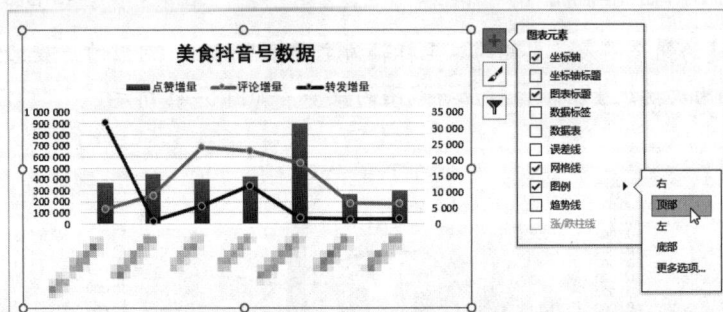

图5-44　设置图例位置

⑦　在图表中选中"评论增量"系列，单击右上方的"图表元素"按钮，在弹出的界面中选择"数据标签"|"上方"选项，为其添加数据标签，如图5-45所示。

⑧　在图表中双击主要纵坐标轴，打开"设置坐标轴格式"窗格，在上方选择"坐标轴选项"选项卡，展开"标签"选项，在"标签位置"下拉列表中选择"无"选项，如图5-46所示。

⑨　采用同样的方法设置次要纵坐标轴，隐藏图表中的纵坐标轴，效果如图5-47所示。

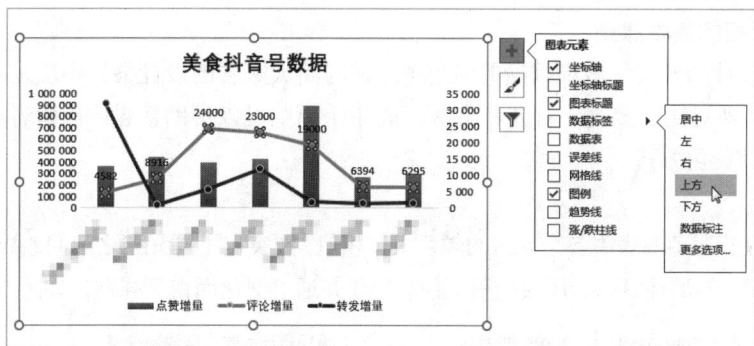

图5-45　添加数据标签

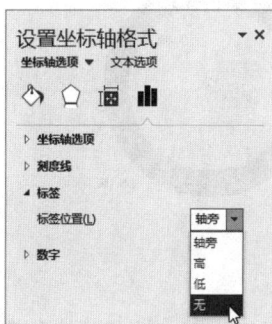

图5-46　设置坐标轴标签

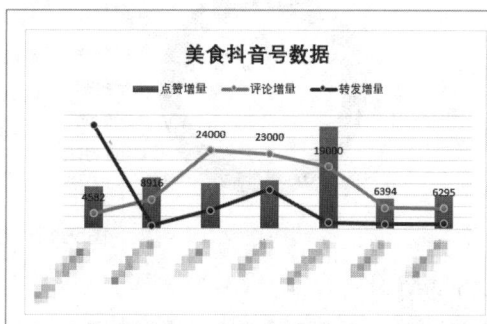

图5-47　隐藏纵坐标轴

10 选中图表，单击图表右上方的"图表筛选器"按钮，可以在弹出的界面中对系列和类别项进行选择和筛选，筛选完成后单击下方的"应用"按钮，如图 5-48 所示。

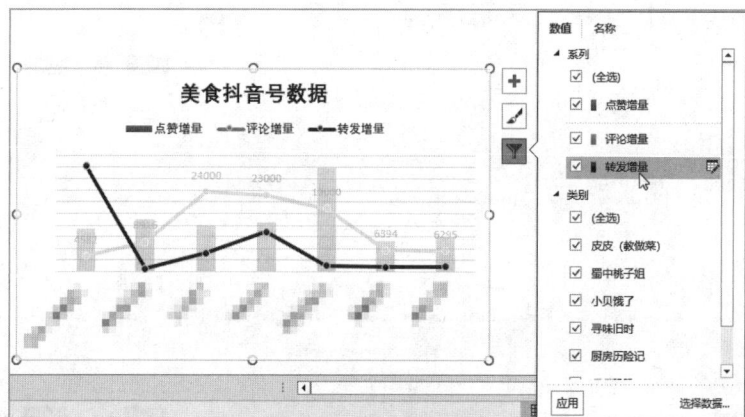

图5-48　筛选图表数据

5.3.3　新媒体数据可视化图表的优化

精致、美观的事物总能在第一时间吸引人们的目光，这在可视化图表的设计中也不例外。新媒体运营者对可视化图表进行美化，能够让其焕然一新，让可视化图表显得更好看、专业，进而更有效地吸引阅读者的关注。

1. 优化图表的基本原则

世界著名设计师罗宾·威廉姆斯的经典著作《写给大家看的设计书》中反复强调了设计的 4 个基本原则，即对比、重复、对齐和亲密。这 4 个原则可以帮助新媒体运营者从设计的专业角度考虑图表的美化方式。

（1）对比

对比原则是指避免图表中各个元素的颜色太过相似，要突出不同元素之间的差异。对比强烈的图表更容易吸引人们的注意力，图表的重要信息也正是通过对比而得到强调，如图 5-49 所示。

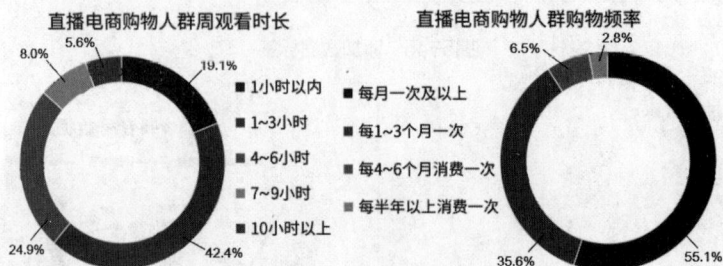

图5-49　对比原则

（2）重复

重复原则是指使相同或相似的元素多次出现。这样设计可以增强图表的条理性和整体性，保持图表元素在视觉上的统一性。任何视觉元素都可以在同一图表中重复使用，如颜色、形状、材质、空间关系、线宽、字体、大小和图片等。在图 5-50 中，"粉丝趋势"图表和"点赞趋势"图表的图表类型、图表标题样式等元素都是相同的。

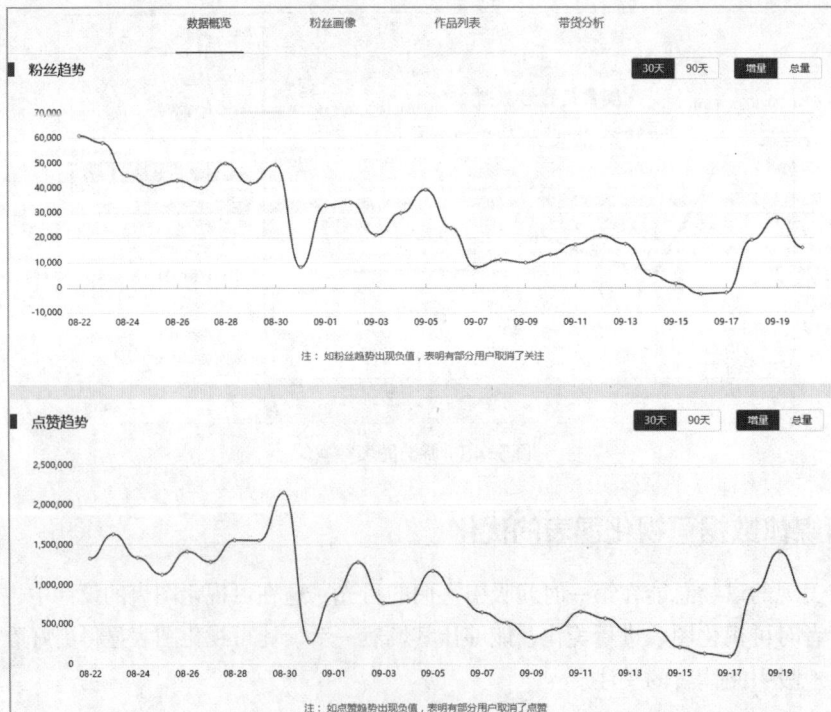

图5-50　重复原则

（3）对齐

对齐能使每个元素都与其他元素建立起某种视觉联系，也让可视化图表更加清晰、简洁。常见的对齐方式有左对齐、右对齐、居中对齐等。对齐可以体现在图表内和图表之间，图表内的对齐体现在图表的标题、副标题、分类标签、注释、边框线等元素上。图 5-51 所示为图表内分类标签的对齐。图表之间的对齐是指在小而多的组图中每个图表都要使用合理的对齐方式。

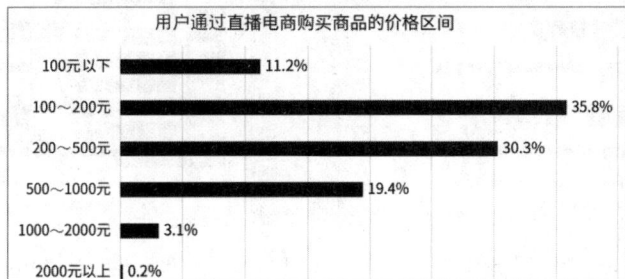

图5-51　图表内分类标签的对齐

（4）亲密

亲密简单来说就是把图表中的元素进行分类，将在内容或逻辑上有关联的元素组合在一起，使它们形成视觉单元，而不是众多的孤立元素，从而实现图表的组织性和条理性，如图 5-52 所示。

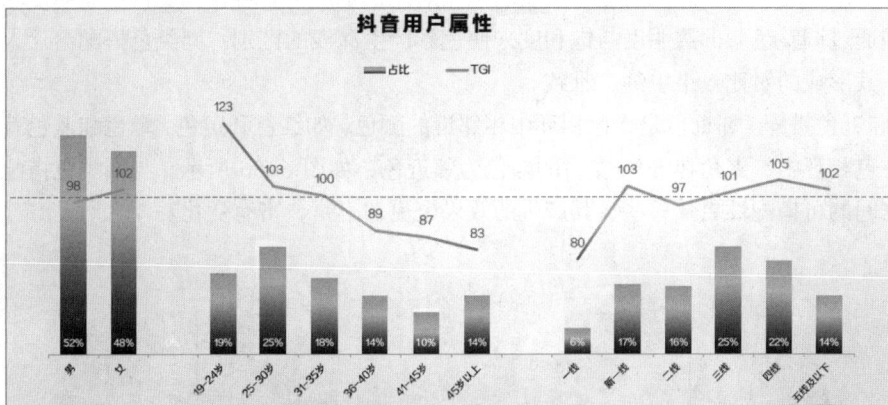

图5-52　亲密原则

2. 数据可视化图表配色的优化

在同一个图表中，为了区分不同的数据信息，新媒体运营者可以为数据信息设置不同的颜色。在优化图表的配色时，新媒体运营者可以采取以下策略。

（1）使用单色配色方案

单色配色方案是指运用同种颜色的深浅搭配来设计图表。在 Excel 2016 中，选中图表，单击"图表工具"中的"设计"选项卡，如图 5-53 所示。单击"更改颜色"下拉按钮，即可在弹出的配色列表中选择单色配色方案，如图 5-54 所示。

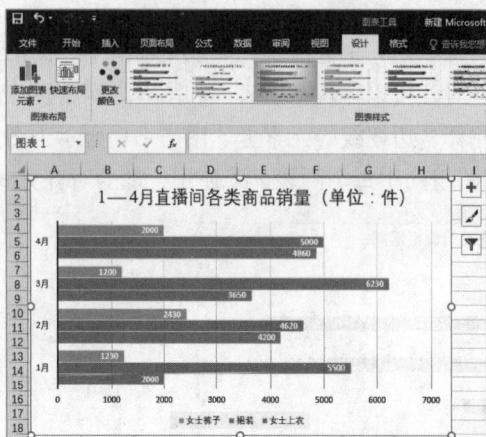

图5-53 单击"设计"选项卡

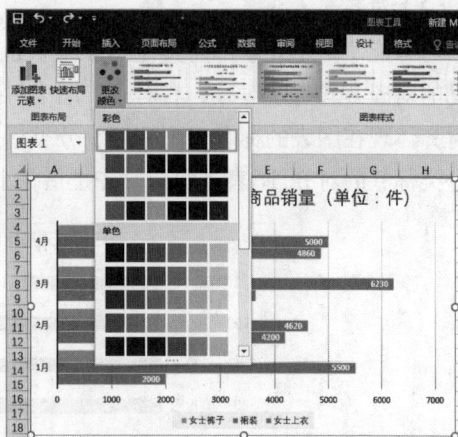

图5-54 选择单色配色方案

（2）使用对比色相配色方案

新媒体运营者也可以使用对比色相配色方案，使图表中数据信息的颜色更为丰富。色相对比是指色彩因色相之间的差别而形成的对比。一般可以采用4种对比色相搭配，即同类色搭配、邻近色搭配、对比色搭配和互补色搭配。

① 同类色搭配。同类色是指色相相同，但色度不同的颜色，即在色相环上30°夹角以内的颜色，如图 5-55 所示。同类色是最弱的色相对比，一般将其看作同类色不同明度和纯度的对比，即通过调整色彩的透明度与饱和度来使色彩产生深浅的区别。同类色搭配会让人感觉非常协调，其形成的对比效果单纯、雅致。

② 邻近色搭配。邻近色是指色相环中相邻近的颜色，如红色和黄色、绿色和蓝色就互为邻近色。在色相环中，夹角在 60°左右的颜色为邻近色，如图 5-56 所示。与同类色搭配相比，邻近色之间的可搭配性更强一些，其产生的效果也更加丰富，富有变化。

图5-55 同类色搭配

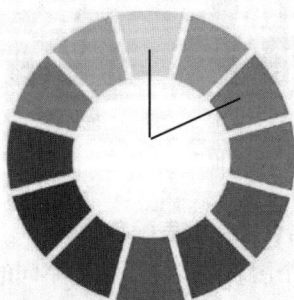

图5-56 邻近色搭配

③ 对比色搭配。在色相环中，夹角在 120°~180°的颜色称为对比色，如图 5-57 所示。对比色搭配能够让色彩更具表现力，能使阅读者产生对比强烈、兴奋的感觉。

④ 互补色搭配。互补色是色相环上夹角为 180°的强对比色，如红色与绿色、黄色与紫色、橙色与蓝色等，如图 5-58 所示。互补色的搭配可以形成华丽、跳跃、浓郁的画面效果。

图5-57　对比色搭配

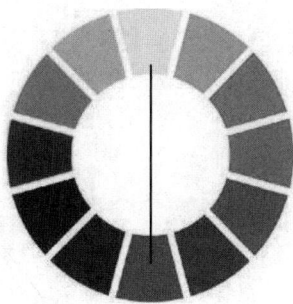

图5-58　互补色搭配

【课后习题】

1. 简述新媒体数据可视化的基本流程。
2. 简述优化新媒体数据可视化图表的原则。
3. 打开"素材文件\第 5 章习题：抖音账号粉丝增量分析.xlsx"，对该数据表进行可视化处理，效果如图 5-59 所示。

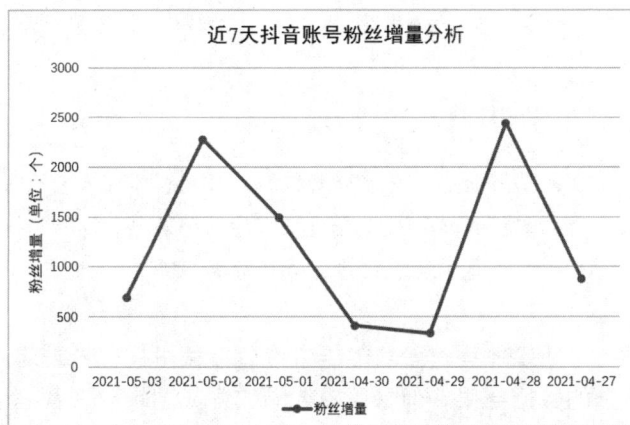

图5-59　近7天抖音账号粉丝增量分析

第 6 章 —————————

新媒体数据分析报告的写作

【学习目标】

- 了解新媒体数据分析报告的作用、常见类型和基本结构。
- 掌握新媒体数据分析报告的写作原则。
- 掌握日常运营报告、专题分析报告、行业分析报告的写作方法。

  新媒体运营者对数据进行分析和可视化处理之后，可以获得较完整的数据结果，但是用单纯的数据或图表展现数据结果，也许只有新媒体运营者自己能够理解它们所代表的意义和存在的问题，这样的分析结果不利于内部交流。因此，在完成数据分析和数据可视化处理之后，新媒体运营者需要将数据分析结果制作成数据分析报告，使其更利于交流和保存。本章将详细介绍新媒体数据分析报告的写作方法。

6.1　初识新媒体数据分析报告

数据分析报告是一种根据数据分析原理和方法，运用数据来分析、反映事物的发展现状、本质和规律，并得出相关分析结论，提出解决办法的分析应用文体。它能够完整地展示数据分析项目的目的、方法、过程、结论及可行性建议等内容，它将所有的数据化繁为简，形成简明的结论和建议，是管理者做出科学、严谨的运营决策的重要参考依据。

6.1.1　新媒体数据分析报告的作用

在整个数据分析过程中，数据分析报告其实是一种沟通与交流的工具，它运用合理的形式，将数据分析的结果、解决问题的建议及其他有价值的信息展示出来，使阅读者能够清晰地了解数据分析的结果，并根据分析结果和可行性建议做出有针对性的、正确的决策。具体来说，数据分析报告的作用主要体现在以下 3 个方面。

1．展示数据分析结果，体现数据分析的质量

数据分析报告是对整个数据分析过程的总结，它能够将数据分析的结果及可行性建议清晰地展示出来，使决策者迅速地理解和掌握新媒体账号的运营情况、存在的问题，以及解决问题的建议等内容。

此外，在报告中展示数据分析过程中采用的分析方法、得出的结论等内容，能够体现数据分析的质量，向决策者展示数据分析的科学性、严谨性，以提高决策者对整个数据分析过程的信任度。

2．为其他部门提供运营数据支持

对于营销部门、活动策划部门、文案部门等部门的工作人员来说，他们通常对"转化率""文章打开率""页面跳出率"等名词或数据缺乏认知和理解。而数据分析报告能够完整地呈现数据分析的背景、数据挖掘的思路、数据处理的方法，以及数据分析的结果等内容，能为营销部门、活动策划部门、文案部门等部门的工作人员提供有效的数据支持，帮助他们更好地理解自己工作的效果，并从中发现问题，及时进行优化和改进。

3．存档以备查阅

数据分析具有一定的专业性，如果数据分析最终呈现的结果只是若干个数据或图表，那么非专业人员很难看懂，因此需要将数据分析的结果转换为数据分析报告，将数据分析的整个过程讲清楚，以便于人们阅读。

此外，在每一次数据分析的过程中，使用的数据挖掘工具和方法、采取的数据处理技术，以及使用的数据分析方法都有不同之处，这些实际操作都可以成为一种运营经验，值得作为档案进行留存，为今后开展数据分析工作提供参考。

6.1.2　新媒体数据分析报告的常见类型

在进行数据分析时，由于分析的对象、内容及采取的分析方法有所不同，最终形成的数据分析报告的形式也有所不同。在新媒体数据分析中，数据分析报告分为日常运营报告、专题分析报告和行业分析报告。

1．日常运营报告

日常运营报告通常以定期的运营数据作为分析依据，反映的是新媒体账号在一段时间内的

运营状况，也可以用于展示某项计划的执行情况，如计划的完成程度、存在的问题及解决问题的建议等。通常来说，日常运营报告是按照日、周、月、季、年周期制作的，所以这种数据分析报告也被称为定期分析报告。

一般来说，日常运营报告具有以下特点。

（1）时效性强

日常运营报告反映的是新媒体账号在一段时间内的运营状况，或者某项计划的执行情况，因此它具有较强的时效性。数据分析人员只有及时地将新媒体账号的各种运营数据和信息反馈给管理者，才能让管理者及时掌握运营状态，进而做出有针对性的、正确的运营决策。

（2）与时间进展相结合

日常运营报告可以用于反映某项计划的执行情况，在写此类数据分析报告时，数据分析人员需要将计划完成的进度与预设目标结合起来进行分析，比较并观察当前计划的完成情况是否与预设目标相符，从而判断计划的进展情况和完成效果。

（3）结构比较规范

在新媒体运营过程中，日常运营报告可以说是一种例行报告，需要定期制作，因此这种数据报告形成了比较规范的结构。一般来说，一份日常运营报告由以下 4 个部分构成。

① 说明账号运营或计划执行的基本情况。

② 分析造成此种情况的原因。

③ 总结账号运营或计划执行过程中取得的成绩或得到的经验，指出存在的问题。

④ 提出改善或优化建议。

此外，不同的日常运营报告在标题上通常不会有太大的变化，有时为了保证日常运营报告的连续性，在设置日常运营报告的标题时，只变动标题中的时间，如《2020 年 9 月抖音账号数据概况》《2020 年 10 月抖音账号数据概况》。

2. 专题分析报告

专题分析报告是指针对某个特定问题或现象而进行专门研究分析的数据分析报告，如《2020年 9 月微博账号粉丝增长数据分析报告》《2020 年 9 月微信公众号粉丝增长数据分析报告》等。

专题分析报告的主要作用是为运营者解决某个问题、制订某项策略提供参考和依据，它具有以下两个特点。

（1）主题的单一性

专题分析报告无须反映事物的全貌，只需针对事物发展中的某一个问题或某一个方面进行分析即可。例如，分析账号粉丝数量上涨的原因、直播间商品转化率低的原因等。

（2）内容的深入性

由于专题分析报告主题存在单一性，报告的内容重点会比较突出。在内容上要集中力量解决主要问题，将问题分析得透彻、深入，对问题进行具体的描述，分析产生问题的原因，并提出可行的解决办法，切忌泛泛而谈。

3. 行业分析报告

行业分析报告是全面分析新媒体行业、某个新媒体领域发展情况的数据分析报告，如《直播带货行业发展分析报告》《2020 年我国短视频行业分析报告》等。行业分析报告具有以下两个特点。

（1）强调分析对象的总体特征

无论行业分析报告中分析的是新媒体行业，还是某个新媒体领域的发展状况，都必须以新媒体行业、新媒体领域总体为分析对象，以反映新媒体行业或某个新媒体领域的整体特征，对新媒体行业或某个新媒体领域整体做出评价。例如，新媒体运营者若要分析直播电商的发展状况，可以从用户画像、畅销商品品类、直播平台市场占有率、"头部主播"市场占有率等角度展开。

（2）强调现象之间的相关性

行业分析报告要对一些存在相关性的现象、问题进行系统的分析，这种分析并不是简单地罗列分析资料，而是在对指标体系进行系统分析的基础上，考察各个现象和问题之间存在的内部联系和外部联系。

6.1.3　新媒体数据分析报告的基本结构

一份优秀的数据分析报告需要有合理的结构，这样有利于保证数据分析报告逻辑合理、清晰。数据分析报告的结构并不是固定不变的，而是会根据报告的目的、内容、受众的不同而有所变化。在数据分析报告中，"总—分—总"是最经典的一种结构类型。这种结构的数据分析报告主要由开篇、正文和结尾 3 个部分构成，其中开篇部分包括标题页、目录和前言，正文部分包括具体的数据分析过程和结果，结尾部分包括分析结论和附录。

1. 标题页

标题页需要写明数据分析报告的标题，一个优秀的标题不仅能准确表达数据分析报告的主题，还能有效刺激用户对数据分析报告产生兴趣，进而阅读数据分析报告。因此，数据分析人员在写作数据分析报告的时候，要重视数据分析报告标题的拟定。

（1）拟定数据分析报告标题的基本原则

数据分析人员在拟定数据分析报告的标题时需要遵循以下 3 个原则。

① 简洁。标题要简洁，要具有高度概括性，尽量用最少的文字准确地概括数据分析报告的主题。

② 直接。数据分析报告是一种应用性较强的文体，所以它的标题要简洁明了，不能拐弯抹角，要用直白的语言开门见山地说明报告的主题，让用户一看到标题就能快速了解报告的主要内容。

③ 准确。标题要能准确地概括数据分析报告的内容，或者说明数据分析报告的重点内容。例如，一份分析 2020 年短视频行业发展状况的数据分析报告，"2020 年"是时间限定词，"短视频"是分析对象限定词，均不能缺少，更不能将它们改为"2019 年"或"微信公众号"等与报告内容不相符的词。

（2）拟定数据分析报告标题的方法

数据分析人员在拟定数据分析报告标题的时候，可以采取以下 3 种方法。

① 概括报告的主要内容。指明数据分析报告反映的基本事实，如《2020 年我国新媒体营销策略分析报告》《2020 年短视频行业传播影响力分析报告》等。

② 解释基本观点。采用能够表明某种观点的句子说明数据分析报告的基本观点，如《线上化，服装行业复苏必经之路》。

③ 提出疑问。使用疑问句说明数据分析报告要分析的问题，以引起读者的关注和思考，如《微信公众号的粉丝数量为什么下降》《为什么 2020 年 9 月 20 日抖音账号的点赞量暴涨》。

（3）标题的版式

数据分析人员可以根据报告版面的大小和标题字数的多少，将标题设置为一行或两行，尽量不超过两行。如果报告的正文内容较少，可以将标题和正文放在同一页上，如图6-1所示。如果报告的正文内容较多，为了体现报告的正式性，可以将标题单独放在一页，并在标题下面注明报告的制作时间，如图6-2所示。

图6-1　将标题和正文放在同一页

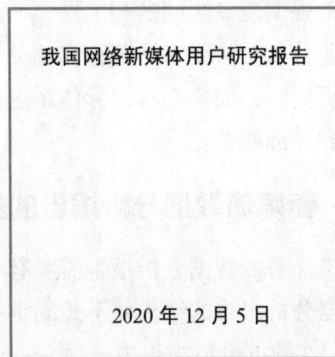

图6-2　将标题单独放在一页

2. 目录

目录展示的是数据分析报告中各章节的名称，用于向读者说明数据分析报告的结构和主要内容。它起到提纲挈领的作用，能帮助读者快速了解数据分析报告的整体结构，并根据自己的需求快速定位到数据分析报告中的特定内容。从另一个角度来说，目录也相当于数据分析的大纲，能体现数据分析的基本思路。

数据分析人员设置数据分析报告的目录时需要注意两点事项：一是目录无须设置得太细，最多列出三级目录即可，设置的层级太多会导致目录页过长，这样会给读者翻看目录造成不便，图6-3所示为三级目录结构，图6-4所示为二级目录结构；二是如果数据分析报告中有大量的图表，也要列出图表的目录。

图6-3　三级目录结构

图6-4　二级目录结构

3. 前言

前言是对整篇数据分析报告内容的概括，包括项目背景、分析目的、分析思路等内容，用于帮助读者了解数据分析的背景和意义。

（1）项目背景

项目背景主要说明开展数据分析的背景，如为什么实施此次数据分析，实施此次数据分析的意义是什么等。

（2）分析目的

分析目的主要说明开展此次数据分析能够产生什么效果，能够解决什么问题。在某些情况下，数据分析人员也可以将项目背景和分析目的合并在一起进行阐述。

（3）分析思路

分析思路主要说明开展此次数据分析采取的思路、使用的数据分析工具，并向读者解释数据分析的指导思想。

4. 正文

正文是数据分析报告的核心部分，在数据分析报告中占据最多的篇幅。正文系统、全面地展示了数据分析的过程，并对一个个论点进行分析和论证，展示数据分析人员的观点和研究成果。图 6-5 所示为某篇数据分析报告的正文部分。

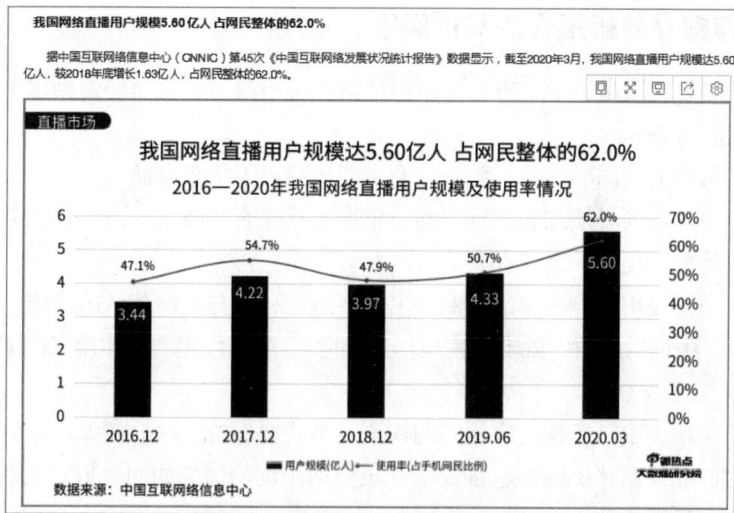

图6-5　某篇数据分析报告的正文部分

数据分析人员在写数据分析报告的正文时，需要注意以下 3 个问题。

① 正文中不能只有论点，还要有数据分析的事实和论据。

② 正文要图文并茂，运用图表、图形、文字相结合的形式展示整个分析过程。

③ 正文的逻辑要合理、严谨，各个部分之间应存在合理的逻辑关系，不能想到什么就写什么。

5. 结论

结论是对数据分析报告所得出的结果的总结,但它不是简单地再一次描述一遍正文的内容，而是对正文内容进行概括。它是经过综合分析、逻辑推理形成的总体性论点。

结论部分除了包含总体论点的总结外，还可以有建议。建议是数据分析人员根据数据分析的结果而提出的解决问题的方法。建议是数据分析人员根据数据分析结果提出的，因此可能会存在一定的局限性。在提出建议时，数据分析人员应该综合考察企业或公司的具体业务，以确保建议的可行性。

6. 附录

附录是数据分析报告的重要组成部分，一般来说，附录主要展示正文中涉及但未阐述的资料，因此它对数据分析报告的正文起着补充说明的作用。附录涉及的内容包括专业名词解释、数据来源、计算方法说明、原始数据获取方式说明等。

附录是正文内容的补充，但它并不是必需的，数据分析人员可以根据实际情况来决定是否要为数据分析报告添加附录。如果数据分析报告中有附录，在报告的目录部分也要列出附录，以便读者查阅。

6.2 新媒体数据分析报告的写作

新媒体数据分析报告是帮助新媒体运营者了解各类与新媒体相关的信息的有效工具之一，懂得如何写作新媒体数据分析报告是新媒体运营者必备技能之一。

6.2.1 新媒体数据分析报告的写作原则

新媒体运营者要想写出科学、有效的新媒体数据分析报告，就需要遵循以下5个原则。

1. 用词规范、统一

数据分析报告中的用词要规范、统一，它主要包括以下3个方面。

首先，报告中的用词必须准确，要如实、精准地反映客观事实，避免使用"大约""大概""可能""更少"等模糊词语。

其次，报告中所使用的专业术语或专有名词要规范，要与业内公认的术语一致。例如，应该使用"工作表"一词的地方，就不能使用"工作簿"；应该使用"工作簿"一词的地方，就不能使用"工作表"。

最后，在整份报告中，所指内容相同的词语的格式要保持统一。例如，报告前面使用的是"数据采集"，后面却使用"Data Acquisition"，虽然两个词的语义相同，但它们的形式不统一，会让报告中的用词显得杂乱。

2. 条理清晰，逻辑缜密

数据分析报告中各部分的内容要有缜密的逻辑，内容衔接要经得起推敲，数据分析过程应条理清晰，实事求是。

为了保证数据分析报告内容逻辑的缜密，数据分析人员在写报告之前可以列一个条理清晰的写作框架，帮助自己梳理报告的内容结构和各部分内容的先后顺序。

3. 数据可靠，图表化

数据分析报告是以数据为基础展开的，所以数据分析人员要保证数据的正确性、可靠性，以免因为存在错误的数据而得出错误的结论，从而误导读者。

此外，在数据分析报告中多使用图表，将抽象的数据转化为直观的图表，这样有助于读者更直观地看清楚问题和结论，便于读者阅读和理解报告的内容。当然，图表也不能太多，因为过多的图表一样会让人感觉无所适从。

4. 具有可读性

每个人的认知、思维模式都不完全相同，处理信息的方式也不同。数据分析人员在写数据分析报告时，要懂得从读者的角度出发，多考虑读者的思维模式，用读者能够理解的逻辑和方法来写。数据分析人员可以先明确读者画像，即明确报告的读者是谁，他们的文化水平高低、阅读偏好是什么。

5. 坚持创新

在当今社会中，各类技术的发展日新月异，各种新的研究模型和分析方法也层出不穷。数据分析人员在开展数据分析时，要敢于运用这些新的研究模型和分析方法，这样既能用实际结果验证或改进它们，也能让更多的人认识和了解这些新的研究模型和分析方法，扩大它们的传播范围。

6.2.2　日常运营报告的写作

日常运营报告是一种例行报告，其展现的是新媒体各个部门的运作情况和各类新媒体账号的运营情况。以"日"和"周"为周期的日常运营报告，由于其制作周期较短，数据分析量相对较少，分析人员可以采取制作过程表、效果表和汇报表的方式进行呈现，这样既便于操作，又能提高工作效率。

1. 过程表

过程表体现的是新媒体各个部门日常工作的情况，包括工作时间、工作内容、工作完成效果等，它可以为新媒体公司开展员工绩效考核提供依据。表6-1所示为某公司微博账号运营过程表。

表6-1　某公司微博账号运营过程表

时间	微博发布数	优化图片数	评论回复数
2020-09-01	5	8	100
2020-09-02	4	5	80
2020-09-03	5	6	90
2020-09-04	3	2	40
2020-09-05	5	7	110

2. 效果表

效果表展示的是新媒体团队或新媒体账号的运营结果。表6-2所示为某新媒体公司制作的公众号运营效果表。

表6-2　公众号运营效果表

时间	文章阅读量	文章点赞数	文章分享数	链接商品转化率
2020-09-01	32 000	100	8	0.1%
2020-09-02	20 100	230	12	0.2%

续表

时间	文章阅读量	文章点赞数	文章分享数	链接商品转化率
2020-09-03	35 600	500	25	0.2%
2020-09-04	10 020	20	20	0.3%
2020-09-05	40 030	680	30	0.5%

3. 汇报表

过程表和效果表可以供新媒体各部门内部交流使用，如果要在不同部门之间进行数据分享或者向公司领导进行工作汇报，数据分析人员可以制作汇报表。汇报表无须展现所有数据，只展现核心数据即可。表6-3所示为某公司的新媒体运营部门制作的新媒体账号运营周报。

表6-3　新媒体账号运营周报

项目		具体数据
微信公众号	粉丝总量	32 100
	文章点赞量	1 200
微博账号	粉丝总量	15 000
	文章点赞量	2 300
抖音账号	账号粉丝数量	330 000
	短视频点赞总量	2 300 000
快手账号	账号粉丝数量	120 000
	短视频点赞总量	500 000

6.2.3　专题分析报告的写作

专题分析报告是针对某个问题或事件而进行专门研究分析后形成的数据分析报告，主要目的是找到问题出现的原因，并提出相应的建议。一般来说，一个专题分析报告由问题描述、研究思路、问题研究、分析与建议等部分组成。下面以分析"近两个月微博推广费用增加但商品销售额没有明显提升"这个问题为例，介绍专题分析报告的写作方法。

1. 问题描述

问题描述就是说明专题分析报告想要解决的问题，即"近两个月微博推广费用增加但商品销售额没有明显提升"。这个问题可以拆解成两个问题，一是推广费用的落实问题，二是商品销售额的提升问题，如图6-6所示。

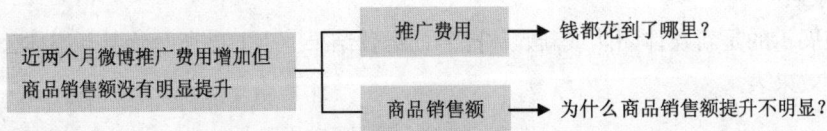

图6-6　问题拆解

2. 研究思路

研究思路就是对推广费用落实和商品销售额提升这两个问题进行进一步的拆解，探索影响这两个问题的相关因素。例如，针对"推广费用落实"的问题，新媒体运营者需要分析半年内推广费用花费趋势及上个月推广费用的分配情况；针对"商品销售额提升"的问题，新媒体运营者需要分析微博账号的粉丝数量、内容阅读量、商品销量等数据。

3. 问题研究

根据研究思路，挖掘并处理半年内推广费用花费趋势（见图 6-7）、上个月推广费用的分配情况（见图 6-8）、上个月微博账号的粉丝数量变化趋势（见图 6-9）、上个月内容阅读量变化趋势（见图 6-10）、上个月商品销量变化趋势（见图 6-11）等数据。

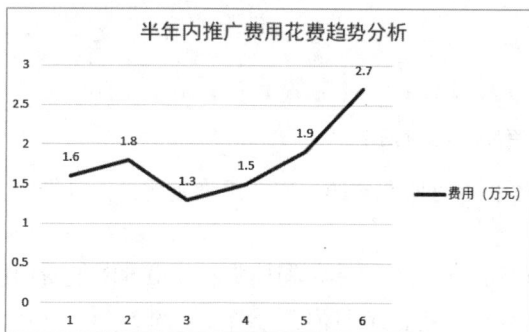

图6-7　半年内推广费用花费趋势

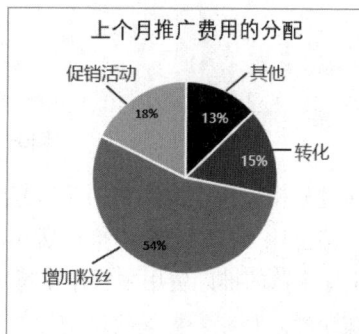

图6-8　上个月推广费用的分配情况

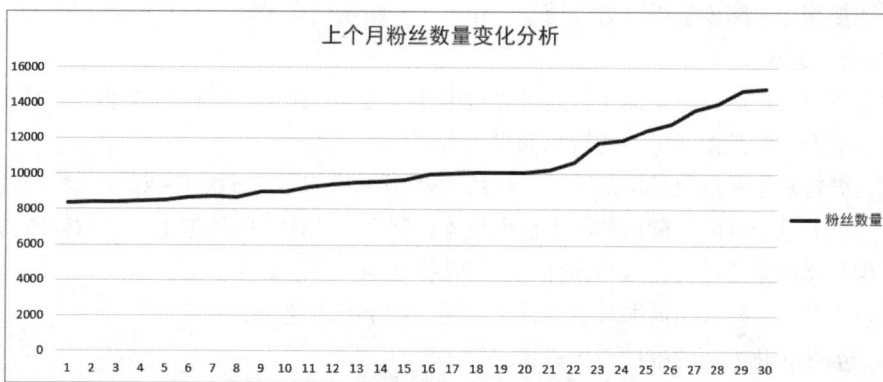

图6-9　上个月微博账号的粉丝数量变化趋势

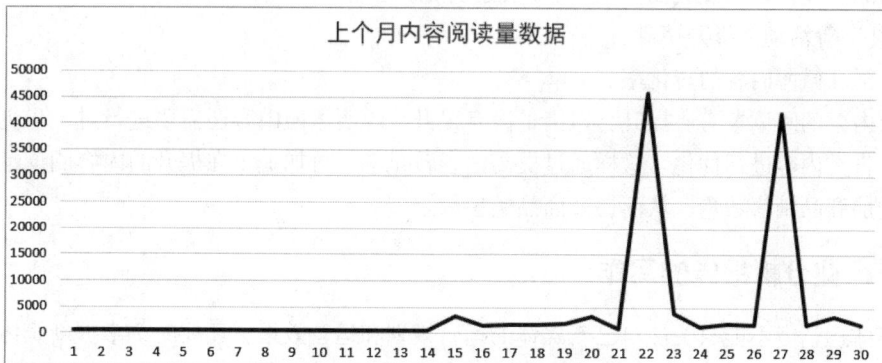

图6-10　上个月内容阅读量变化趋势

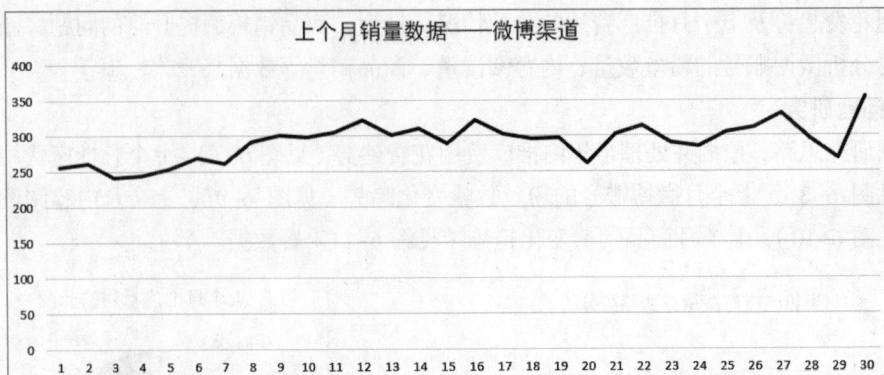

图6-11 上个月商品销量变化趋势

通过分析半年内推广费用花费趋势，可以看出6月所花费的推广费用确实比其他月份要高很多，甚至比3月所花费的推广费用高出一倍多。

6月花费的推广费用主要用于增加粉丝、促销活动宣传、不定期抽奖，其中54%的费用用于增加粉丝。从账号粉丝数量增加趋势来看，从20日起，10日内账号增加了约5 000名粉丝。粉丝增加后，微博账号内容的阅读量有所提升，其中还有两篇阅读量过万的微博文章。但是，账号粉丝数量增加、阅读量提升后，销量变化不大，销量仍在300件左右波动。

4. 分析与建议

对数据进行分析后，新媒体运营者可以得出相关结论：微博账号粉丝数量增加明显，内容阅读量有所提升，但是微博渠道的转化效果不太理想。

首先，微博账号粉丝数量增加明显，用约1.46万元增加了约5 000名粉丝，粉丝获取成本约为2.9元/人，低于现阶段微博的粉丝获取成本；其次，从内容阅读量上看，内容的阅读量略有提升，但是微博渠道的转化效果不佳，销量维持在300件左右。

综合以上分析，对该微博账号的运营工作提出以下几点建议。

（1）提高在转化方面的推广费用占比

6月的推广费用主要用于吸引新粉丝，提升微博账号的粉丝数量。下一阶段可以考虑调整推广费用的分配，将一部分推广费用用于促进转化，通过设置"购物抽奖""转发抽取免单机会""下单有礼"等活动来提升销量。

（2）提高微博内容的转化率

微博内容的阅读量有所提升，但销量没有提升，说明微博内容还需要进行进一步优化，尤其要对广告类内容进行优化。这样通过提高内容转化率，再加上正在提升的内容阅读量，可以有效地增加商品销售数量，从而提升商品销售额。

6.2.4 行业分析报告的写作

新媒体运营者不能只关注自己新媒体的运营规划和运营效果，还要时刻掌握新媒体行业的发展态势和竞争对手的运营状况，这样才能让自己了解当前的市场发展状况，紧跟行业的发展。因此，新媒体运营者也需要写作行业分析报告，以便相关人员掌握最新的市场变化。

用于内部交流的行业分析报告可以用精练的语言对前言、研究背景进行概括，然后将写作重点放在正文上。新媒体运营者在写作行业分析报告正文时，可以采取"分—总"的结构形式，先分别对行业和竞争对手进行分析，然后根据分析结果提出建议。

1. 行业分析

行业分析主要是分析行业数据，如市场规模、用户基本特征、产业链状况、细分市场状况、行业内代表平台或人物等，新媒体运营者可以根据不同行业的特点，规划不同的分析内容。例如，新媒体运营者要分析 2020 年短视频行业的发展状况，可以重点分析短视频行业市场规模、短视频行业用户画像、短视频行业商业模式、短视频行业产业链结构、短视频行业垂直细分领域市场规模、短视频各大平台市场规模等数据。

在收集数据时，新媒体运营者可以运用第三方数据分析工具、网络爬虫工具等来收集相关数据。

2. 竞争对手分析

竞争对手分析是行业分析报告的组成部分之一。对于竞争对手的分析，新媒体运营者可以从内容分析、运营分析、销售分析 3 个方面来展开。

- **内容分析**：主要分析竞争对手的内容选题类型、标题设置，以及内容的点赞量、转发量、评论量等数据。
- **运营分析**：主要分析竞争对手的内容发布时间、内容发布频率、账号推广活动的时间及时长等。
- **销售分析**：主要分析竞争对手商品的销量、销售额、转化率等数据。

3. 提出建议

根据行业分析和竞争对手分析得出的结果提出合理的建议，用于指导自己进行新媒体账号的运营。

【课后习题】

1. 新媒体数据分析报告常见的类型有哪些？各类分析报告有什么特点？
2. 新媒体数据分析报告由哪些部分组成？
3. 撰写新媒体数据分析报告应当遵循哪些原则？
4. 收集近 7 天自己短视频账号（或某个竞争对手短视频账号）发布的每条短视频的标题，以及每条短视频获得的播放量、点赞量、评论量、转发量等数据，并写一份近 7 天短视频账号运营效果专题分析报告。

第 7 章

短视频运营数据分析与应用

【学习目标】

- 掌握分析短视频作品数据的常用指标。
- 掌握进行短视频账号运营数据分析、用户群体画像分析的方法。
- 掌握分析与应用短视频平台内"热门素材"的方法。

　　随着短视频生态的日渐成熟，短视频的运营方法越来越多样化，市场竞争也日渐激烈。在当前环境下，坚持以数据指导运营是短视频运营者从激烈的竞争中脱颖而出的有效方法之一。通过专业、科学的数据分析，短视频运营者不仅可以了解自己短视频账号的运营状况，根据数据分析结果调整与优化运营策略，还能运用数据分析结果指导短视频内容创作，不断提高自己的竞争力。本章将详细介绍短视频运营数据分析与应用方面的知识。

7.1 短视频账号运营数据分析

短视频运营者在运营短视频账号的过程中，对账号各项运营数据进行及时的汇总和收集，有利于短视频运营者掌握短视频账号的运营状态，并根据运营数据及时调整运营策略，提高短视频账号的竞争力。

7.1.1 短视频作品数据分析常用指标

短视频运营者在开展数据分析前需要对短视频数据分析指标有所了解，这样有利于获得科学、有效的数据分析结果。短视频数据分析指标分为固有数据指标、基础数据指标和关联数据指标 3 类。

（1）固有数据指标

固有数据指标是指短视频时长、短视频发布时间、短视频发布平台等与短视频发布相关的数据指标。

（2）基础数据指标

基础数据指标主要是指播放量、点赞量、评论量、转发量和收藏量等与短视频播放效果相关的数据指标，各个数据指标的具体说明如表 7-1 所示。

表 7-1　短视频数据分析的基础数据指标

指标名称	释义	所代表的意义
播放量	短视频在某个时间段内被用户观看的次数，代表着短视频的曝光量	衡量用户观看行为的重要指标，短视频的播放量越高，说明该短视频被用户观看的次数越多
点赞量	短视频获得的点赞数	反映了短视频受欢迎的程度，短视频的点赞量越高，说明用户越喜欢这条短视频
评论量	短视频获得的评论数量	反映了短视频引发用户产生共鸣、关注和讨论的程度
转发量	短视频被用户分享的次数	反映了短视频的传播度，短视频被转发的次数越多，所获得的曝光量就会越高，播放量也会越高
收藏量	短视频被收藏的次数	反映了用户对短视频内容的喜爱程度，体现了短视频对用户的价值，用户在收藏短视频后很可能会再次观看，从而提高短视频的播放量

（3）关联数据指标

关联数据是指由两个基础数据相互作用而产生的数据，关联数据指标包括完播率、点赞率、评论率、转发率和收藏率 5 个比率性指标。

短视频的播放量、点赞量、评论量、转发量、收藏量的数据变化浮动较大，经常会出现不同的短视频的播放量、点赞量、评论量、转发量、收藏量相差几倍甚至几十倍的情况。在这种情况下，如果短视频运营者仍然将播放量、点赞量、评论量、转发量、收藏量相差许多倍的短视频放在一起进行比较与分析，得出的分析结果往往是不科学的。此时，就需要使用具有比率性的指标进行分析。虽然播放量、点赞量、评论量、转发量、收藏量的数据变化浮动较大，但比率性指标是比较稳定和规律的，使用比率性指标分析短视频数据，使得播放量、点赞量、评论量、转发量、收藏数据相差较大的短视频也具有了可比性。

短视频各个关联数据指标的具体说明如表 7-2 所示。

表 7-2　短视频各个关联数据指标

指标名称	计算公式	所代表的意义
完播率	完播率＝完整播放次数÷播放量×100%	短视频完播率越高，其获得系统推荐的概率就越大
点赞率	点赞率＝点赞量÷播放量×100%	反映了短视频受欢迎的程度，短视频的点赞率越高，所获得的推荐量就越高，进而短视频的播放量就会提高
评论率	评论率＝评论量÷播放量×100%	反映了用户在观看短视频后进行互动的意愿的强烈程度
转发率	转发率＝转发量÷播放量×100%	反映了用户在观看短视频后向外推荐、分享短视频的意愿，通常转发率越高，为短视频带来的流量越多
收藏率	收藏率＝收藏量÷播放量×100%	反映了用户对短视频内容的肯定程度

7.1.2　短视频账号运营数据分析方法

为了帮助短视频运营者快速、直观地获取短视频数据，并通过分析明细数据提高短视频变现能力，各个短视频平台在后台为短视频运营者提供了数据分析工具。例如，抖音的数据参谋设置短视频数据模块，短视频运营者可以在短视频数据模块查看短视频播放量、点赞量和完播率等核心数据（见图 7-1），并分析转化情况（见图 7-2）及明细数据分析（见图 7-3）。

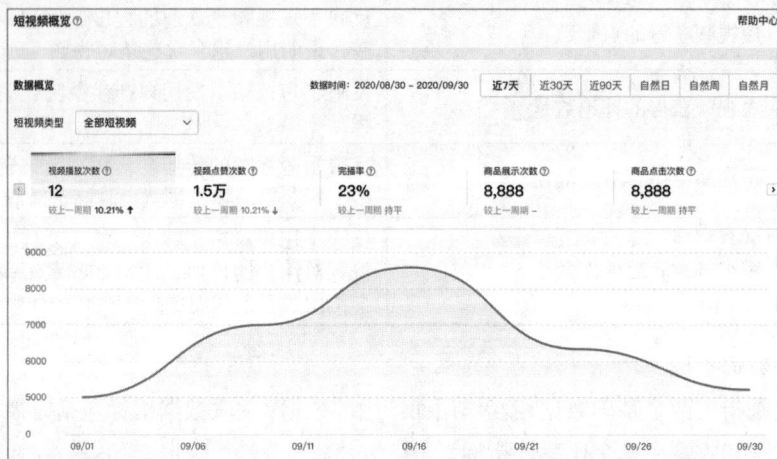

图7-1　短视频核心数据

如果短视频运营者想要获得更多、更详细的数据，可以使用第三方数据分析工具。目前，市场上的一些第三方数据分析工具能够同时监测数百个短视频账号，让短视频运营者在监测自己短视频账号运营状况的同时，也能监测竞争对手账号的运营状况。

此外，短视频运营者还可以用第三方数据分析工具追踪实时热点，以指导自己进行短视频创作。下面以飞瓜数据抖音版为例，介绍使用第三方数据分析工具进行短视频账号运营数据分析的方法。

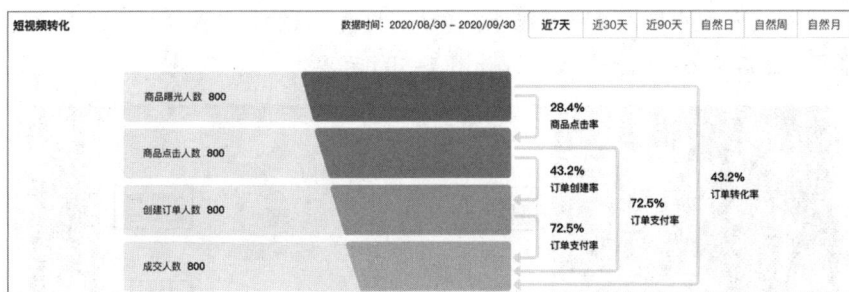

图7-2　短视频转化情况分析

图7-3　短视频明细数据分析

1. 短视频账号运营概况

短视频运营者注册飞瓜数据账号后，即可使用飞瓜数据监测自己的短视频账号的运营情况。使用飞瓜数据抖音版监测短视频账号运营情况的操作步骤如下。

1 登录飞瓜数据抖音版账号，单击工作台界面左侧的"数据监测"下拉按钮，选择"关注的抖音号"选项，然后单击"立即添加"按钮，如图7-4所示。

短视频账号
运营概况

图7-4　单击"立即添加"按钮

② 在弹出的对话框中输入短视频账号，单击"搜索"按钮。在搜索结果列表中选择要添加的短视频账号，然后单击"选择"按钮，如图 7-5 所示。

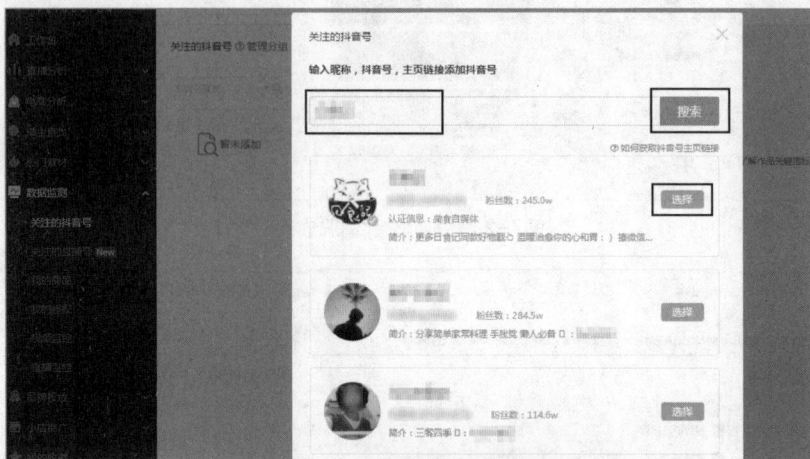

图7-5 选择要添加的短视频账号

③ 添加短视频账号后，单击此账号即可进入账号数据详情分析页面。图 7-6 所示为某短视频账号运营概况分析。

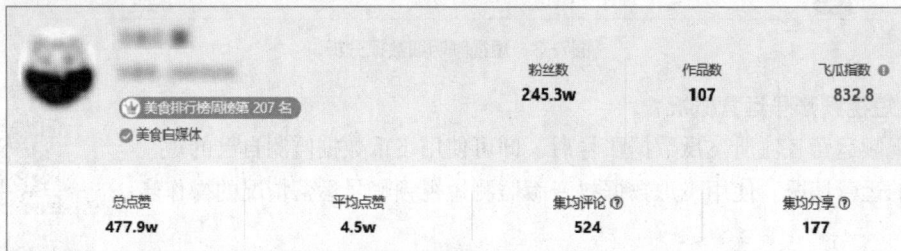

图7-6 某短视频账号运营概况分析

④ 单击"今日实时数据"选项卡，短视频运营者可以查看账号两日内粉丝数、点赞数、转发数和评论数的增量情况。通过对比粉丝数、点赞数两天的走势图，短视频运营者可以快速了解账号流量波动情况。

单击"粉丝数"|"增量"选项卡，查看两日粉丝数增量变化趋势，如图 7-7 所示。由该图可以看出，2021 年 4 月 22 日 16 点至 18 点，该短视频账号粉丝数增量逐渐升高，可以推测在此时间段观看并关注该短视频账号的粉丝数量呈上升趋势。

⑤ 单击"粉丝数"|"总量"选项卡，查看两日粉丝数总量变化趋势，如图 7-8 所示。由该图可以看出，2021 年 4 月 22 日短视频账号粉丝数总量呈上升趋势，与昨日相比，粉丝数总量增加较多。

⑥ 单击"点赞数"|"增量"选项卡，查看两日点赞数增量变化趋势，如图 7-9 所示。由该图可以看出，2021 年 4 月 22 日 16 点至 18 点，该短视频账号点赞增量呈上升趋势，可以推测在此时间段该短视频账号发布的短视频获得了较多用户的喜爱。

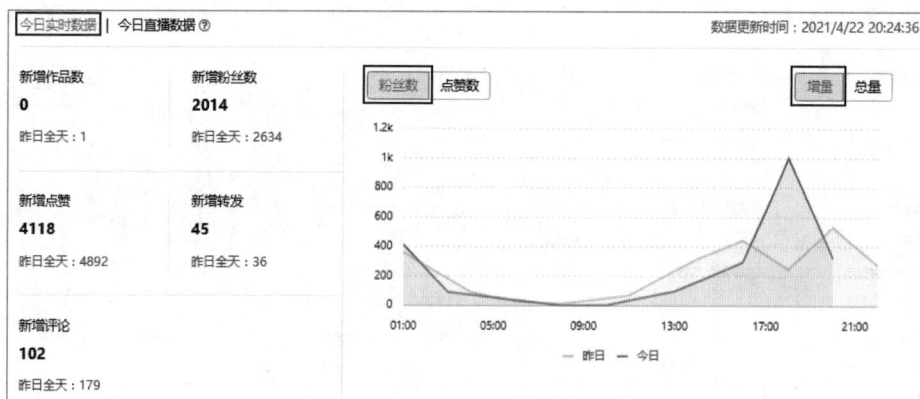

图7-7　两日粉丝数增量变化趋势

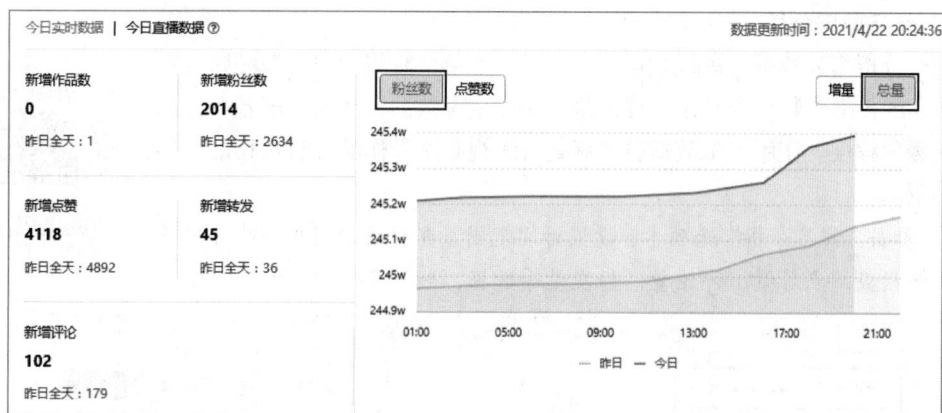

图7-8　两日粉丝数总量变化趋势

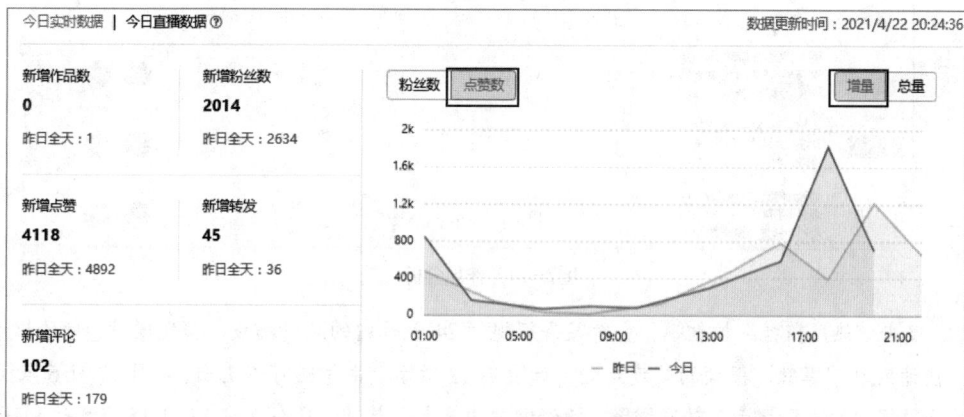

图7-9　两日点赞数增量变化趋势

7 单击 "点赞数" ｜ "总量" 选项卡，查看两日点赞数总量变化趋势，如图 7-10 所示。由该图可以看出，2021 年 4 月 22 日，该短视频账号点赞数总量呈上升趋势，与昨日相比，点赞数总量增加较多。

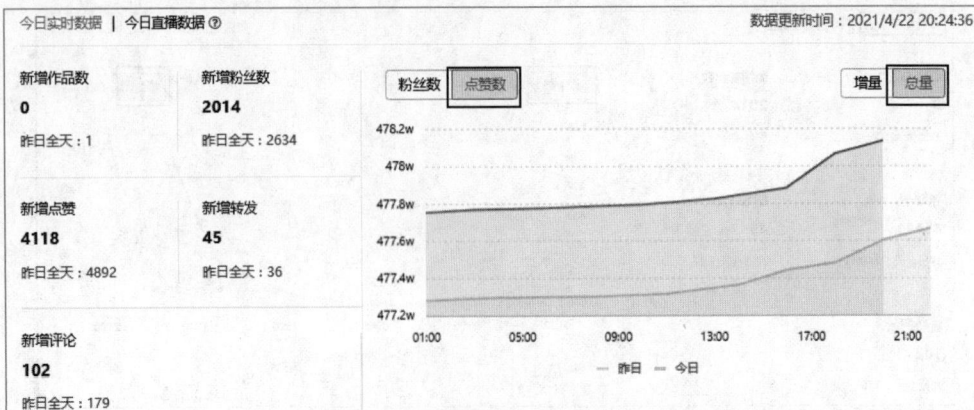

图7-10　两日点赞数总量变化趋势

2. 作品数据分析

通过分析作品数据，短视频运营者可以了解某个时间段内短视频账号发布的作品的传播指数、点赞量、评论量、转发量等数据，从而了解各个作品的"火爆"程度。使用飞瓜数据抖音版查看短视频账号作品分析数据的操作步骤如下。

作品数据分析

1 单击"作品分析"选项卡，设置时间范围，查看该时间段内账号中作品的传播指数、点赞量、评论量、转发量等数据，如图 7-11 所示。

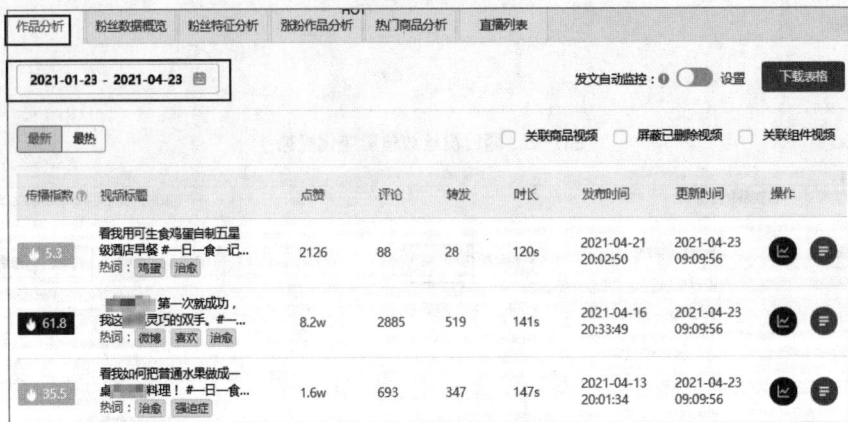

图7-11　作品分析

2 单击"热度监控"按钮，查看某条短视频 24 小时内的点赞增量、转发增量、评论增量趋势图，快速发现"爆款"视频的热度走向，如图 7-12 所示。由该图可以看出，4 月 17 日 6 点至 15 点，该条短视频的点赞增量、转发增量、评论增量均呈上升趋势，且在 4 月 17 日 15 点均达到峰值，说明该条短视频在 4 月 17 日 6 点至 15 点这个时间段内获得了很多用户的观看，且很多用户对该条短视频产生了点赞、转发、评论的互动行为，该条短视频在此时间段内有着较高的热度。

3 单击"指数分析"按钮，查看单条短视频的指数分析结果，包括视频热词、商品热词、视频详情、视频观众分析等。图 7-13 所示为短视频热词分析，由此短视频运营者可以分析用户在观看该条短视频时最常使用的评论词语，从而了解用户对该条短视频的评价。

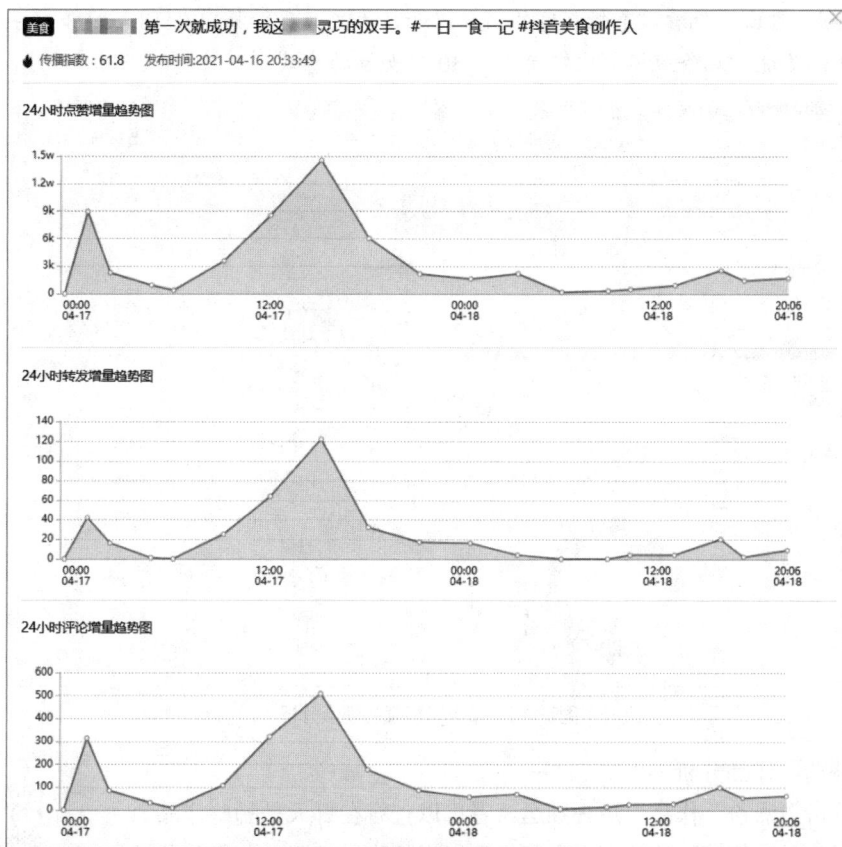

图7-12　单条短视频热度监控

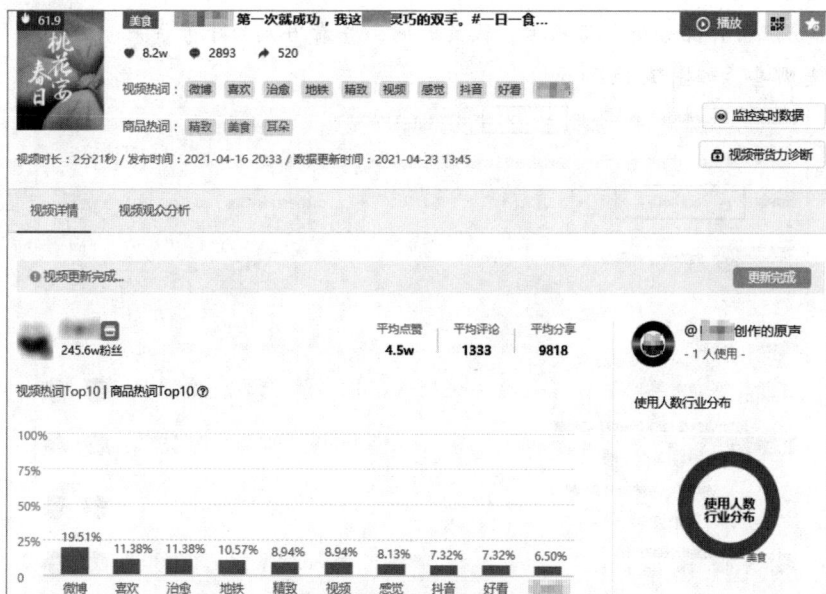

图7-13　单条短视频热词分析

4 单击"视频观众分析"选项卡，查看观看该条短视频的用户的特征，如图 7-14 所示。

由图 7-14 可以看出，观看该条短视频的用户以女性为主，年龄集中在 18～30 岁，主要分布在广东省，也就是说，此条短视频比较受 18～30 岁女性的喜欢。

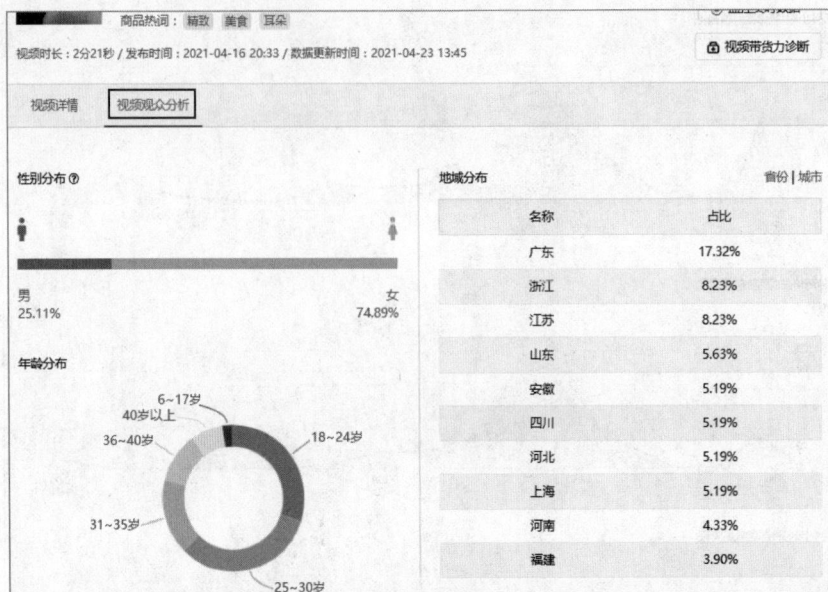

图7-14　单条短视频的观众分析

3. "涨粉"作品分析

通过分析"涨粉"作品，短视频运营者可以查看在哪天是哪些作品为账号带来了流量。使用飞瓜数据抖音版查看短视频账号"涨粉"作品分析数据的操作步骤如下。

1 单击"涨粉作品分析"选项卡，设置时间，查看当天为账号带来流量的作品是哪些，如图 7-15 所示。

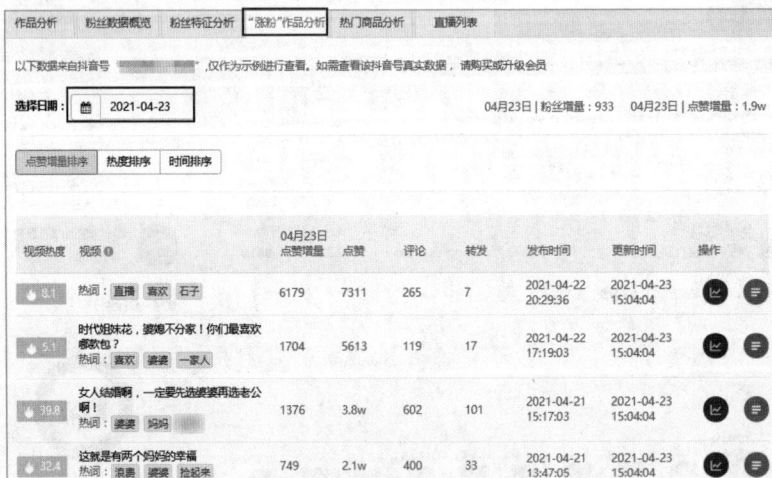

图7-15　"涨粉"作品分析

2 单击"热度监控"按钮，查看给账号带来流量的某条短视频近 30 天的点赞增量、转发增量、评论增量趋势图，了解该条短视频的流量变化情况，如图 7-16 所示。

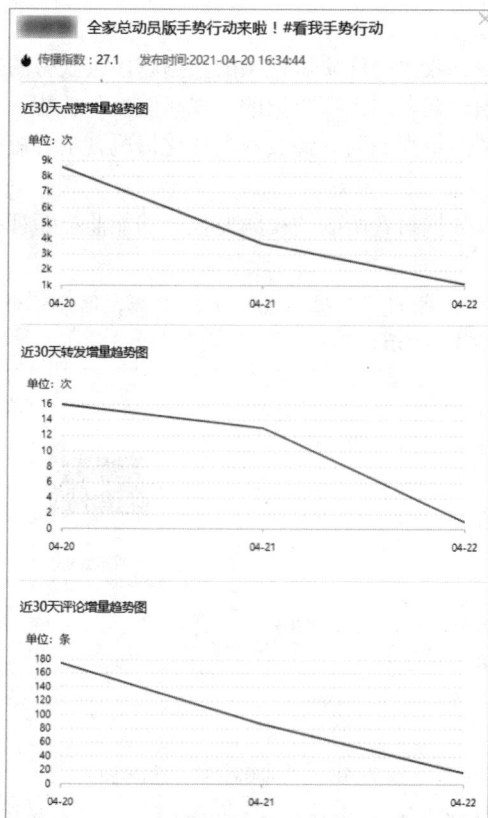

图7-16　单条短视频热度监控

3 单击"详情"按钮🔍，查看该条短视频的视频热词、商品热词和视频观众分析结果，如图 7-17 所示。通过分析视频热词、商品热词和视频观众分析，短视频运营者可以了解该条短视频的用户评论倾向和观众特征，然后根据分析结果进行短视频创作。

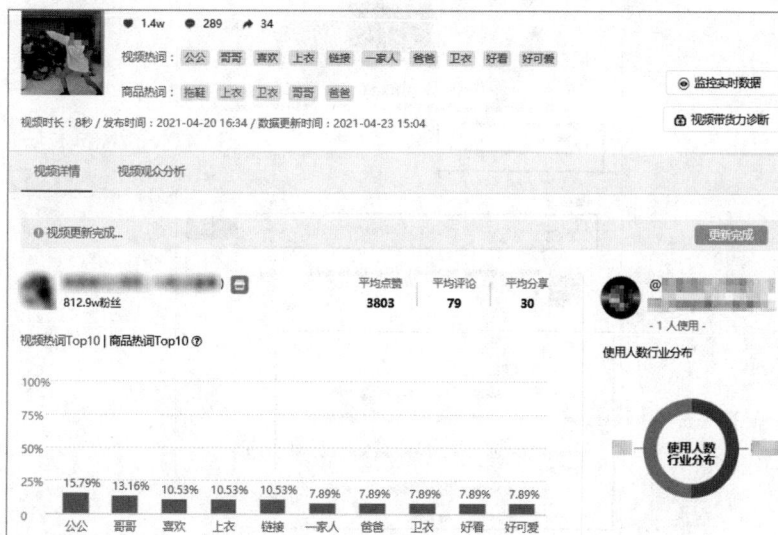

图7-17　单条短视频详情分析

4. 视频数据监控

对于短视频运营者来说，收集的优质短视频的数据越多，获得的数据分析结果就越有价值。短视频运营者用飞瓜数据的"视频监控"功能，可以实现对短视频的实时监控，掌握短视频的分钟级数据变化情况，了解短视频的实时流量变化情况。

短视频运营者使用飞瓜数据抖音版的"视频监控"功能监控短视频的操作步骤如下。

① 单击"工作台"界面左侧的"数据监测"下拉按钮，选择"视频监控"选项，进入"视频监控"设置界面，如图7-18所示。

图7-18 "视频监控"设置界面

② 视频监控分为"即时监控"和"预约监控"两种方式，在此使用"即时监控"方式。选中"即时监控"单选按钮，输入想要监控的视频的链接，设置监控时长，打开"点赞数提醒"开关，设置点赞数阈值（点赞数达到该阈值时，飞瓜数据公众号会向短视频运营者发送通知，以便运营者进行下一步的运营调整）。短视频运营者可以根据实际需要设置更多的监控数据，勾选对应的监控数据复选框即可。设置完成后，单击"开始监控"按钮，如图7-19所示。

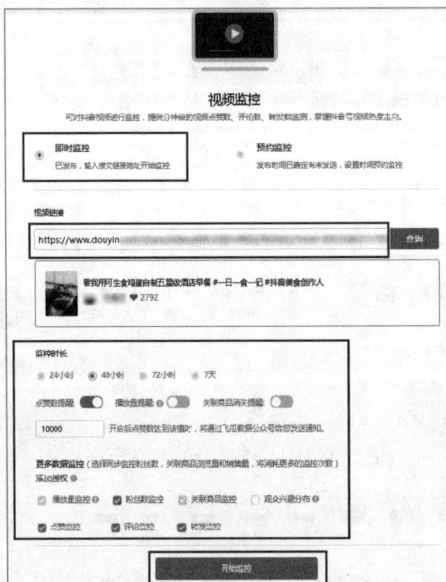

图7-19 设置视频监控条件

③ 视频监控设置成功，如图 7-20 所示。系统开始按照设置的条件对视频进行监控。在监控时间范围内，系统每间隔 10 分钟会自动生成一次数据记录。

图7-20　视频监控设置成功

④ 在"视频监控"界面中单击"监控历史"选项卡，即可查看视频监控状态，如图 7-21 所示。如果短视频运营者监控的视频数量较多，可以在搜索框中输入视频标题，快速找到想要查看的视频的监控信息。单击"查看视频详情"按钮，可以查看被监控视频的具体监控数据。

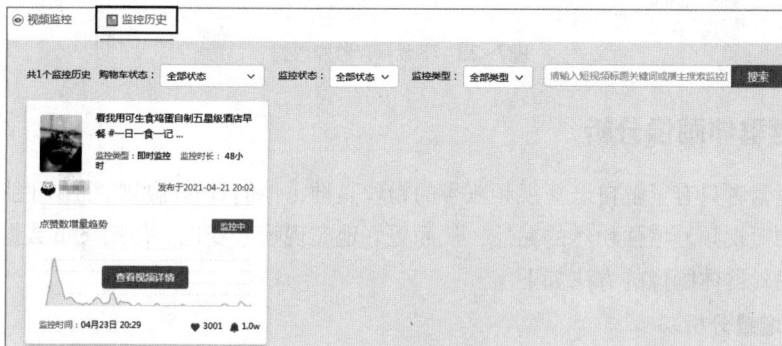

图7-21　视频监控中

⑤ 进入监控视频详情页，查看视频点赞数、评论数、转发数和粉丝数 4 个指标的总量和增量变化趋势图，图 7-22 所示为该条短视频点赞数增量变化趋势。短视频运营者可以根据自己的需要选择相应的数据进行查看。由该图可以看出，2021 年 4 月 23 日 8 点至 9 点该条短视频的点赞增量呈上升趋势，说明在这个时间段内有用户观看了该条短视频并产生了点赞行为。

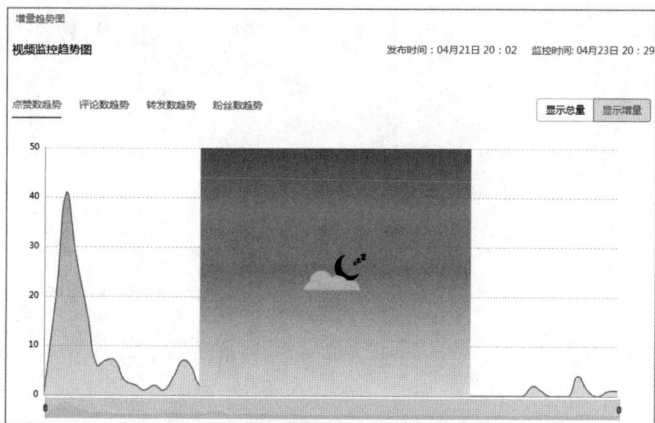

图7-22　短视频点赞数增量变化趋势

⑥ 单击"导出结果"按钮，短视频运营者可以将监控数据下载保存下来，以便后续使用，如图 7-23 所示。

图7-23　下载保存监控数据

7.1.3　粉丝群体画像分析

短视频运营者只有了解自己短视频账号的粉丝是谁，他们具有哪些特征，才能创作出更符合粉丝需求的短视频，增强粉丝的黏性，从而更好地实现账号变现。使用飞瓜数据抖音版分析短视频账号粉丝群体画像的方法如下。

1. 粉丝增量分析

进入账号详情分析界面，单击"粉丝数据概览"选项卡，即可查看短视频账号的粉丝数据。单击"粉丝趋势"｜"增量"选项卡，设置时间范围，即可查看该时间范围内短视频账号粉丝增量变化趋势，如图 7-24 所示。

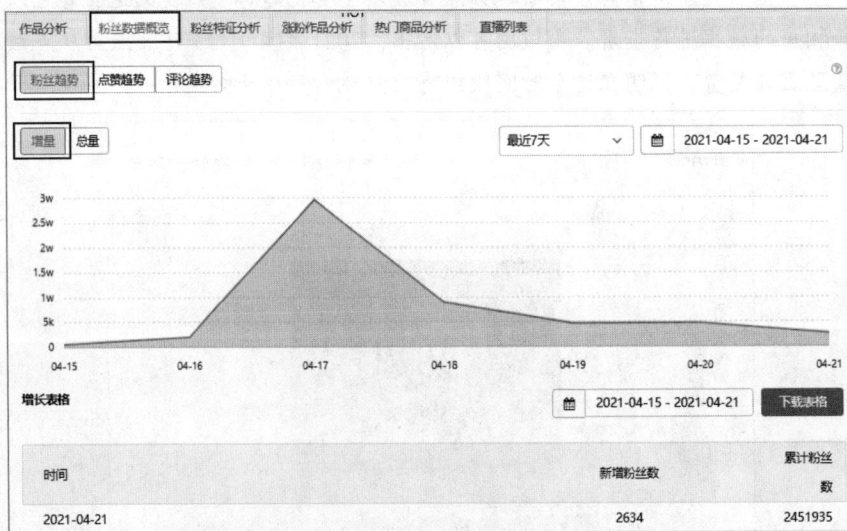

图7-24　最近7天粉丝增量变化趋势

　　由该图可以看出，近 7 天内，4 月 17 日该短视频账号的粉丝增量达到峰值，当天该短视频账号获得了大量粉丝。此时，该短视频账号的运营者就应该分析账号粉丝大量增加的原因是什么，是因为当天发布的短视频的内容更吸引人，还是因为短视频账号投放的推广产生了作用等。

　　短视频运营者需要分析当天短视频的播放数据和推广数据。如果是因为短视频内容吸引了更多人的关注，就需要分析当天短视频的选题、拍摄制作方式、标题设置、文案设置等有什么特点，以从中吸取成功经验。如果是因为账号投放的推广使粉丝数增加，就应该分析是哪种推广方式产生了效果，推广的投资回报率（Return On Investment，ROI）如何等，然后对推广策略进行优化。

2. 粉丝画像分析

　　短视频运营者通过对粉丝画像进行分析，有利于详细了解关注了短视频账号的粉丝的特征，从而根据粉丝特征进行短视频创作，增强粉丝的黏性。分析粉丝画像的方法如下。

粉丝画像分析

　　1 单击"粉丝列表画像"选项卡，查看粉丝特征，如图 7-25 所示。由该图可以看出，该账号的粉丝以 18～30 岁的女性为主，粉丝主要分布在广东省。为了增强粉丝的黏性，该短视频账号的运营者可以重点分析 18～30 岁女性的心理需求，然后有针对性地进行短视频创作。

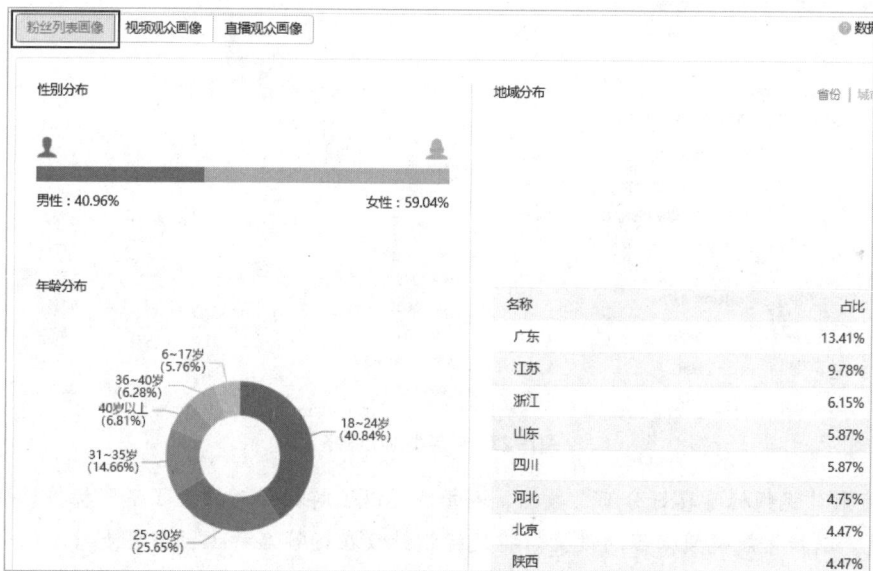

图7-25　粉丝画像分析

　　2 对于开通了购物车功能的短视频账号，运营者可以查看"商品购买需求分布"数据，了解关注了账号的粉丝的购买需求、价格偏好等，然后更精准地进行选品，如图 7-26 所示。

　　3 单击品类名称，可以查看粉丝对该品类商品的价格偏好，如图 7-27 所示。由该图可以看出，该短视频账号的粉丝购买意愿最大的商品是女装，接受的价格为 50～300 元，那么该短视频账号的运营者就可以在自己的短视频中添加这些商品的链接，以吸引粉丝购买。

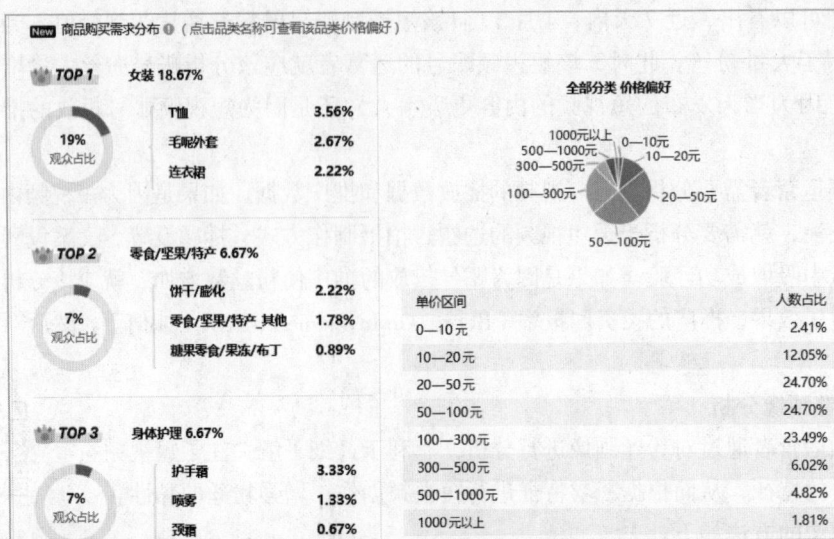

图7-26 商品购买需求分布

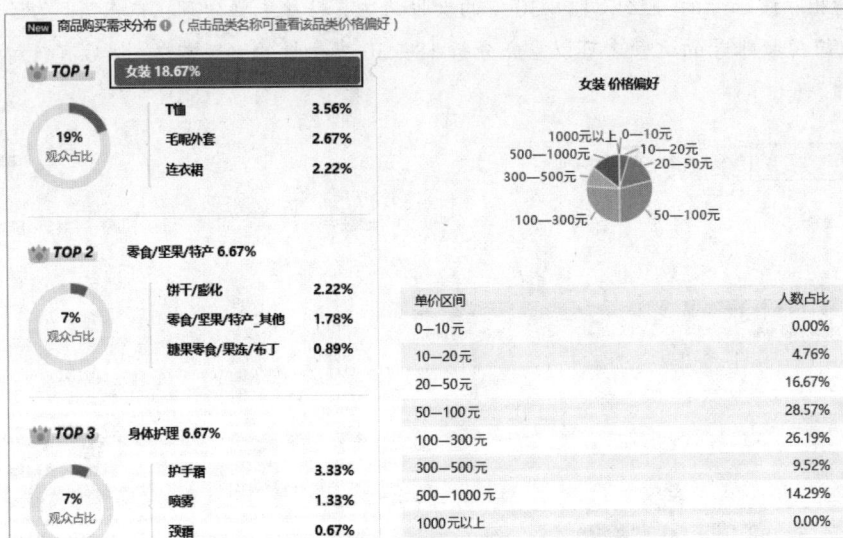

图7-27 单品类购买偏好

4 查看"视频标签喜好分布"数据，运营者可以了解粉丝对设置了不同标签的短视频的喜好程度，以指导短视频标签的设置。将鼠标指针放在标签名称上，即可查看其细分标签，如图7-28所示。由该图可以看出，粉丝最喜欢观看的是设置了"餐饮美食"标签的短视频，在设置了"餐饮美食"标签的短视频中，设置了"烹饪/菜谱/食谱""特色小吃"标签的短视频更受粉丝的喜爱。因此，该短视频账号的运营者在为短视频设置标签时，可以多使用"餐饮美食"标签，尤其是"烹饪/菜谱/食谱""特色小吃"标签。

5 查看"评论词云"数据，运营者可以了解粉丝在评论中喜欢使用的词语，从而了解粉丝对短视频的评价，如图7-29所示。

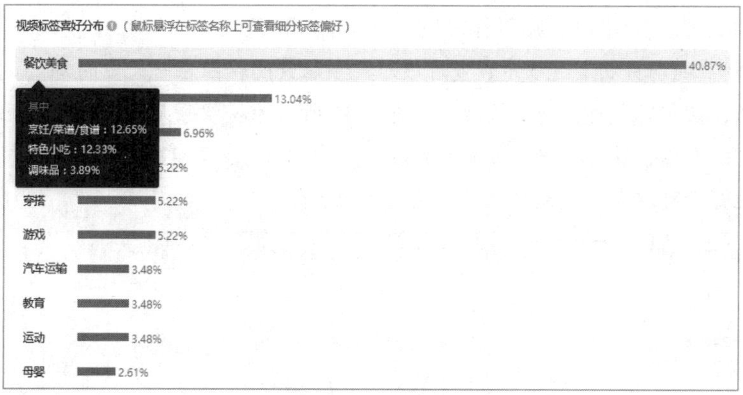

图7-28　视频标签喜好分布

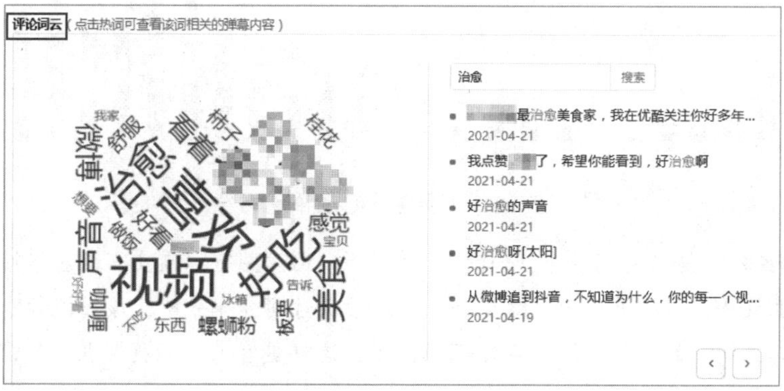

图7-29　评论词云

6　单击"视频观众画像"选项卡，可以查看观看该短视频账号中视频的观众的特点，包括视频观众的性别分布、地域分布、年龄分布（见图 7-30）、商品购买需求分析、视频标签喜好分布、评论词云等信息。这里所说的"视频观众"包括关注了账号的粉丝和未关注账号但观看了该账号短视频的用户。

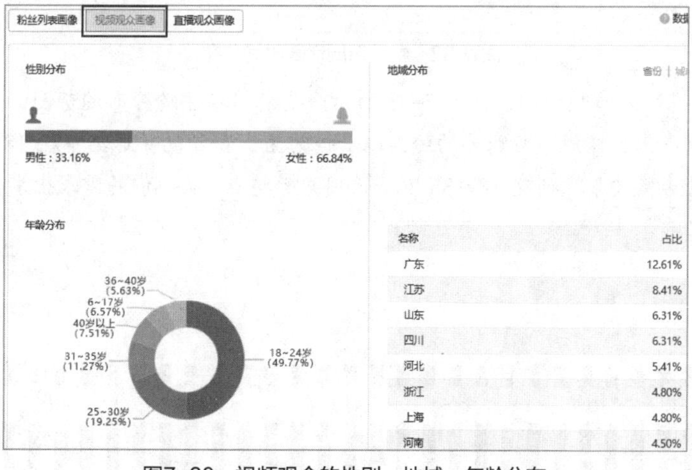

图7-30　视频观众的性别、地域、年龄分布

3. 粉丝特征分析

短视频运营者通过"粉丝特征分析"数据可以了解账号粉丝活跃时间分布、粉丝性别分布、

粉丝年龄分布等，从而优化自己账号作品的发布时间和内容。

1 单击"粉丝特征分析"选项卡，查看该短视频账号的粉丝在一天中的哪些时间段最活跃，在一周中的哪一天最活跃。图7-31所示为粉丝每天活跃时间分布，由该图可以看出，该短视频账号的粉丝在一天中的17点至22点活跃度较高，短视频运营者可以选择每天在此时间段发布短视频。

粉丝特征分析

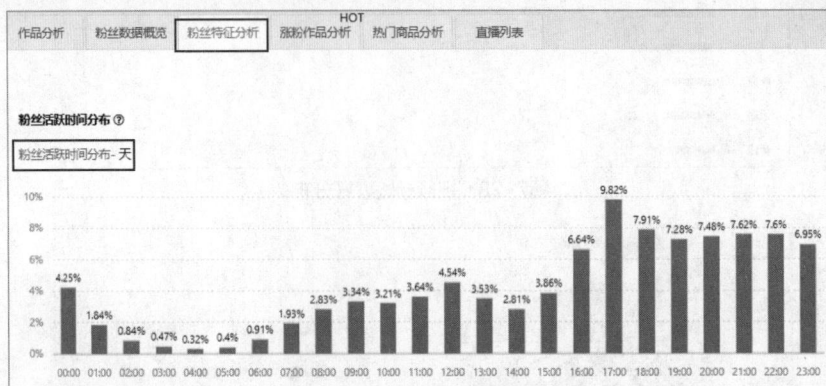

图7-31　粉丝每天活跃时间分布

2 查看粉丝每周活跃时间分布，如图7-32所示。由该图可以看出，该短视频账号的粉丝在每周二的活跃度最高，其次是周三。结合粉丝每天活跃时间分布分析，该短视频账号的运营者可以选择在每周二、周三的17点至22点发布短视频，这样更容易让短视频获得较好的数据表现。

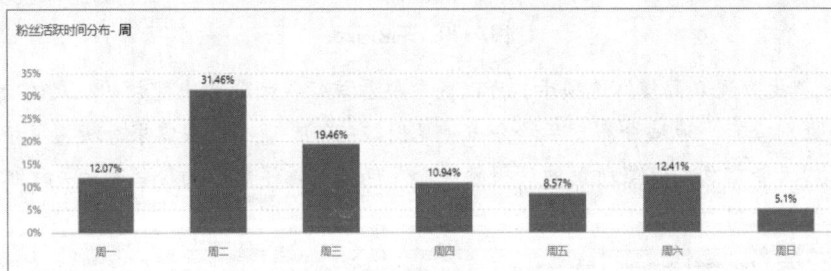

图7-32　粉丝每周活跃时间分布

3 查看粉丝性别分布趋势图，如图7-33所示。查看粉丝年龄分布趋势图，如图7-34所示。结合这两个图可以看出，该短视频账号的粉丝以女性为主，粉丝的年龄集中在18~35岁。因此该短视频账号的运营者需要重点研究18~35岁女性用户的特点，从她们的需求出发创作短视频作品。

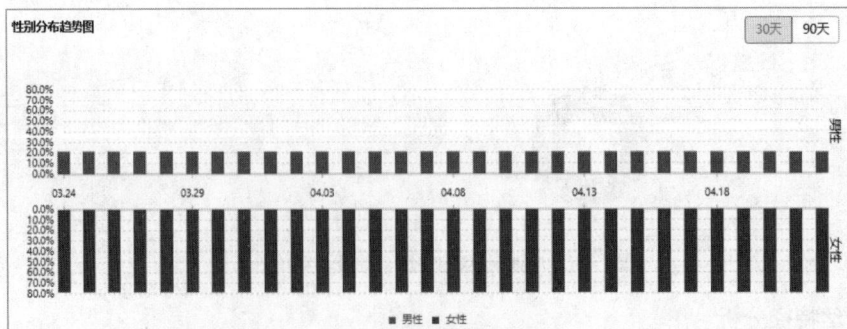

图7-33　粉丝性别分布趋势图

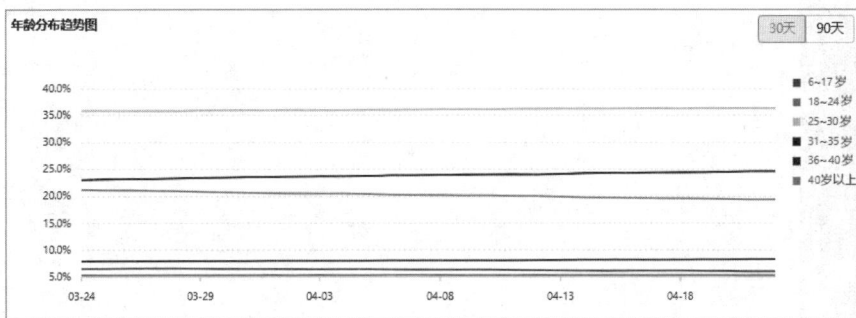

图7-34　粉丝年龄分布趋势图

7.2　短视频平台内"热门素材"分析与应用

飞瓜数据抖音版为用户提供了"抖音热门素材"功能，短视频运营者可以使用此功能搜索抖音平台上的热门视频、热门音乐等，快速了解抖音平台的最新热点，并将这些热点用于自己的短视频作品中。

7.2.1　热门视频分析与应用

使用飞瓜数据抖音版查找热门视频的操作步骤如下。

1 登录飞瓜数据抖音版账号，单击工作台界面左侧的"热门素材"下拉按钮，选择"热门视频"选项，如图 7-35 所示。

热门视频分析
与应用

图7-35　选择"热门视频"选项

2 进入"热门视频"界面，从短视频所属类型、观众画像等不同维度筛选热门视频。在此按照短视频所属类型来查找热门视频，单击"美食"选项卡，设置时间范围为"24 小时"，并选择"综合排序"，如图 7-36 所示。

3 系统将按照传播指数从高到低的顺序显示搜索结果，如图 7-37 所示。传播指数越高，说明视频的热度越高。选中一条视频，单击"指数分析"按钮🕮，即可查看该视频的视频热词和商品热词等内容。

4 查看视频热词和商品热词，如图 7-38 所示。

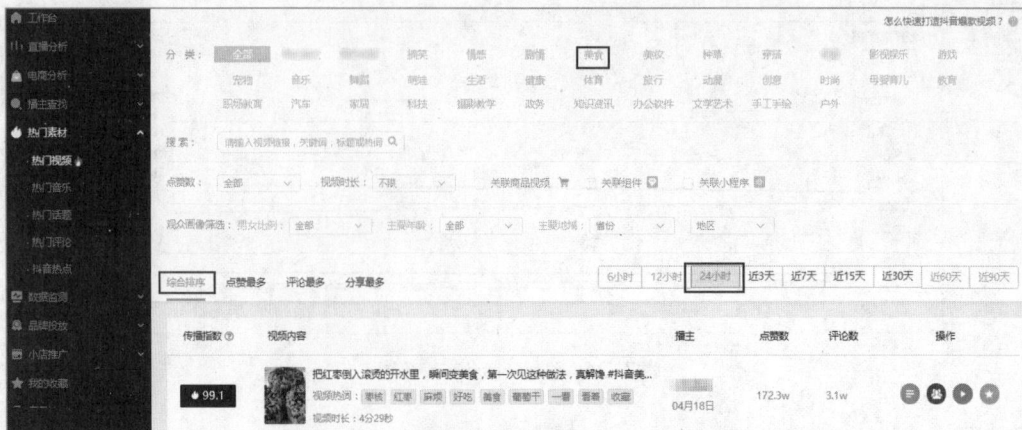

图7-36　设置筛选条件

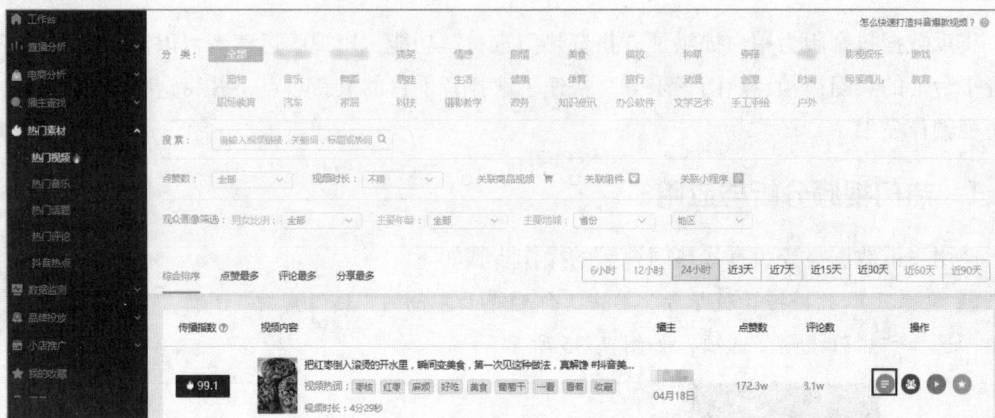

图7-37　热门视频传播指数分析

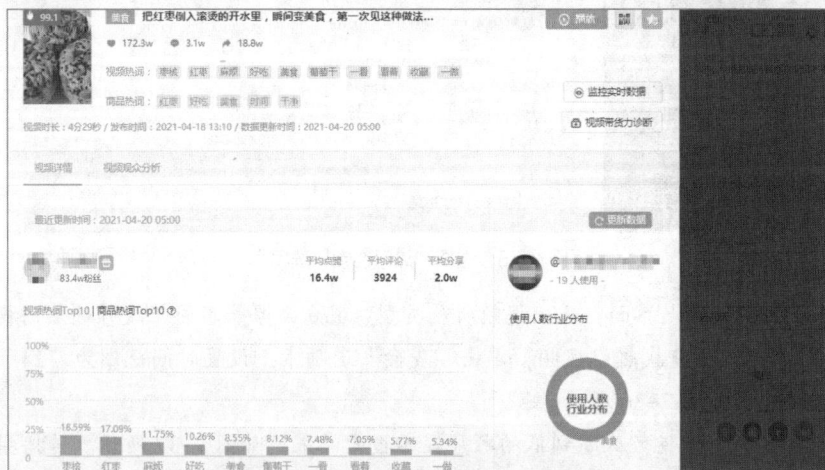

图7-38　查看视频热词和商品热词

⑤ 单击"视频观众分析"选项卡，查看该视频的观众性别、年龄和地域是否与自己的粉丝相匹配，如图 7-39 所示。如果该视频的观众年龄分布、性别分布、地域分布与自己短视频账号的粉丝相契合，那么短视频运营者就可以抓住热点，模仿此条视频进行创作。

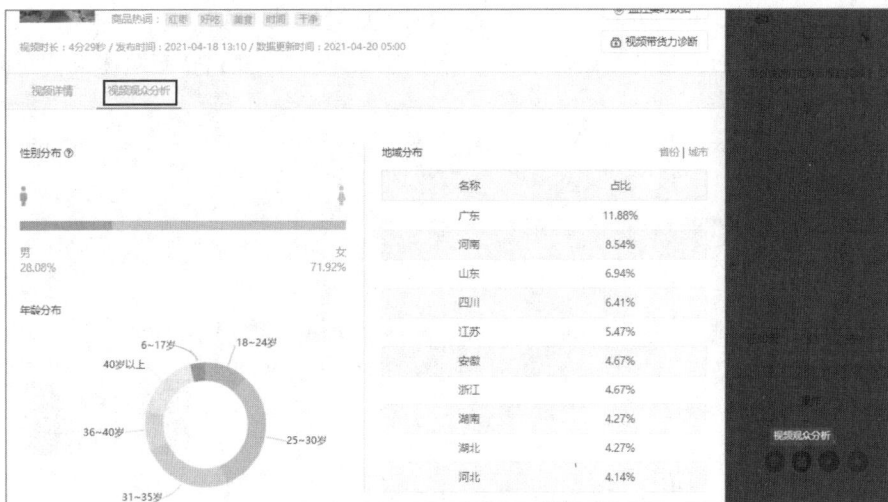

图7-39　查看视频观众分析

⑥ 除了可以依次单击热门视频深入了解视频的内容外,短视频运营者还可以在搜索结果界面中通过查看系统为每条视频提供的热词对视频进行初步判断,快速了解视频的内容,如图 7-40 所示。对每条视频的内容进行初步了解后,再从中选择与自己的短视频内容定位相似的视频,分析其视频热词、视频观众特征等。

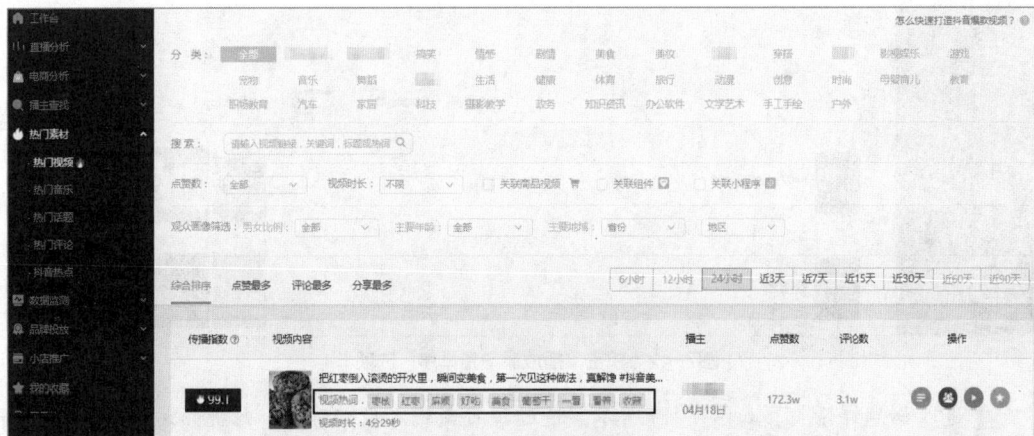

图7-40　查看视频热词

7.2.2　热门话题分析与应用

短视频运营者在视频标题中加一些与当前热门话题相关的词语,有利于增加短视频的推荐量,从而提高"涨粉"概率。

使用飞瓜数据抖音版的"热门话题"功能,短视频运营者可以快速发现当前热度较高的话题,然后根据热门话题进行短视频创作。也可以通过话题关键词查找与自己创作的短视频作品相关的话题,并将相关话题运用到自己短视频的标题中,从而增加短视频的推荐量。

热门话题分析
与应用

使用飞瓜数据抖音版的"热门话题"功能查找话题的操作步骤如下。

1️⃣ 单击工作台界面左侧的"热门素材"下拉按钮，选择"热门话题"选项，如图 7-41 所示。

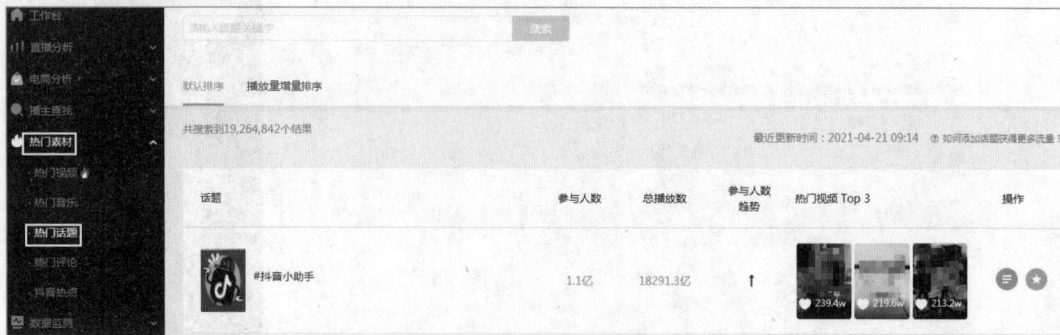

图7-41 选择"热门话题"选项

2️⃣ 进入热门话题界面，按照"默认排序"或"播放量增量排序"的方式查找热门话题，在此按照"播放量增量排序"的方式查找话题。单击"播放量增量排序"选项卡，搜索结果如图 7-42 所示。选择一个话题，单击"热度分析"按钮🔘，可以进一步了解该话题的热度。

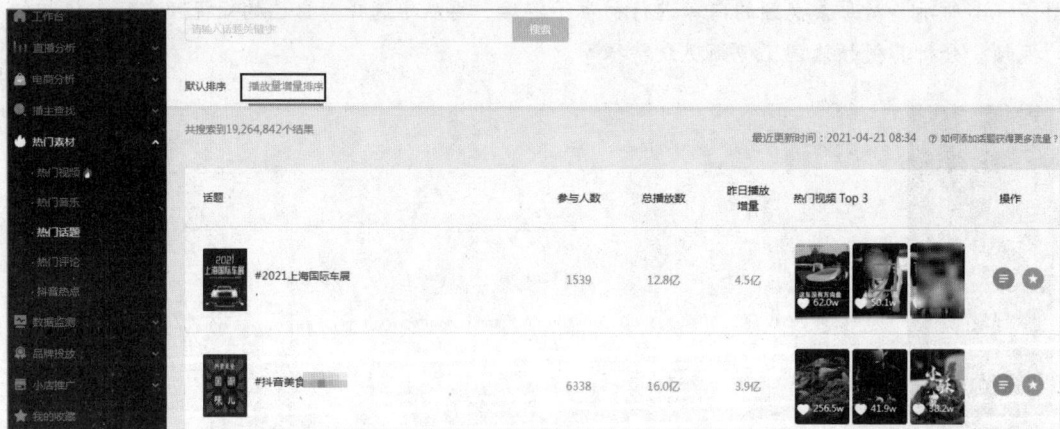

图7-42 单击"播放量增量排序"选项卡

3️⃣ 进入话题详情页，如图 7-43 所示。通过每日新增人数趋势图，短视频运营者可以了解该话题近期的使用情况，判断自己是否需要使用该话题。通过使用人数行业分布数据，短视频运营者可以快速了解同类账号对该话题的使用情况。选择同行业中使用人数较多的话题，可以让系统将视频更精准地推荐给粉丝，提高"涨粉"的概率。由图 7-43 可知，此话题使用人数较多的是美食行业，如果短视频运营者创作的是美食类的短视频，就可以选择使用该话题。通过播放量增量趋势图，短视频运营者可以更清晰地查看话题的热度变化趋势。

4️⃣ 在视频区域，查看使用了该话题的短视频作品有哪些，如图 7-44 所示。

5️⃣ 单击某条短视频，进一步查看该条短视频的视频详情、视频观众分析（见图 7-45），分析该条短视频是什么风格，拍了什么内容，以及此条短视频的观众是否与自己短视频的粉丝相契合。短视频运营者可以从中总结经验，借鉴优质短视频的创意并将其用于自己的短视频作品中。

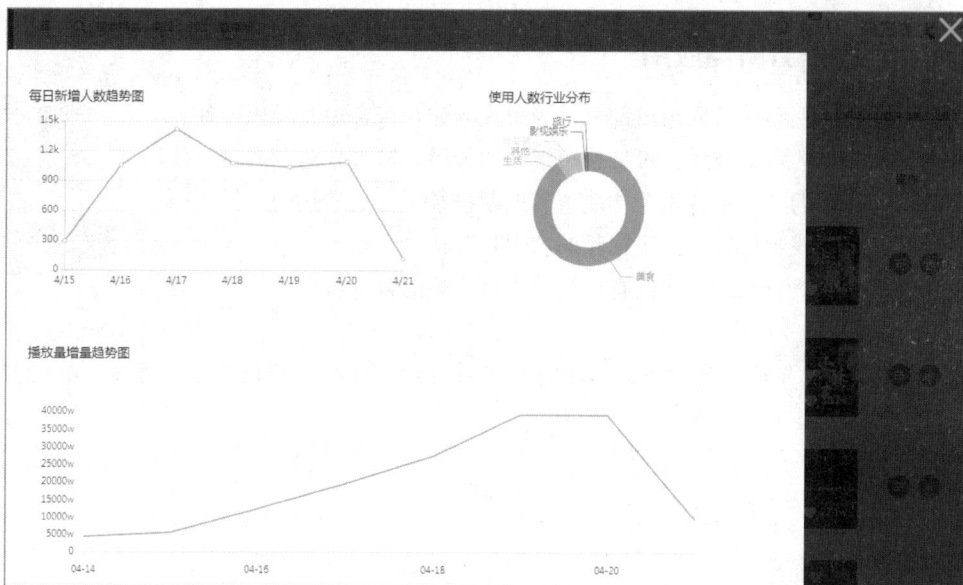

图7-43　话题热度分析

图7-44　查看使用了该话题的短视频作品

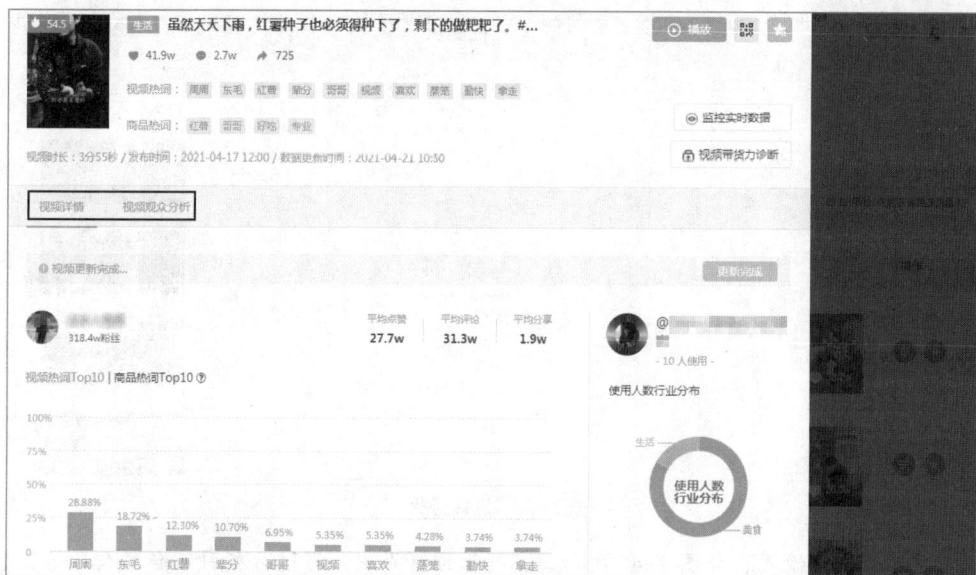

图7-45　短视频作品详情

7.2.3 热门音乐分析与应用

背景音乐是短视频的重要组成部分，为短视频配置符合短视频内容的、粉丝认知度比较高的背景音乐，可加速短视频的传播。短视频运营者可以使用飞瓜数据抖音版的"热门音乐"功能查看近期抖音平台上的热门背景音乐的相关数据，快速找到适合自己短视频的"爆款"背景音乐。

热门音乐分析
与应用

使用飞瓜数据抖音版的"热门音乐"功能查找热门背景音乐的操作步骤如下。

1 单击工作台界面左侧的"热门素材"下拉按钮，选择"热门音乐"选项，如图 7-46 所示。

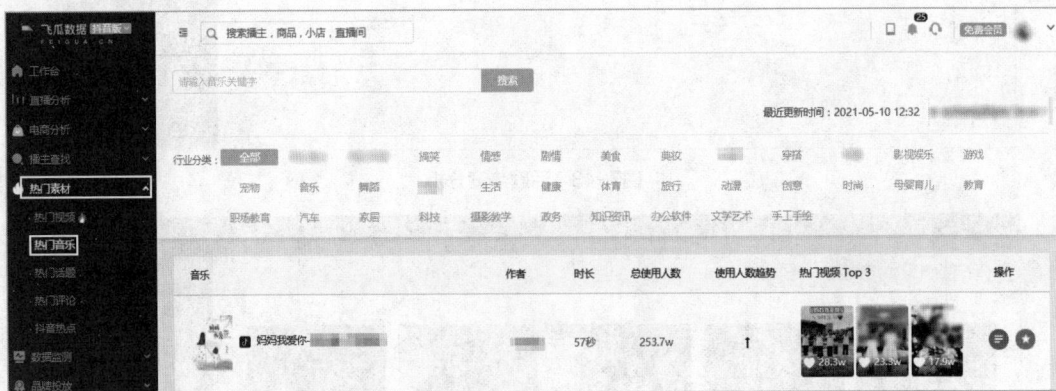

图7-46 选择"热门音乐"选项

2 根据行业选择音乐类型，在"行业分类"中单击"穿搭"选项卡，如图 7-47 所示。从图中可以看出，一首名为《百花香》的音乐被超过 141 万人使用，且使用人数呈上升趋势，说明这首音乐在当前是比较热门的。单击音乐名称右侧的"热度分析"按钮 ，可以查看该音乐的详情。

图7-47 选择行业

3 进入音乐详情页，如图 7-48 所示。在音乐详情页中，通过分析每日新增人数趋势图，短视频运营者可以了解该首音乐近 7 天的使用人数情况，从而判断该首音乐的热度变化情况。

图7-48 音乐详情页

通过分析使用行业分布情况，短视频运营者可以了解哪些行业使用了该首音乐。从图中可以看出，"生活"和"穿搭"行业使用此首音乐的人数较多，如果短视频运营者创作的短视频属于这两个行业，可以尝试使用该首音乐。

7.2.4 抖音热点分析与应用

对于短视频运营者来说，模仿"爆款"短视频是进行短视频创作的一条有效捷径。使用飞瓜数据抖音版的"今日热门视频"功能可以快速发现抖音热门视频，并根据热门视频进行短视频创作。

抖音热点分析与应用

使用飞瓜数据抖音版的"今日热门视频"功能追踪当下"爆款"视频的操作步骤如下。

1 单击工作台界面左侧的"热门素材"下拉按钮，选择"抖音热点"选项，如图 7-49 所示。

图7-49 选择"抖音热点"选项

2 在搜索结果界面中单击"抖音热点榜"选项卡，查看抖音实时热点，并同步查看热点的热度值和相关视频数，短视频运营者可以快速发现抖音当前的热点和热门视频，如图 7-50 所示。

图7-50　抖音实时热点榜

③ 单击"今日热门视频"选项卡，查看热门视频 10 分钟榜和日榜，快速了解近期抖音上播放量较高的热门视频，如图 7-51 所示。在榜单中，播放量在百万次以上的热门视频多数与"七夕"相关，可见"七夕"是当前的热点话题，带有较高的流量，此时短视频运营者如果以"七夕"为切入点进行短视频创作可能会获得不错的效果。

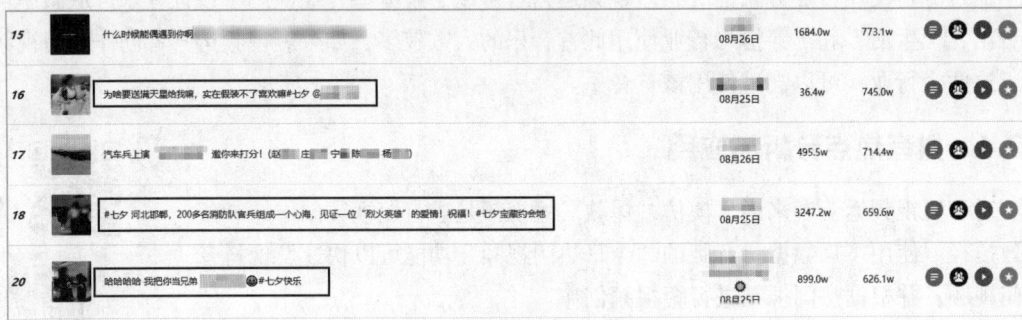

图7-51　今日热门视频

④ 通过今日热门视频榜单，短视频运营者可查看"爆款"视频账号的粉丝数，快速发现数据表现好的账号，从而学习其创作"爆款"短视频的方法。在图 7-52 所示的榜单中，发现某账号仅有 2.2 万个粉丝，但其发布的一条热门视频的播放量却超过了 950 万次。为什么这条视频能在账号粉丝数量不多的情况下获得如此高的播放量呢？短视频运营者可以单击视频右侧的"播放"按钮▶观看此短视频。短视频运营者观看该视频后发现，该视频以"揭秘女主播头顶上的秘密"为标题吸引粉丝观看，视频中通过展示女主播摘下假发前后的巨大反差激发粉丝的讨论。单击"指数分析"按钮，查看该条短视频的详情分析。

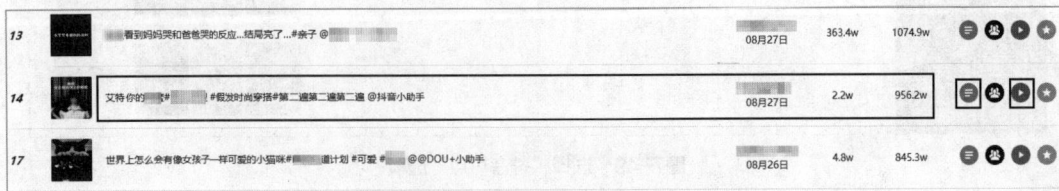

图7-52　查看"爆款"视频数据

5 进入视频详情页，如图 7-53 所示。在"视频详情"选项卡中，视频热词中列出了视频评论区中出现的高频词，由此发现很多粉丝都在讨论"刘海""假发"，可见粉丝对视频中展示的假发比较感兴趣。由此也可以说明该视频是假发用品的"潜力"带货视频，如果短视频运营者想要在自己的短视频中推广假发类商品，可以学习和借鉴该短视频的创作方法。

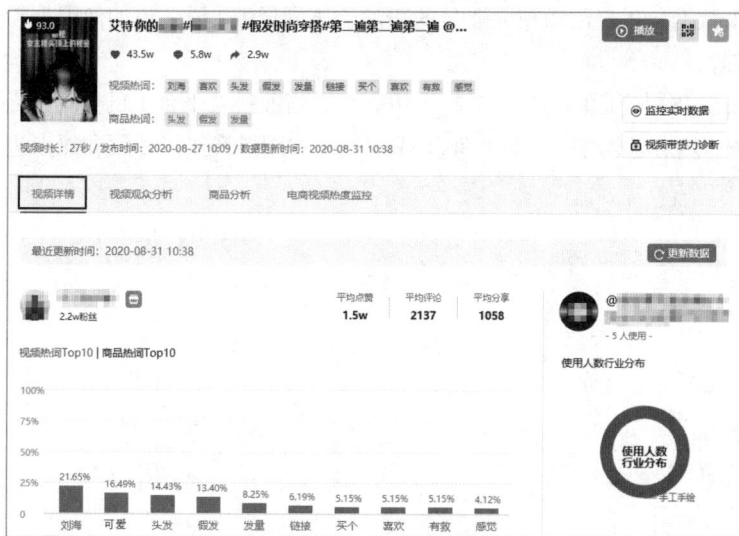

图7-53　视频详情分析

6 单击"视频观众分析"选项卡，查看该视频的观众特征，如图 7-54 所示。由该图可以看出，该视频的观众主要是 18～24 岁的女性。结合前面的视频热词，说明该账号具有较大的带货潜力，销售假发类商品的商家可以考虑邀请该账号的运营者带货。

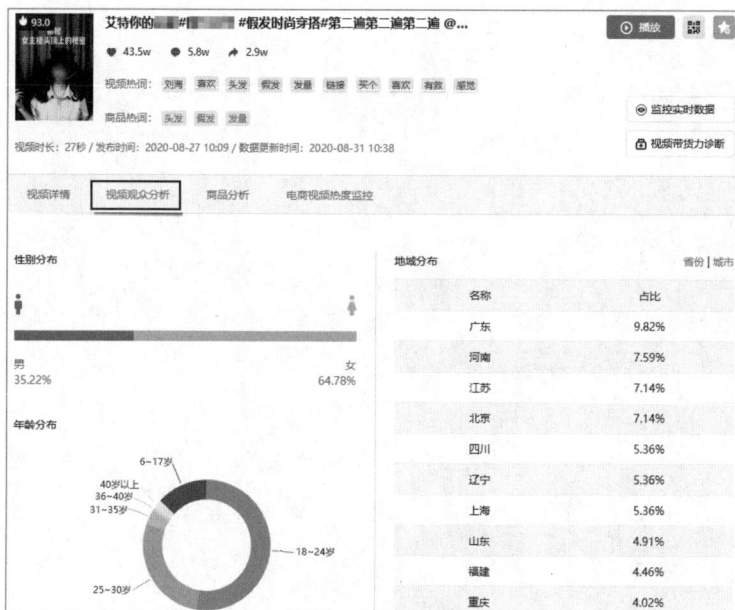

图7-54　视频观众分析

【课后习题】

1. 进入短视频账号后台，查看近 7 天发布的各条短视频的数据，并总结提高短视频完播率的方法。

2. 使用飞瓜数据分析自己短视频账号的粉丝群体画像，并说一说如何根据粉丝群体画像制订短视频运营策略。

3. 使用飞瓜数据抖音版的"热门素材"功能查看当前抖音平台上的热门话题和热点，并根据抖音热门话题和热点各创作一条短视频（或者说明利用抖音热门话题和热点进行短视频创作的思路）。

第 8 章

直播运营数据分析与应用

【学习目标】

- 掌握分析直播账号运营数据的方法。
- 掌握进行直播商品分析、直播复盘与品牌推广分析的方法。

直播凭借其娱乐化传播方式、场景化营销、即时互动性强等优势，已经成为当前热门的营销渠道之一，吸引了许多人投身其中。无论是个人，还是商家，要想做好直播运营，除了需要掌握必要的直播技能外，还应具备一定的直播运营数据分析能力，以数据分析的思维指导和优化直播运营，提升自己的竞争力。本章将详细介绍直播运营数据分析与应用的相关知识。

8.1 直播账号运营数据分析

分析直播数据是直播运营者做好直播运营的必备技能之一。下面以抖音直播为例，介绍查看直播运营数据的方法。

8.1.1 直播实时数据分析

直播运营者查看抖音直播实时数据的方法如下。

① 在 PC 端登录抖音创作服务平台，单击"数据"｜"实时分析"选项卡，然后单击直播间名称，如图 8-1 所示。

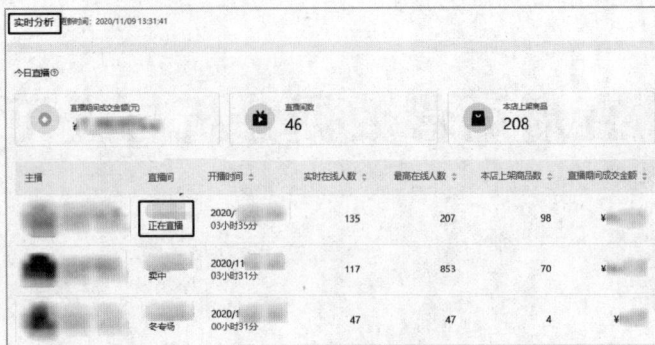

图8-1 单击直播间名称

② 进入直播间详情页面，查看实时更新的直播间流量数据、互动数据、待支付数据及成交数据。直播间详情页面中共包含直播间详情、整体看板、分钟级趋势、商品分析、用户画像 5 个子模块。

直播间详情模块中根据直播是否结束、主播账号是否为绑定渠道的不同，其数据展示样式有所区别。

- **直播是否结束样式**：直播中可以查看实时在线人数，直播结束后可以查看累计在线人数、售后退款相关数据。
- **主播账号是否为绑定渠道样式**：主播账号为店铺绑定渠道时，可以查看整场直播的数据情况、看播/支付用户画像及流量漏斗；主播账号为精选联盟带货达人时，仅可查看直播间关联了本店铺商品的数据情况。

图 8-2 所示为主播账号为精选联盟带货达人的直播间详情信息，图 8-3 所示为该直播间正在直播中的直播整体看板。通过整体看板，直播运营者可以查看直播间成交金额和直播期间成交金额，以判断直播销售情况是否符合预期，并可通过查看实时在线人数及评论次数、点赞次数等指标分析直播间流量及互动情况；还可以查看直播间商品曝光人数、直播商品点击人数、直播间成交人数，以了解直播间商品的转化率，从而找到影响直播销售额的因素。

图8-2 直播间详情信息

图8-3　直播间的整体看板

3 单击"分钟级趋势"选项卡，查看直播间的分钟级数据，如图 8-4 所示。

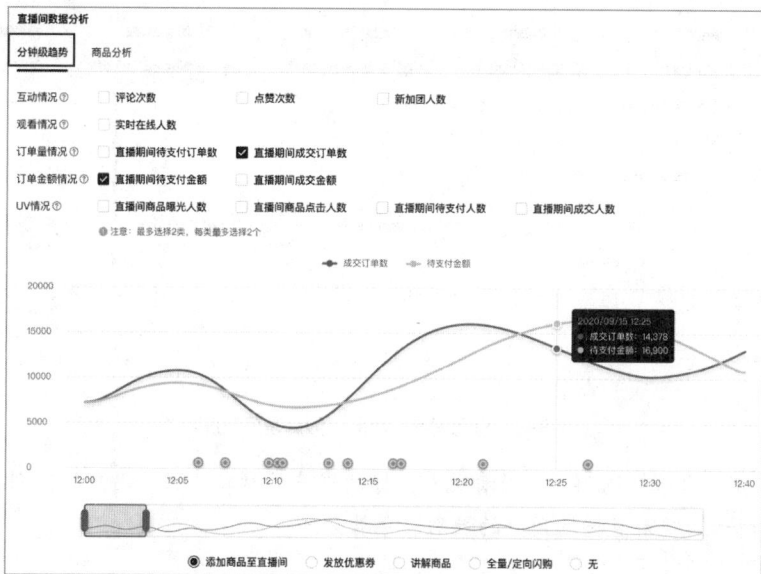

图8-4　直播间数据的分钟级趋势

如果直播运营者通过分析得出结论：直播间的流量及互动情况影响了直播销售情况。此时可以查看与流量和互动相关指标的分钟级变化趋势，确定数据表现好及表现差的时间段，从而确定直播存在的问题及解决方法。

直播运营者可以用以下方法来确定直播存在的问题及解决方法。

方法 1：选中"讲解商品"单选按钮，再勾选"直播间商品点击人数"和"直播间商品曝光人数"复选框，以判断主播讲解的商品对观众的吸引力，然后根据商品讲解过程中"直播间商品点击人数"和"直播间商品曝光人数"的数据变化情况调整商品讲解时间。直播运营者还可以将直播开始后直播间商品点击人数或直播间商品曝光人数最高的商品的直播讲解过程制作成直播活动的引流短视频。

方法 2：选中"讲解商品"单选按钮，再勾选"实时在线人数"和"直播期间成交人数"复选框，以判断主播讲解的商品对直播间实时在线人数的影响，优化付费流量投放策略。对于实时在线人数及成交人数较高的商品，直播运营者可以加大为其投放 DOU+或竞价广告的力度。

方法 3：选中"发放优惠券"单选按钮，再勾选"评论次数"和"点赞次数"复选框，以判断发放优惠券对直播间互动效果的影响，然后根据数据结果判断是否需要追加发放优惠券。

如果直播运营者通过分析得出结论：直播间商品转化率影响了直播销售情况。此时直播运营者可以选中"添加商品至直播间"单选按钮，再勾选"直播期间成交订单数"和"直播期间待支付金额"复选框（见图 8-4），以判断某款商品在直播间的转化率。直播运营者要重点关注直播期间待支付金额较高的商品，加强对其的讲解并催付款，以提高商品转化率。

④ 单击"商品分析"选项卡，根据需要勾选相应指标的复选框，查看直播间各款商品的数据表现情况，如图 8-5 所示。

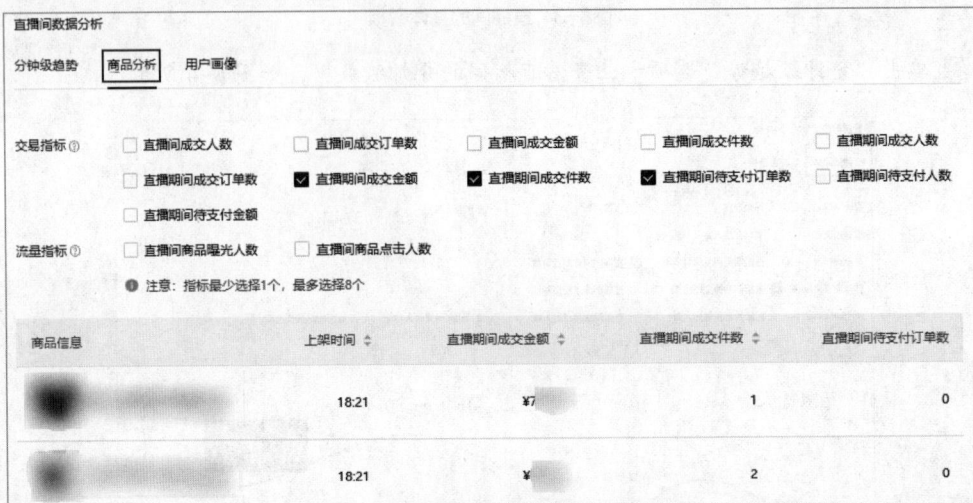

图8-5　直播间各款商品的数据表现情况

⑤ 单击"用户画像"选项卡，查看观看直播的用户的特征，了解用户的性别、年龄、地域分布。图 8-6 所示为观看直播的用户的性别、年龄分布。

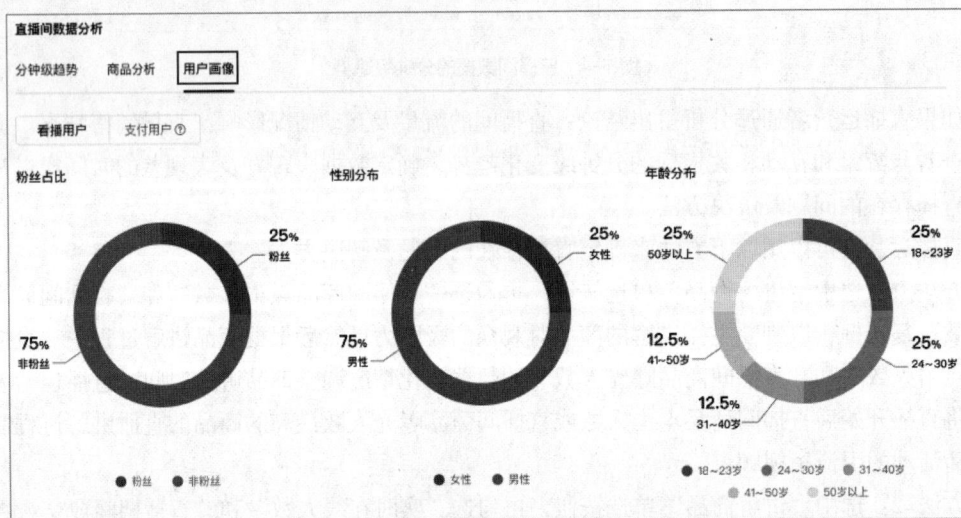

图8-6　观看直播的用户的性别、年龄分布

8.1.2　直播历史数据分析

直播运营者查看历史直播数据的方法如下。

① 在 PC 端登录抖音创作服务平台，单击"数据"｜"抖音直播"选项卡，进入历史直播数据页面，如图 8-7 所示。

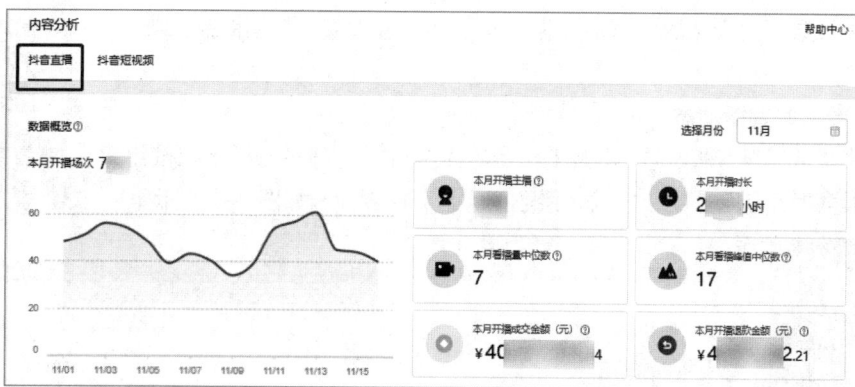

图8-7　历史直播数据

②　下拉至直播间明细列表，选择时间范围与想要查看的数据指标，即可查看历史直播的各项数据，如图 8-8 所示。如果需要分别查看自播及合作达人的直播数据，可以通过搜索主播昵称或抖音号进行拆分查看。单击"下载"按钮⬇，可以下载数据。

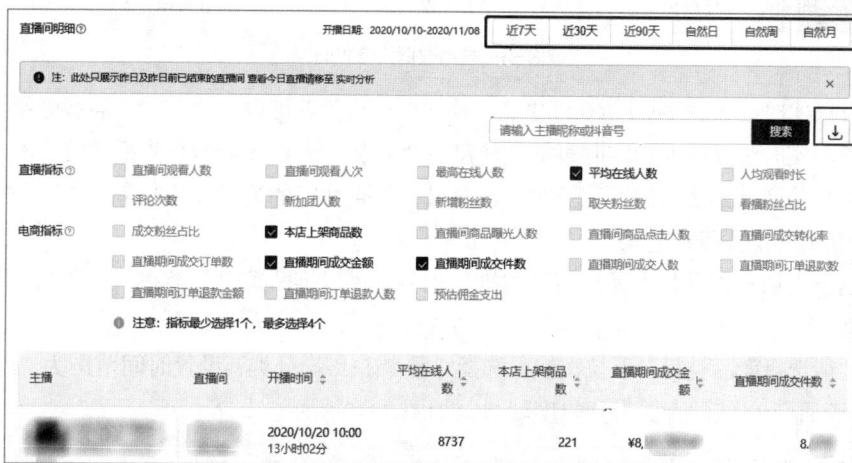

图8-8　查看历史直播数据

8.2　直播商品分析、复盘与品牌推广分析

下面以飞瓜数据抖音版为例，介绍使用第三方数据分析工具进行直播热销品类分析、实时直播"爆品"分析、复盘与品牌推广分析的方法。

8.2.1　直播热销品类分析

直播带货，首先要有商品，但市场上的商品种类繁多，哪些商品适合自己，可以卖得好，是直播运营者需要进行深入分析的。选品是一个几乎可以决定直播盈利或亏损的重要环节，因此在直播之前，直播运营者一定要做好直播间选品工作。

运用飞瓜数据抖音版的"直播数据大盘"功能，直播运营者可以查看当前的带货直播热度、实时观众热度、商家商品热度等数据，了解抖音平台上的热销商品品类，为选品提供参考。

使用飞瓜数据抖音版的"直播数据大盘"功能分析直播热销商品品类的方法如下。

1. 查看实时直播动态

登录飞瓜数据抖音版账号，单击工作台界面左侧的"直播分析"下拉按钮，选择"直播数据大盘"选项，进入直播数据大盘分析界面，如图8-9所示。

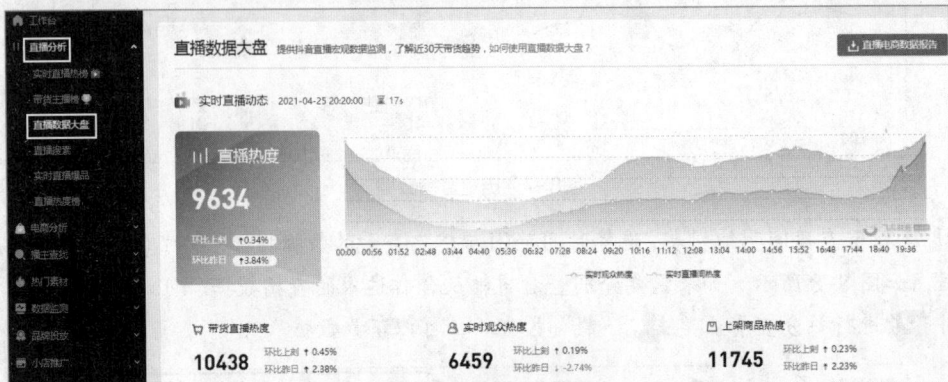

图8-9 直播数据大盘界面

查看直播实时动态，数据每60秒更新一次。直播运营者可以按照分钟查看抖音平台上的直播热度，查看实时观众热度和实时直播间热度变化趋势，还可查看带货直播热度、实时观众热度和上架商品热度环比变化情况，及时掌握今日抖音直播间的流量变化趋势。

2. 分析商品品类推广趋势

直播运营者通过查看某个品类商品的推广趋势，可以推断某个品类在抖音平台上某直播间的销售趋势。

单击"请选择商品类目"下拉按钮，选择"唇膏/口红"分类，设置时间范围为"近30天"，查看近30天唇膏/口红的直播带货热度趋势，如图8-10所示。

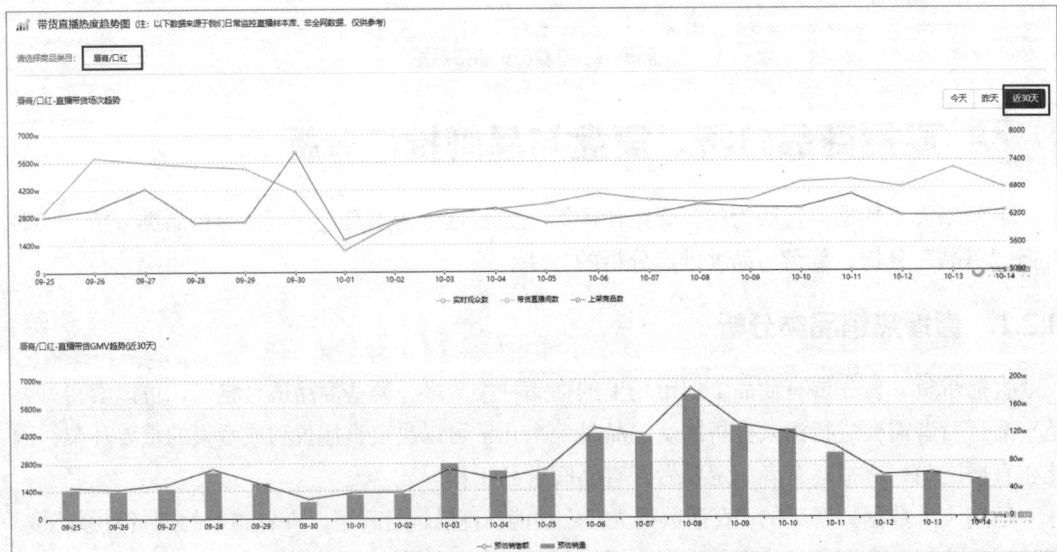

图8-10 近30天唇膏/口红的直播带货热度趋势

从"直播带货场次趋势"图来看，从 10 月 1 日开始，唇膏/口红类商品的实时观众数、带货直播间数的变化趋势比较平稳。而从"直播带货 GMV 趋势"图来看，从 10 月 1 日之后，唇膏/口红类商品的预估销售额和预估销量呈明显上升趋势，说明从 10 月 1 日之后用户对唇膏/口红类商品的需求较高，在此时间段内，直播运营者选择通过直播推广唇膏/口红类商品比较容易获得较好的销量。

3. 判断商品推广时间

直播运营者还要学会判断商品的最佳推广时间，了解用户喜欢在什么时候购买这类商品，以确定自己应该在什么时候加大推广力度。

单击"请选择商品类目"下拉按钮，选择"定妆喷雾"分类，设置时间范围为"昨天"，查看该品类商品昨天和今天的抖音推广数据，判断其推广峰值，如图 8-11 所示。由该图可以看出，"定妆喷雾"的实时观众数在 21 点～0 点这个时间段内较多，观众人数最多的时间段为 22 点～23 点。由此可以推断，很多观众习惯在 21 点～0 点这个时间段内观看直播并购买定妆喷雾类商品，如果直播运营者要推广定妆喷雾类商品，可以选择在这个时间段内上架并讲解此类商品。

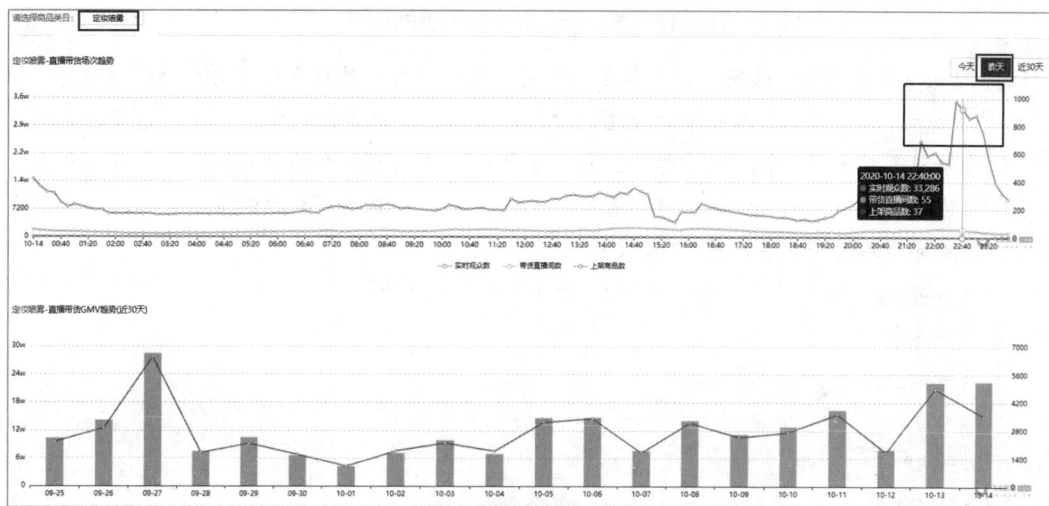

图8-11　定妆喷雾类商品昨天和今天的抖音推广数据

4. 分析热销品类周期趋势

分析各个商品品类在一定周期内的销售趋势，有利于直播运营者了解不同商品品类在市场上的销售潜力，快速发现销售势头强劲的商品，继而提高自己直播间的销量。直播运营者分析热销品类周期趋势的方法如下。

1 查看"带货趋势对比"，设置时间范围，添加想要查看的商品品类。然后单击"商品销售额"选项卡，查看在商品销售额维度下添加的各个商品品类的销售趋势，如图 8-12 所示。

分析热销品类
周期趋势

从"商品品类销售额占比图"中可以看出，在设置的时间范围内，销售额排名前 3 位的分别是男装与女装、珠宝配饰、美食饮品；从"商品品类销售额趋势图"中可以看出，在设置的时间范围内，美食饮品、日用百货、彩妆、护肤等品类商品的销售额变化比较平稳，男装与女装品类商品的销售额在 4 月 22 日后呈现明显的上升趋势。

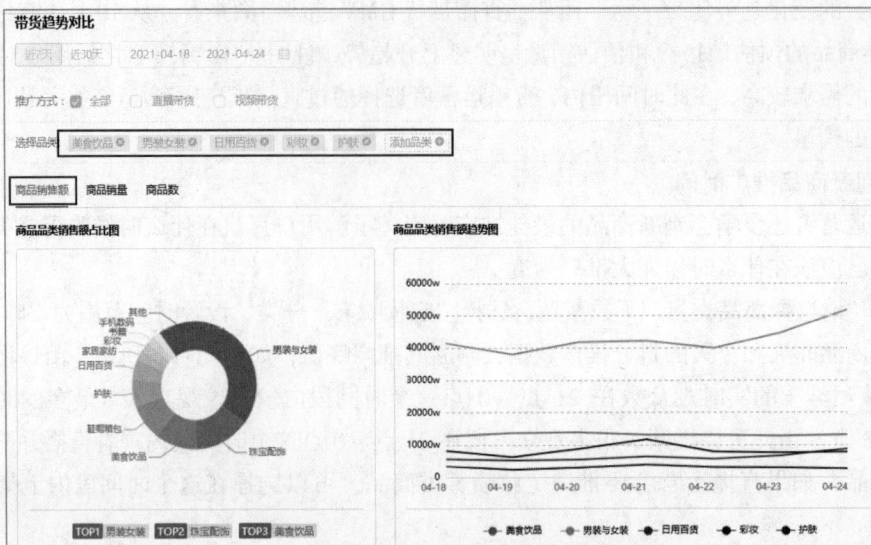

图8-12　商品品类销售额占比图和趋势图

②　单击"商品销量"选项卡，查看在商品销量维度下添加的各个商品品类的销售趋势，如图 8-13 所示。从"商品品类销量占比图"中可以看出，在选定的时间范围内，销量占比排名前 3 位的分别是男装与女装、美食饮品、日用百货；从"商品品类销量趋势图"中可以看出，在选定的时间范围内，美食饮品、日用百货、彩妆、护肤等品类商品的销量变化比较平稳，男装与女装品类商品的销量在 4 月 22 日后呈现明显上升趋势。

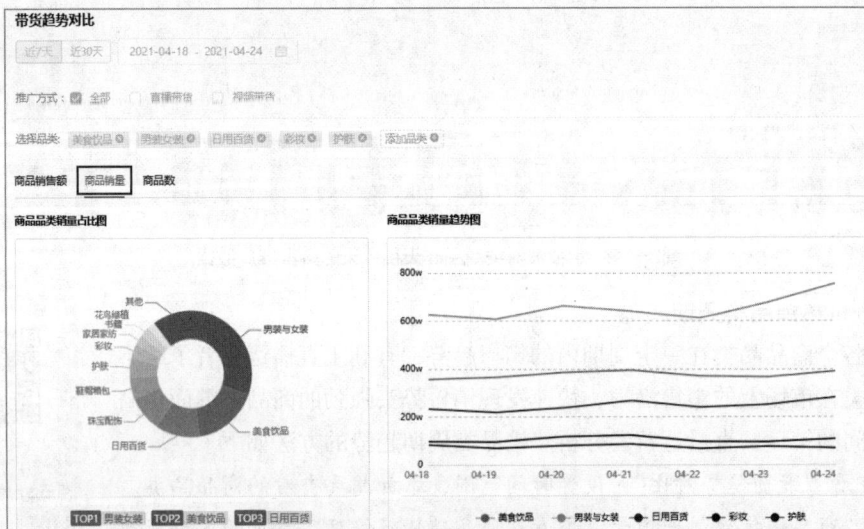

图8-13　商品品类销量占比图和趋势图

③　单击"商品数"选项卡，查看在"商品数"维度下添加的各个商品品类的商品数量变化趋势，如图 8-14 所示。从"商品品类商品数占比图"中可以看出，在选定的时间范围内，商品数量占比排名前 3 位的分别是美食饮品、男装与女装、日用百货；从"商品品类商品数趋势

图"中可以看出，在选定的时间范围内，各个品类的商品数变化趋势较为平稳，但男装与女装品类的商品数远远高于其他 4 个品类的商品数。

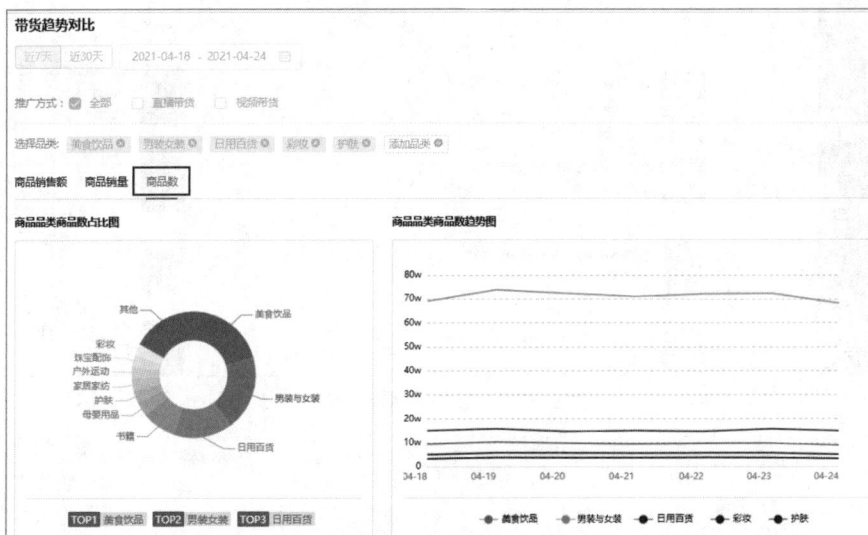

图8-14　商品品类商品数占比图和趋势图

　　综合商品品类销售额占比图和趋势图、商品品类销量占比图和趋势图以及商品品类商品数占比图和趋势图，再结合 4 月份处于春夏换季期的现实情况，可以推断，4 月、5 月男装与女装品类商品有着较大的市场潜力，直播运营者可以选择在直播中推广此类商品。

8.2.2　实时直播"爆品"分析

　　直播运营者可以使用飞瓜数据的"实时直播爆品"功能分析相关数据，运用数据分析结果指导自己选品。"实时直播爆品"按照商品近 1 小时销量增量排序，可以为直播运营者提供近 1 小时的关联直播数及热卖直播间，方便运营者快速发现各大直播间的热推商品，并找到适合自己直播间的商品，从而提高直播间销售额。

　　使用"实时直播爆品"功能进行选品的方法如下。

1. 查看当前直播间热卖品类

　　单击工作台界面左侧的"直播分析"下拉按钮，选择"实时直播爆品"选项，进入"实时直播爆品"界面，如图 8-15 所示。通过分析商品榜单发现，在当前时间段排名前 50 的商品中，60%的商品属于食品类，而且大多数商品来自不同的直播间。由此可以推测，当前在各大抖音直播间中食品类商品销量比较好。此时直播运营者在直播间中推广食品类商品可能获得较高的转化率。

查看当前直播间
热卖品类

2. 查看某品类下直播间热卖的商品

　　"实时直播爆品"界面中设置了多个商品品类，如日用百货、护肤、彩妆、美食饮品等，直播运营者可以按照商品品类来筛选直播"爆品"，快速定位各品类下的"爆款"商品。以分析美食类直播"爆品"为例，单击"美食饮品"选项卡，查看搜索结果，如图 8-16 所示。由该图可以看出，近 1 小时内销量第一的食品是一款"钵钵鸡调料包"，它近 1 小时关联了 1 场直播，销量超过了 9 800 单。

图8-15 "实时直播爆品"界面

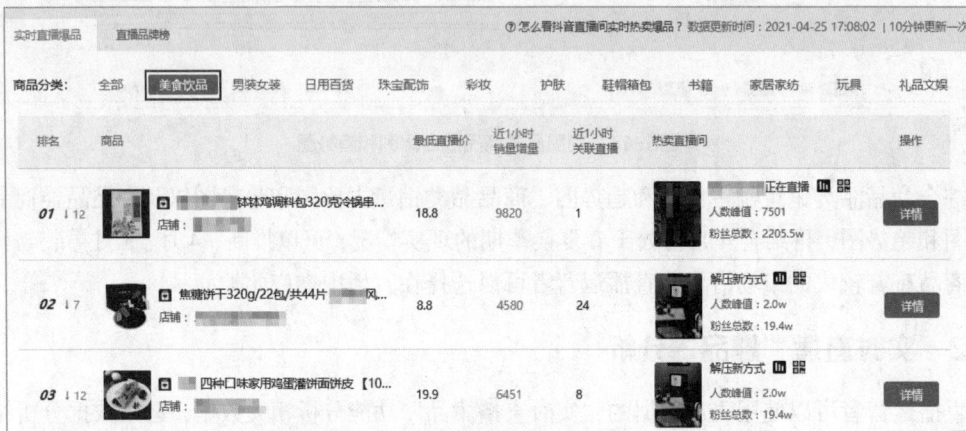

图8-16 美食饮品下的实时直播"爆品"榜

3. 查看热卖商品直播间数据

直播运营者找到销量较高的商品后，还可以查看该款商品关联的热卖直播间的相关数据，分析在关联直播间内该款商品的销售情况，从而判断该款商品的销售潜力。从图 8-16 中可以看出，近 1 小时内销量第一的商品"钵钵鸡调料包"关联的热卖直播间的观众人数峰值为 7 501 人，抖音号粉丝为 2 205.5 万人。直播运营者可以进一步查看该直播间内"钵钵鸡调料包"的销售情况，方法如下。

查看热卖商品
直播间数据

① 单击该直播间标题进入直播间详情页，直播间详情数据如图 8-17 所示。由该图可以看出，本场直播观看人次达 40.1 万，平均观众停留时长为 2 分 21 秒，直播间的整体活跃度较高。

② 单击"带货商品"选项卡，查看带货商品数据，如图 8-18 所示。由该图可以看出，该直播间在本场直播中共上架了 11 款商品，其中销量第一的正是上榜的"钵钵鸡调料包"。该商品上架两小时，预估销量达 1.8 万单，预估销售额为 33.4 万元，说明这款"钵钵鸡调料包"在直播间有着不错的转化率，直播运营者可以快速跟进此款商品的推广。

图8-17 直播间详情数据

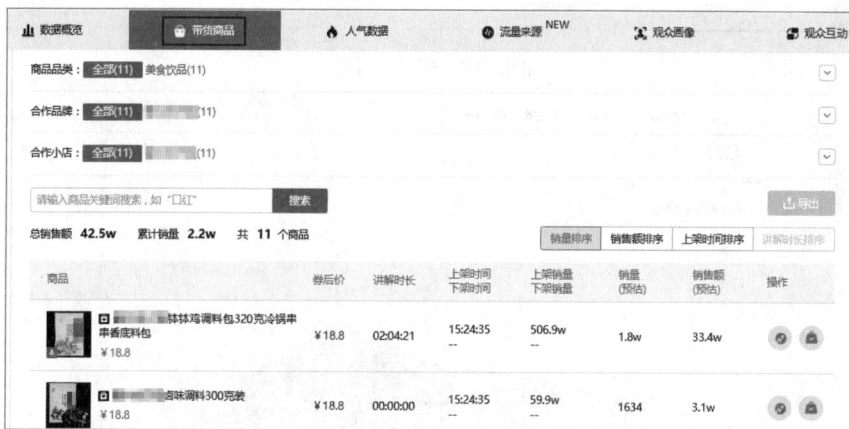

图8-18 带货商品数据分析

4. 分析热卖商品热度走势

通过分析商品热度，直播运营者可以了解商品近 90 天的抖音订单数/浏览量、关联视频/直播等趋势图，快速了解商品近期的推广情况。分析热卖商品热度变化趋势的方法如下。

1 在"实时直播爆品"榜中单击商品右侧的"详情"按钮，进入商品详情页，如图 8-19 所示。由该图可以看出，该款"钵钵鸡调料包"在抖音上的好评率为 92.10%，"30 天抖音订单数"为 50.2 万单，"30 天抖音浏览量"为 336.2 万次，"商品转化率"为 14.92%，"30 天热推达人"有 1 745 位。由此可见，该款商品在抖音平台上是比较受欢迎的，有着不错的转化率，美食领域的直播运营者可以考虑将该款商品放在自己的选品库中。

2 设置时间范围，查看热卖商品详情，图 8-20 所示为该款商品的"抖音订单数/浏览量趋势"图。由该图可以看出，从 4 月 18 日开始，该款"钵钵鸡调料包"的抖音订单数和浏览量呈明显上升趋势。

3 查看"关联视频/直播趋势"图，如图 8-21 所示。由该图可以看出，从 4 月 18 日开始，

（右侧二维码）分析热卖商品热度走势

该款商品的关联视频和直播有所增多。结合图 8-20 和图 8-21，可以推断出直播推广对提高该款商品的销量起到了促进作用。

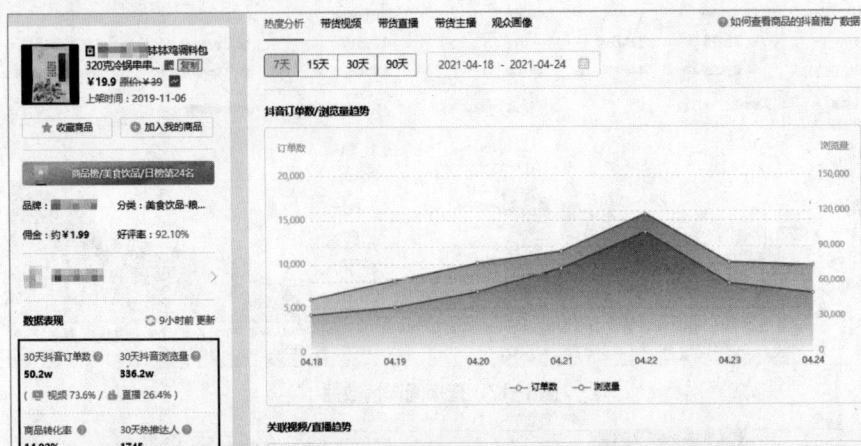

图8-19 商品详情页

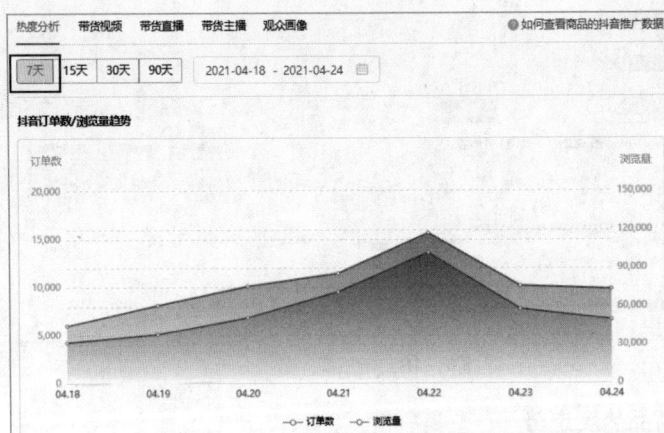

图8-20 "抖音订单数/浏览量趋势"图

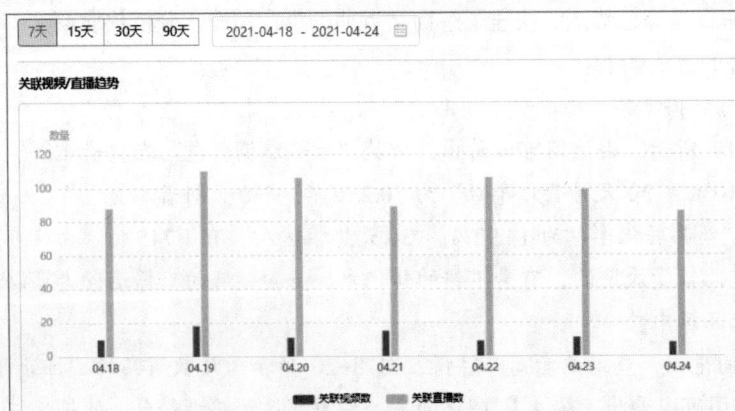

图8-21 "关联视频/直播趋势"图

④　单击"观众画像"选项卡，查看观众性别、年龄、地域分布（见图 8-22）、视频标签喜好分布（见图 8-23）、评论词云（见图 8-24）。结合图 8-22、图 8-23 可以看出，这款"钵钵鸡调料包"的受众为 18～30 岁的女性，她们喜欢的视频类型以餐饮美食类为主；在商品评论词云中多出现"好吃""喜欢"等词，说明观众对此款"钵钵鸡调料包"是比较认可的。

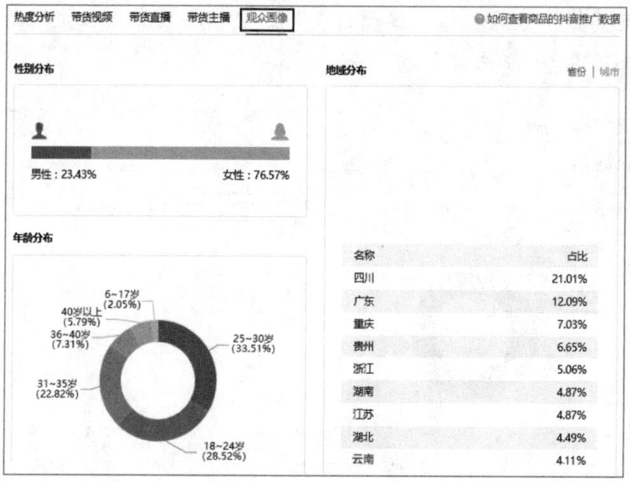

图8-22　观众画像分析

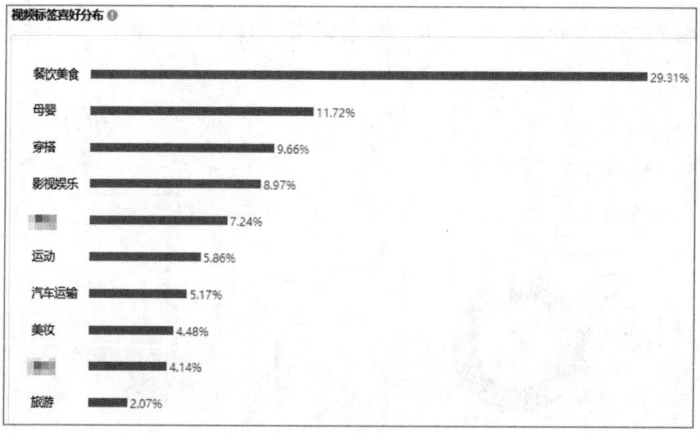

图8-23　视频标签喜好分布

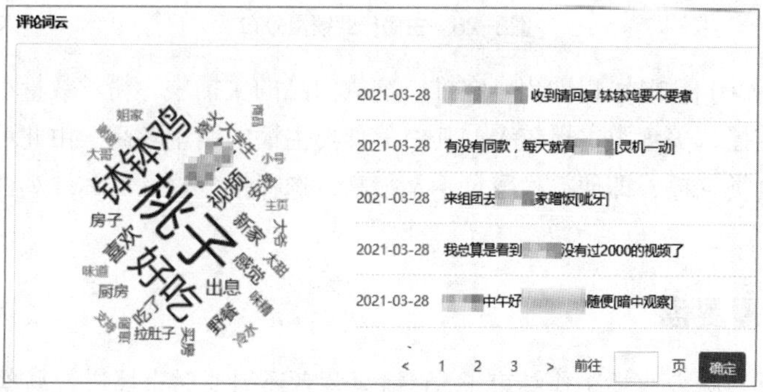

图8-24　评论词云

5. 分析推广主播特征

直播运营者可以对推广该款商品的主播进行分析，了解这些主播的特征，从竞争对手的角度分析该款商品是否适合自己，方法如下。

1️⃣ 在"推广主播分析"界面中单击"直播推广"|"主播行业人数分布"选项卡，查看通过直播推广该款"钵钵鸡调料包"的主播粉丝分布和主播所属行业分布情况，如图8-25所示。

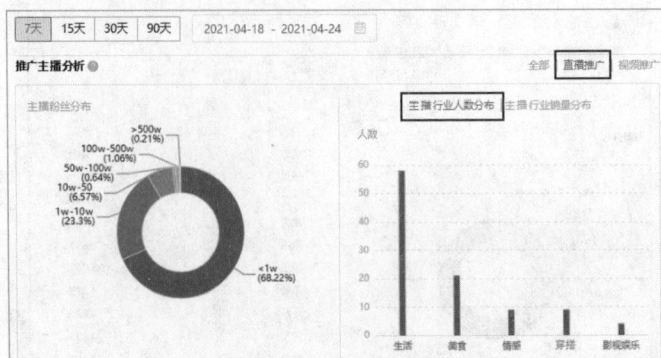

图8-25　推广主播分析

2️⃣ 单击"主播行业销量分布"选项卡，查看该款"钵钵鸡调料包"的主播行业销量分布情况，如图8-26所示。

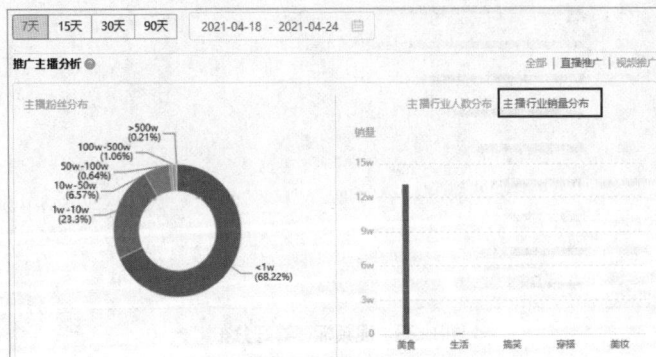

图8-26　主播行业销量分布

结合图8-25和图8-26可以看出，在推广这款商品的主播中，粉丝数量小于1万的主播占大多数；生活类主播、美食类主播较多，其中美食类主播的销量较高。由此可以推断，如果直播运营者属于美食类主播，即便粉丝数量不是很高，选择推广这款"钵钵鸡调料包"也可能会获得不错的销量。

8.2.3　单场直播复盘

直播结束并不意味着直播工作结束了，直播运营者还需要对直播进行复盘，分析直播效果，为后续的直播积累经验和教训。

使用飞瓜数据抖音版进行直播复盘的方法如下。

1. 查看直播基础数据

直播运营者对某场直播进行复盘时，需要先了解该场直播的基础数据，如直播时长、观看人次、人数峰值、弹幕总数、本场销售额、本场销量、本场客单价等，初步判断本场直播的人气和带货效果，方法如下。

1️⃣ 登录飞瓜数据抖音版账号，单击界面左侧的"数据监测"下拉按钮，选择"关注的直播号"选项，然后单击"添加关注的主播"按钮，如图 8-27 所示。

图8-27　单击"添加关注的主播"按钮

2️⃣ 在弹出的对话框的文本框中输入抖音账号昵称，单击"搜索"按钮，在搜索结果中选择要添加的抖音账号，单击右侧的"选择"按钮，如图 8-28 所示。这样即可将该抖音账号添加至自己的飞瓜数据抖音版账号中，直播运营者可以随时关注该抖音账号的数据变动情况。

图8-28　添加账号

③ 添加抖音账号后，单击该账号即可进入该账号详情数据分析界面。在详情数据分析界面中单击"直播记录"选项卡，设置时间范围，系统就会搜索该时间范围内的直播，然后在直播列表中单击想要复盘的直播，如图8-29所示。

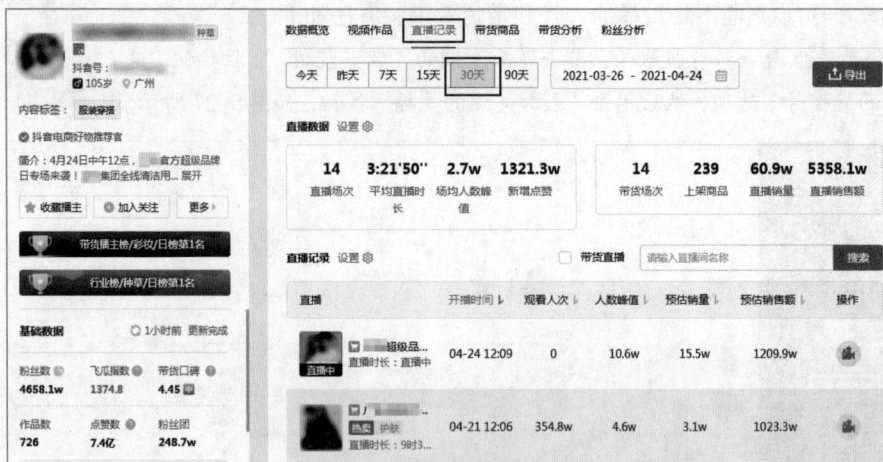

图8-29 单击想要复盘的直播

④ 进入单场直播数据分析界面，单击"数据概览"选项卡，查看本场直播概况，如图8-30所示。由该图可以看出，该账号本场直播平均观众停留时长为1分20秒，超过61.65%的主播，直播观看人数最高达1.4万人，共上架95款商品，销售额超200万元，"带货"效果超过当日99.96%的主播。

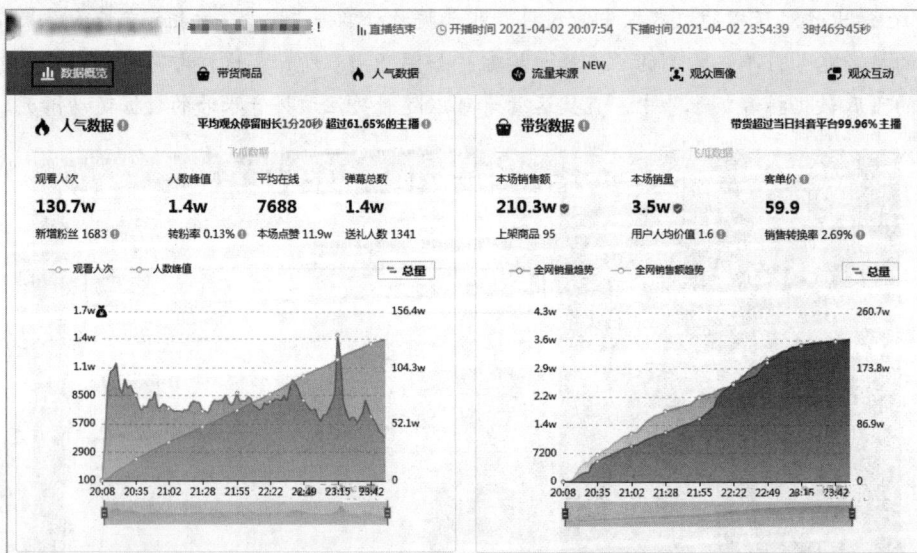

图8-30 单场直播数据分析界面

2. 分析直播商品数据

选择的商品直接影响着直播的销售额和销量，直播中高销量的商品可以反映观众的购买意愿，为下次直播选品提供参考。分析直播商品数据的方法如下。

分析直播商品数据

1 单击"带货商品"选项卡，查看本场直播带货商品数据概况，如图 8-31 所示。由该图可以看出，在本场直播中，正在去购买人数最高时达到 6.7 万人，正在去购买弹幕数最高时有 3 337 条。在本场直播中，清洁用具最热销，其次是滋补养生类商品。可见在本场直播中，用户对清洁用具比较感兴趣，直播运营者可以考虑在后续的直播中继续销售此类商品。

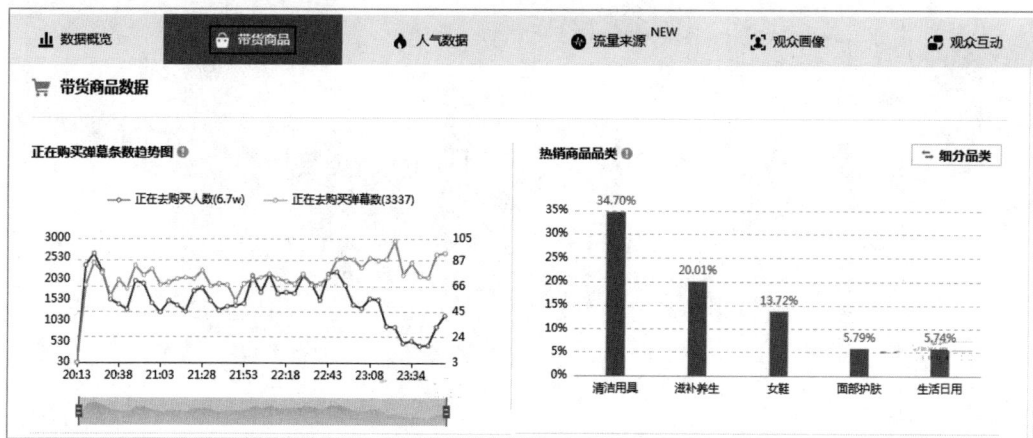

图8-31　带货商品数据概况

2 下拉可以查看直播中各款商品的销量、销售额、上架时间、讲解时长等。单击"销量排序"选项卡，将本场直播商品按照销量高低进行排序，查看直播中各款商品的销售表现，如图 8-32 所示。由该图可以看出，在本场直播中，某品牌的纸巾销量排在第一位，且转化率为 100%，可见这款商品对直播间观众的吸引力非常强，直播运营者可以在后续的直播中继续销售此类商品。

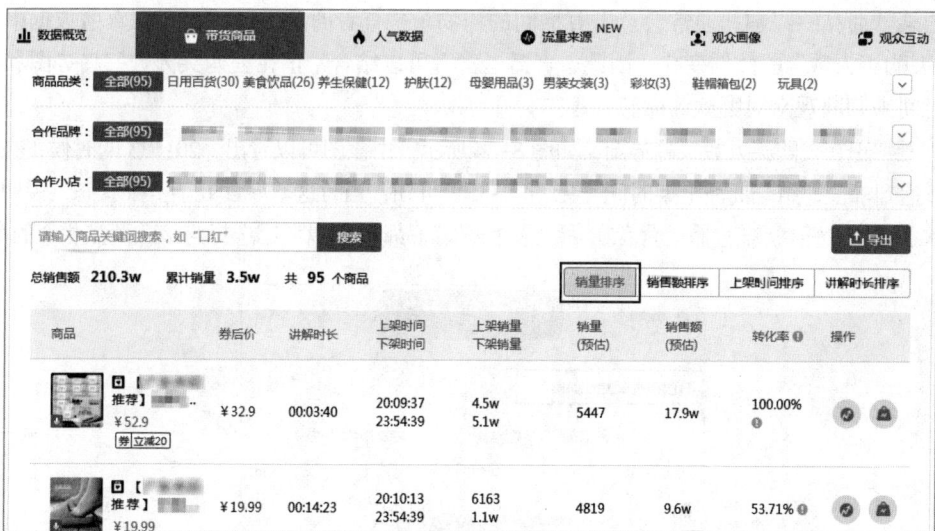

图8-32　各款商品销售表现

3 单击商品右侧的"带货数据"按钮，查看该款商品在本场直播中的详细数据，图 8-33 所示为某款零食在本场直播中的"带货"数据。由该图可以看出，这款零食在本场直播中被讲解了 8 次，讲解时长近 27 分钟。结合该商品的"全网销量变化趋势图"可以发现，商品被讲解后，其销量呈明显增长趋势，说明主播的讲解对提高商品销量有积极作用。如果主播讲解后商品的销量没有发生明显变化，说明主播的讲解没有产生效果，主播可能需要改变讲解话术。

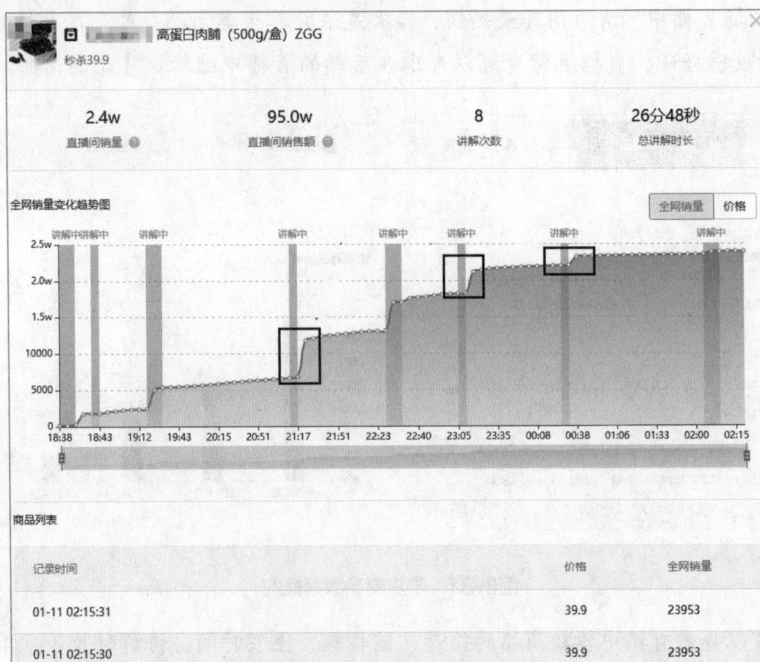

图8-33　某款零食的"带货"数据

3. 分析观众感兴趣的商品

在直播中，某款商品的销量高并不意味着这款商品是观众最感兴趣的商品，如果观众对直播中的某款商品感兴趣，通常会点击直播间的购物车并查看商品详情，表现在直播数据中就是"正在去购买人数"的数据变化。因此，直播运营者可以结合"正在去购买人数"趋势图和商品上架时间来判断观众对哪款商品感兴趣。

查看"正在去购买人数"趋势图，如图 8-34 所示。由该图可以看出，20：23 的时候正在去购买人数达到峰值，结合商品上架时间（见图 8-35）可知，当时这款零食处于上架状态，说明观众对这款零食比较感兴趣。直播运营者在后续选择直播商品时，可以考虑选择与该款商品相似的商品。

图8-34　"正在去购买人数"趋势图

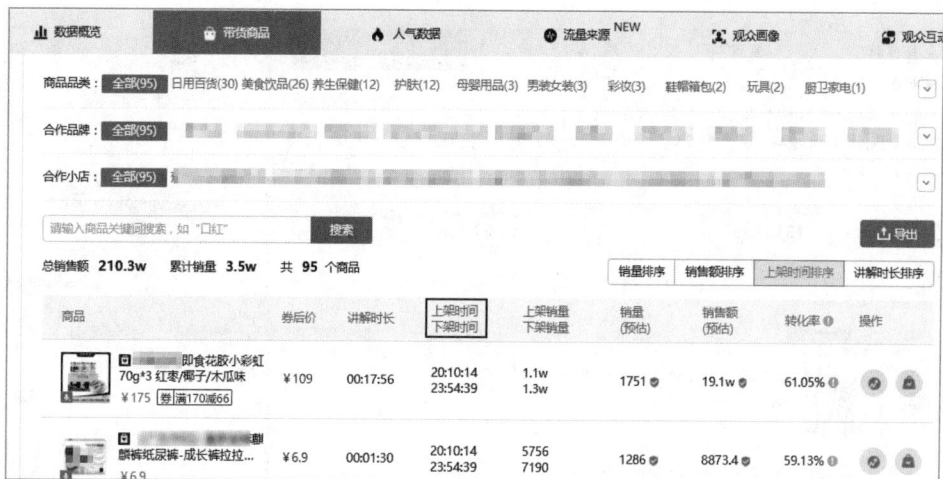

图8-35　商品上架时间分析

4. 分析直播流量来源

分析直播流量来源能够让直播运营者了解本场直播的流量来自哪里，以便为后续直播引流提供参考。在抖音平台上，吸引观众进入直播间的入口有关注、视频推荐、同城及其他等渠道，其中视频推荐和其他渠道还包括付费流量（如投放 DOU＋、投放信息流广告等）。分析直播流量来源的方法如下。

1 单击"流量来源"选项卡，查看直播间流量的来源，如图 8-36 所示。由该图可以看出，在本场直播中，13%的观众来自视频推荐，也就是说，在本场直播的总观看人数（130.7 万）中，有近 17 万的观众来自视频推荐。由其他渠道进入直播间的观众占比较高，可能是本场直播的付费推广为直播间带来了较多流量。

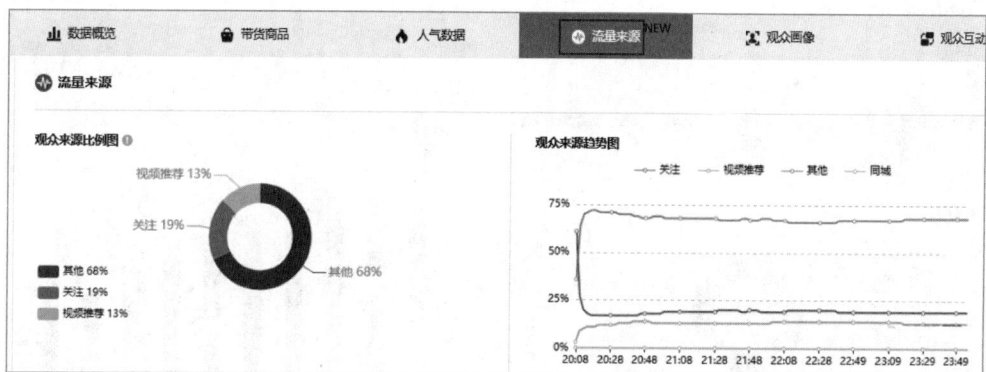

图8-36　流量来源分析

2 查看"直播预热视频"数据，如图 8-37 所示。由该图可以看出，主播在直播之前发布了多条预热短视频，其中一条短视频在直播期间的点赞增量为 7 124 次，是所有预热短视频中点赞增量最高的，可能是该短视频为直播带来了更多的流量。直播运营者可以观看该条短视频，重点分析该条短视频的选题、内容、风格等，从中总结经验并用于指导后续直播引流短视频的设计与拍摄。

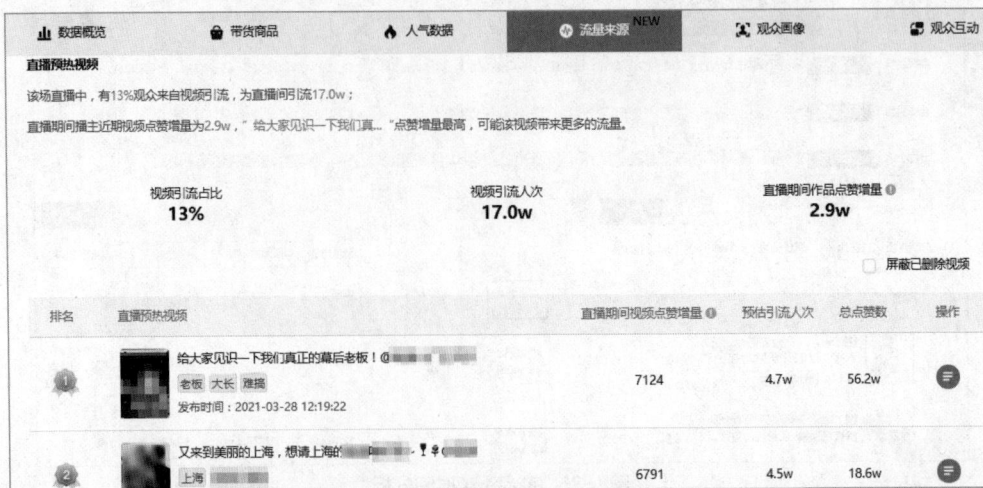

图8-37　直播预热视频数据

5. 分析直播观众画像

分析观众画像有利于直播运营者了解观众的特征，根据观众特征进行选品。分析观众画像的方法如下。

1 单击"观众画像"选项卡，查看观众属性分析，如图 8-38 所示。由该图可以看出，本场直播的观众以女性为主，年龄集中在 20～35 岁。

分析直播观众画像

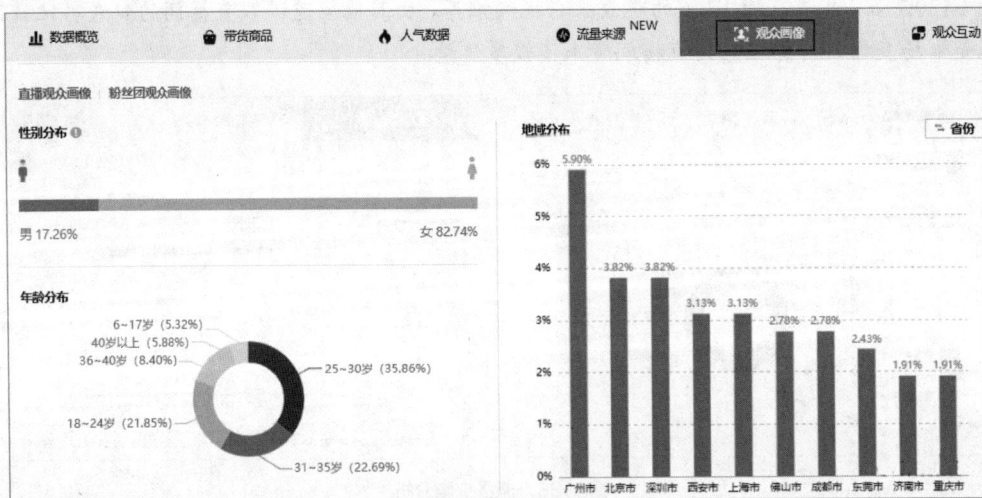

图8-38　观众属性分析

2 查看"商品购买需求分布"和"视频标签喜好分布"数据，如图 8-39 所示。由该图可以看出，有近 22% 的观众最想在直播中购买女装类商品，商品价格集中在 50～300 元。直播运营者在后续的直播中可以考虑销售女装类商品，尤其是 T 恤。

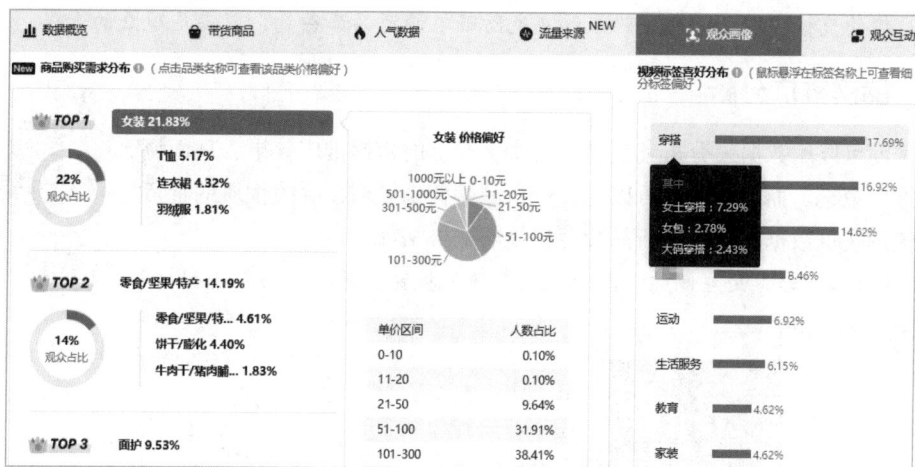

图8-39　商品购买需求分布和视频标签喜好分布

通过分析"视频标签喜好分布"数据可以看出，观众比较关注带有"穿搭"标签的短视频。因此，直播运营者在拍摄引流短视频时，可以考虑为短视频添加与"穿搭"相关的内容。例如，在短视频中设置女士穿搭技巧、女包选购技巧等内容，这样更容易吸引观众观看短视频。

结合观众属性分析、流量来源分析可知，该直播间以 20 ~ 35 岁的观众为主，其中女性观众较多，观众主要来自其他渠道，观众对穿搭类商品、餐饮美食类商品比较感兴趣。

6. 分析观众的购买意愿

通过分析直播间的互动数据，直播运营者可以发现观众的关注焦点，进而判断观众的购买意愿。分析观众购买意愿的方法如下。

分析观众的
购买意愿

1️⃣ 单击"观众互动"选项卡，查看直播中观众互动弹幕的相关数据。图 8-40 所示为弹幕词云。由该图可以看出，观众在弹幕中提到"羽绒服""毛衣""裤子"的概率较高，说明观众对这些商品比较感兴趣。

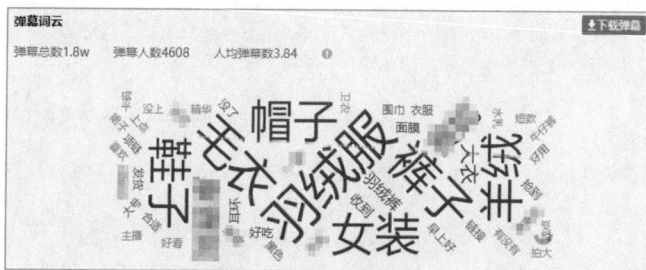

图8-40　弹幕词云

2️⃣ 通过查看"弹幕商品需求"词云，直播运营者可以详细了解观众想购买哪种商品，如图 8-41 所示。单击词云中的某个词，可以查看与该词相关的弹幕内容。由图 8-41 可以看出，单击关键词"防晒衣"，通过分析与其相关的弹幕内容发现，观众对"粉色防晒衣""灰色防晒衣"的咨询较多，那么直播运营者可以

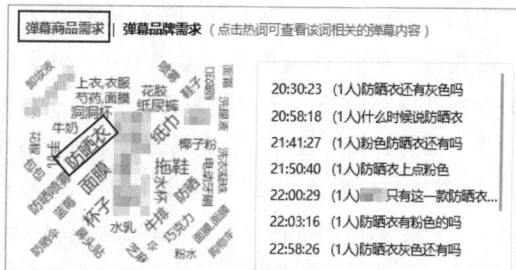

图8-41　"弹幕商品需求"词云

考虑在后续的直播中增加粉色防晒衣和灰色防晒衣的商品库存量，以满足观众的需求。

8.2.4 品牌推广分析

品牌商可以用数据来分析其品牌在抖音平台上的营销推广效果，从而调整营销推广策略。而直播达人可以通过分析品牌营销策略，寻找优质的带货资源。使用飞瓜数据抖音版分析品牌营销策略的方法如下。

1 单击工作台界面左侧的"品牌投放"下拉按钮，选择"品牌排行榜"选项，如图 8-42 所示。

图8-42 选择"品牌排行榜"选项

2 进入"品牌排行榜"搜索结果界面，排行榜分为日榜、周榜、月榜，直播运营者可以选择品牌类型，查看某个品牌在选定时间范围内的预估销售额、预估销量、推广商品等数据，如图 8-43 所示。

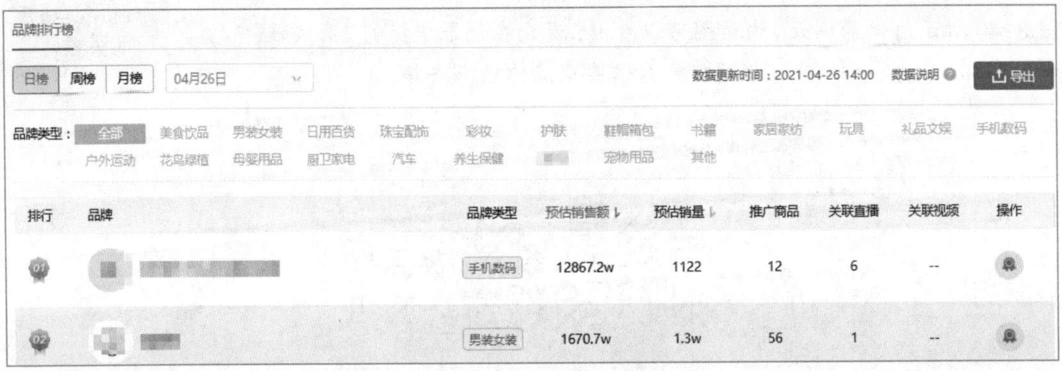

图8-43 品牌排行榜界面

3 以分析彩妆类品牌营销策略为例，单击"周榜"|"彩妆"选项卡，查看彩妆类品牌排行榜周榜，如图 8-44 所示。由该图可以看出，在周榜中排在第一位的是"完美日记"。在选定的时间范围内，"完美日记"共关联了 64 个视频，19 场直播，品牌预估销售额超过 1 800 万元。单击"品牌详情"按钮，直播运营者可以查看"完美日记"品牌的详细信息。

4 进入"完美日记"品牌详情页，如图 8-45 所示。由该图可以看出，在"热度分析"方面，在选定的时间范围内，该品牌主要由美妆类主播、生活类主播等进行推广，热推商品以彩妆为主。

图8-44　彩妆类品牌排行榜周榜

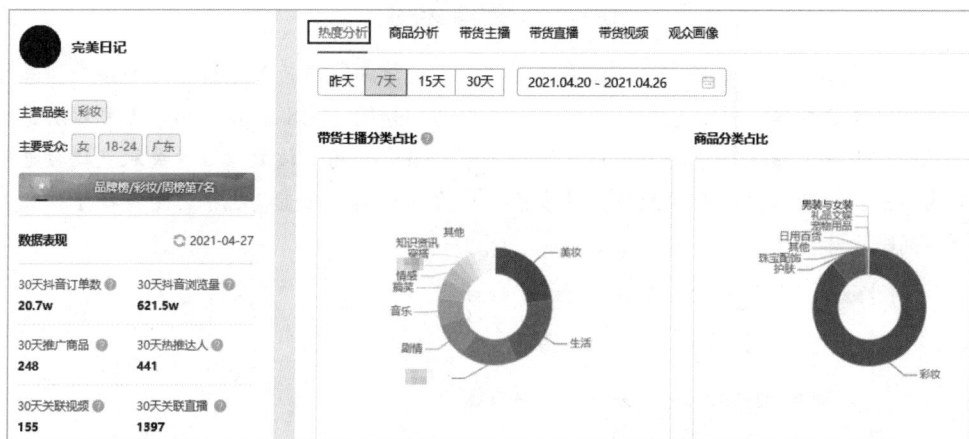

图8-45　品牌详情页

5 查看"抖音销量趋势",如图 8-46 所示。由该图可以看出,在所选时间段内,从 4 月
22 日起,该品牌在抖音平台上的订单数和销售额呈明显上升趋势。查看"关联视频/直播趋势",
如图 8-47 所示。由该图可以看出,在 4 月 22 日后该品牌关联视频数和关联直播数有所增加,
由此可以推断,关联视频和关联直播对增加该品牌的订单数和销售额起到了积极作用。

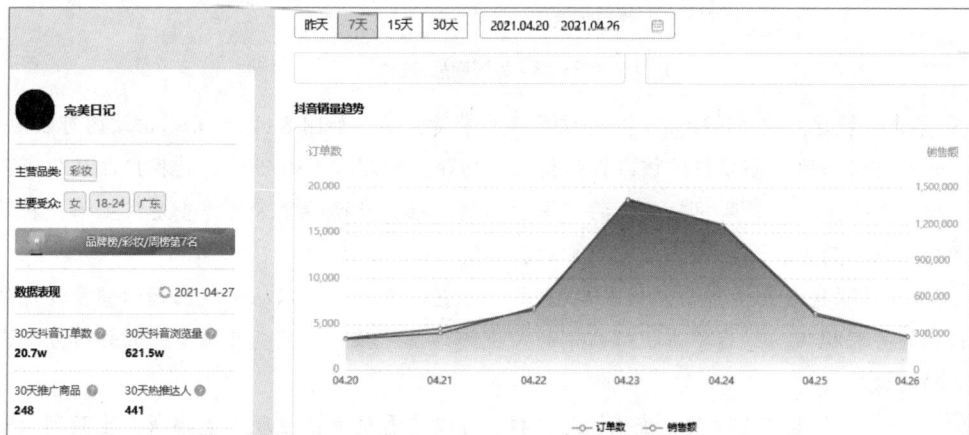

图8-46　抖音销量趋势

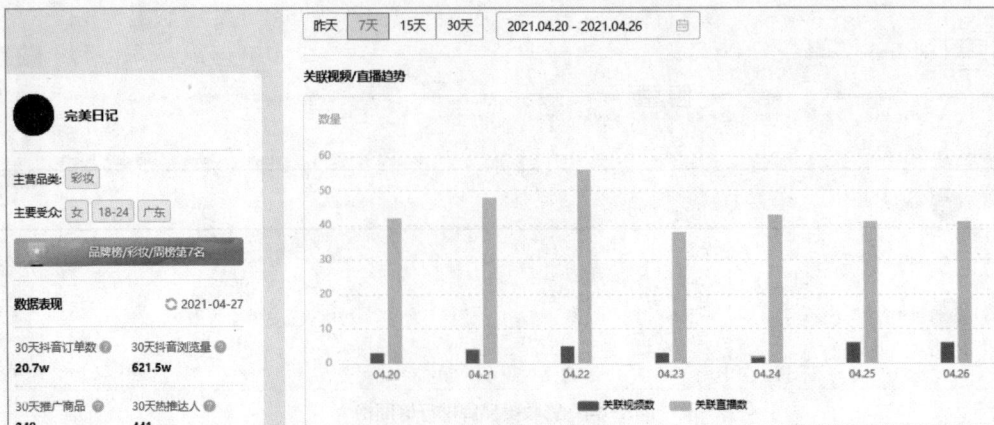

图8-47 关联视频/直播趋势

⑥ 单击"商品分析"选项卡，直播运营者可以查看该品牌在抖音平台推广的各类商品的销售额、销量、关联视频、关联直播、关联达人等信息，如图 8-48 所示。由该图可以看出，在选定的时间范围内，该品牌中的某款口红的销售额、销量最高。该款口红的关联直播数也明显高于其他商品，说明该品牌对该款口红的直播推广力度较大，而直播也很好地提高了该品牌和该款口红的曝光率。

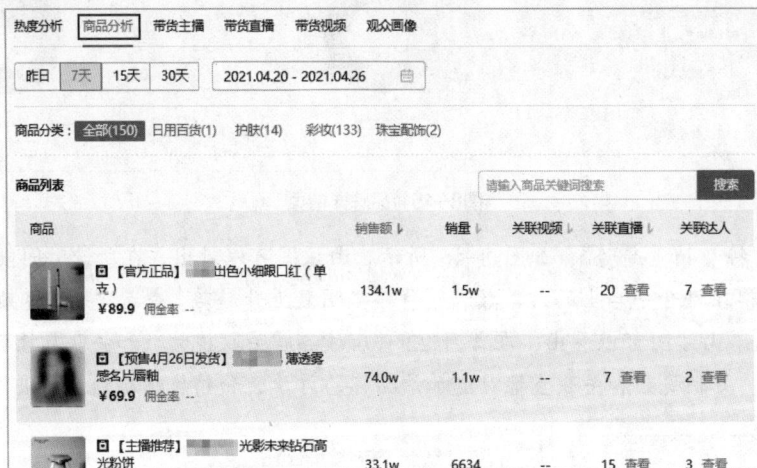

图8-48 品牌商品分析

⑦ 单击"带货主播"选项卡，查看该品牌的带货主播，如图 8-49 所示。由该图可以看出，名为"完美日记"的主播推广的该品牌的商品预估销售额超过 750 万元，是推广该品牌商品的关键主播。单击主播"关联视频"下的"查看"超链接，直播运营者可以查看该主播关联的视频所产生的预估销量、预估销售额、点赞数、转发数、评论数等。

⑧ 进入关联视频分析界面，如图 8-50 所示。直播运营者可以从中找出预估销量、预估销售额较高的关联视频，然后单击视频右侧的"视频详情"按钮，查看该视频的详情分析，总结其成功之处。

⑨ 单击"关联直播"下的"查看"超链接，可以查看该主播关联的直播所产生的预估商品销量、预估销售额、观看人数、人气峰值等信息，关联直播分析界面，如图 8-51 所示。直播

运营者可以从中找出想要查看的直播，然后单击该直播右侧的"查看直播"按钮 📹，查看该场直播详情分析，总结其成功之处。

图8-49 带货主播分析

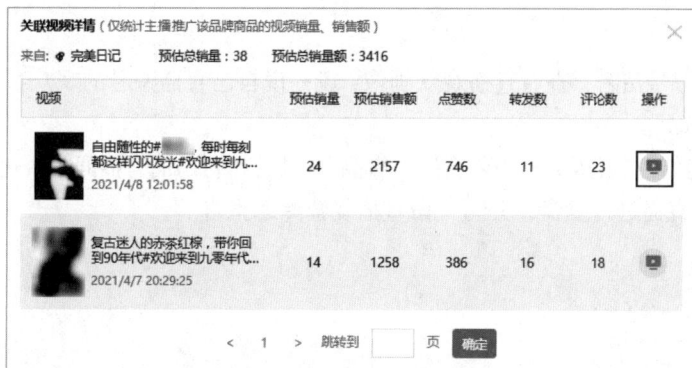

图8-50 关联视频分析界面

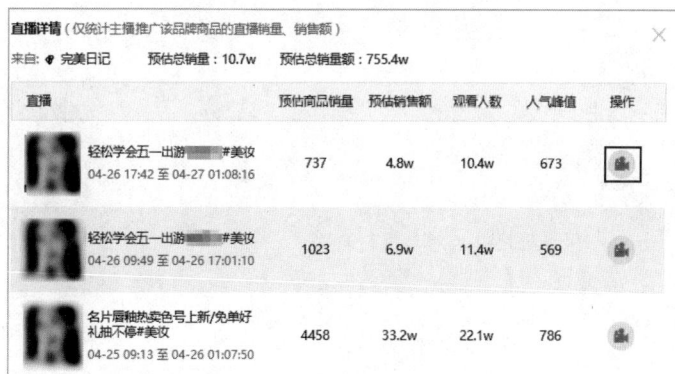

图8-51 关联直播分析界面

🔟 单击"观众画像"选项卡，查看购买该品牌商品的观众的分析，从而分析品牌推广触达的观众是否是品牌的目标用户，了解品牌的推广效果，如图 8-52 所示。由该图可以看出，"完美日记"品牌的观众以 18~24 岁的女性为主，品牌商在制订品牌推广计划时，应该重点分析此类观众的特点，以制订符合其心理需求的策略。

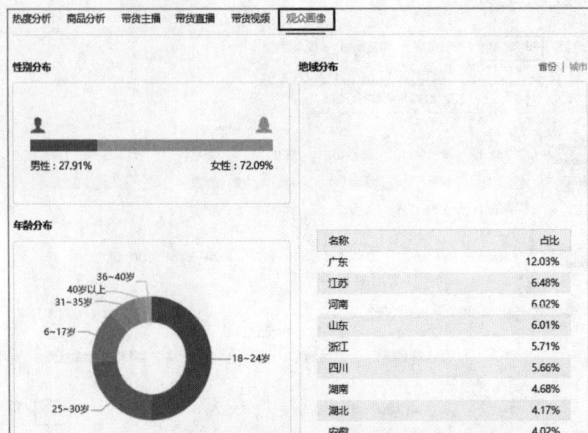

图8-52　观众画像分析

【课后习题】

1. 进入直播账号后台，查看直播观众画像，说一说自己直播账号的观众特征，以及如何根据观众特征进行选品。

2. 使用飞瓜数据抖音版分析当前直播"爆品"，并分析自己的直播间是否适合销售该商品。

3. 选择一场直播进行复盘，并写一份直播复盘专题报告。

第 9 章

微信公众号运营数据分析与应用

【学习目标】

- 掌握进行微信公众号用户分析、内容分析、菜单分析和消息分析的方法。
- 掌握用百度指数和新榜分析内容需求和关键词热度、采集微信评论的方法。

　　微信公众号是人们开展一对多营销活动必选的平台之一，要想运营好微信公众号，运营者除了要做好公众号日常内容的编辑、发布工作外；还要对相关数据保持一定的敏感度，及时了解公众号日常运营数据，再通过分析这些运营数据掌握公众号运营情况。本章将详细介绍微信公众号运营数据分析与应用方面的知识。

9.1 微信公众号运营数据分析

登录微信公众号，在后台左侧的"统计"菜单栏中可以查看公众号数据分析结果，包括用户分析、内容分析、菜单分析、消息分析、接口分析、网页分析6项内容。其中，接口分析和网页分析主要是指做了单独开发的微信公众号的数据统计分析，一般公众号很少会用到这两项分析，因此微信公众号运营者需要重点掌握的是用户分析、内容分析、菜单分析、消息分析4项内容。

9.1.1 用户分析

在公众号后台，选择"统计"|"用户分析"选项，即可查看公众号用户分析内容。用户分析包括用户增长、用户属性和常读用户分析3项内容。

1. 用户增长

用户增长就是通常所说的"涨粉"情况，单击"用户增长"选项卡，查看用户增长分析，了解公众号粉丝人数变化情况，如图9-1所示。

用户增长分析包含新增人数、取消关注人数、净增人数、累积人数4个关键指标。新增人数和取消关注人数是公众号"涨粉"和"掉粉"的数据；净增人数是新增人数与取消关注人数之差，而累积人数是当前关注公众号的总人数。

昨日关键指标：针对公众号昨天的关注人数变化，将其与前天、7天前、30天前进行对比，体现公众号粉丝人数日、周、月的百分比变化。

关键指标详解趋势图：可以选择7天、15天、30天或某个时间段，查看关键指标在该时间段内的详解趋势图，也可以对某个关键指标进行按时间对比。

在用户增长分析中，运营者要重点关注新增人数和取消关注人数发生突然变化的时间节点。由图9-1可以看出，从2021年4月15日到4月17日，该公众号的新增人数突然持续增多，并在4月17日达到峰值。此时，运营者就应该分析4月15日到4月17日这段时间所发布的内容在选题、标题设置、文章排版、传播渠道等方面哪些做得比较好，是什么原因吸引众多用户关注了公众号。

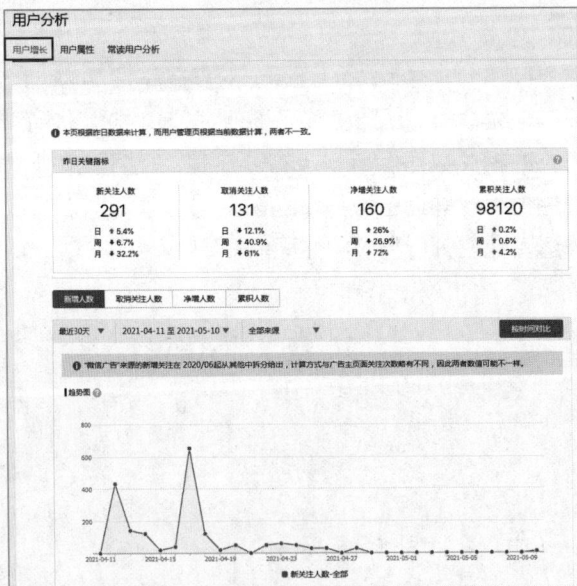

图9-1 用户增长分析

同样，运营者若发现取消关注人数在某个时间段突然增多，也应该分析这种情况出现的原因，是该时间段发布的内容质量较低引起的，还是其他原因导致的。

单击"按时间对比"选项卡，设置时间范围，运营者可以对"新增人数"进行同比或环比分析，了解两个时间段内公众号新增关注用户数的变化情况，如图 9-2 所示。

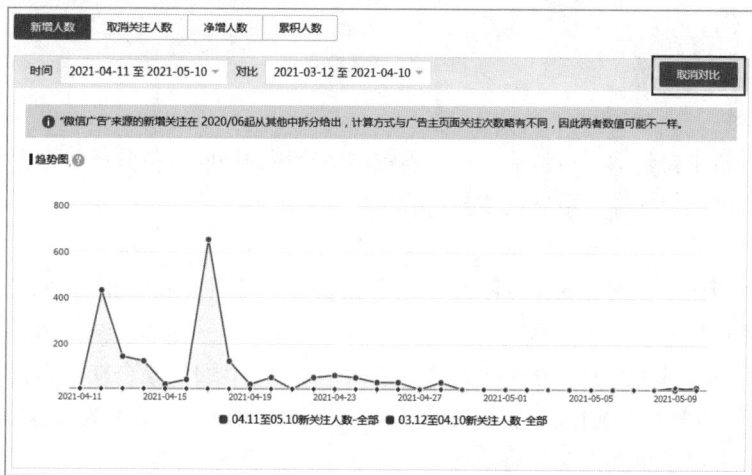

图9-2　新增人数对比分析

在"新增人数"选项卡中单击"全部来源"下拉按钮，可以查看公众号新增关注用户的来源渠道，如图 9-3 所示。通过分析新增关注用户的来源渠道，运营者可以了解用户是从哪些渠道关注公众号的，从而发现吸引用户关注最多的渠道，这个渠道可能就会成为一个重点吸引用户关注公众号的渠道。

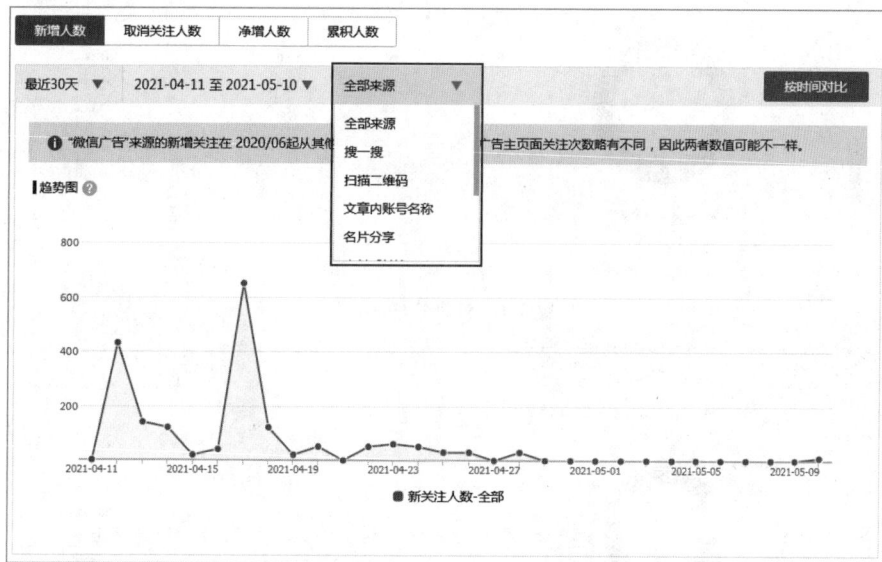

图9-3　新增关注用户的来源渠道

微信公众号的用户增长数据支持下载，设置数据时间范围，单击"下载表格"按钮，即可将用户增长数据明细下载下来，如图 9-4 所示。运营者可以用下载下来的数据开展更加深入的数据分析。

时间 ⇕	新关注人数 ⇕	取消关注人数 ⇕	净增关注人数 ⇕	累积关注人数 ⇕
2021-05-10	81	1	80	98120
2021-05-09	0	1	-1	98040
2021-05-08	100	0	100	98041

2021-04-11 至 2021-05-10　下载表格

图9-4　下载数据

2. 用户属性

用户属性分析主要包括人口特征分析、地域归属分析和访问设备分析3个方面，可以帮助运营者构建清晰的用户画像，更好地调整、优化公众号内容。

（1）人口特征分析

人口特征分析包括性别分布（见图9-5）、年龄分布（见图9-6）、语言分布（见图9-7）3个方面，运营者可以根据这些数据来调整公众号内容的风格、选题等。结合图9-5、图9-6来看，该账号的用户以男性为主，用户年龄集中在18～35岁。因此，该公众号运营者应该重点分析18～35岁男性用户的特点和心理需求，多推送符合这些用户心理需求的内容，这样有利于增强用户的黏性，并吸引更多人关注公众号。

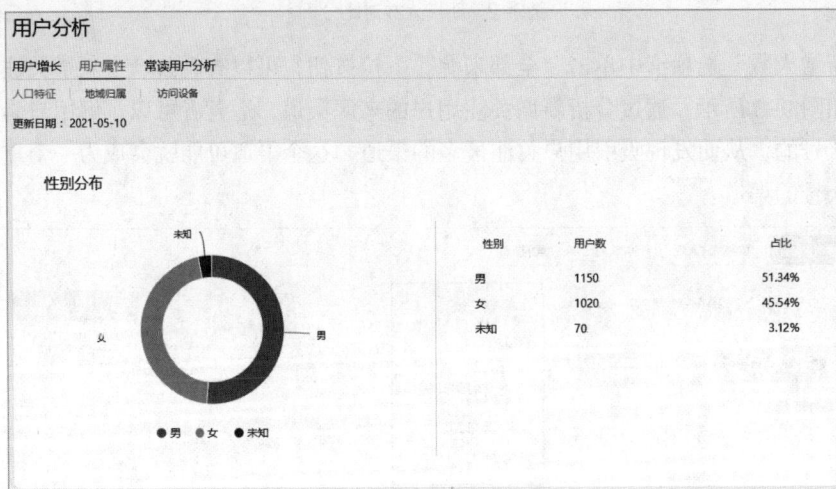

图9-5　性别分布分析

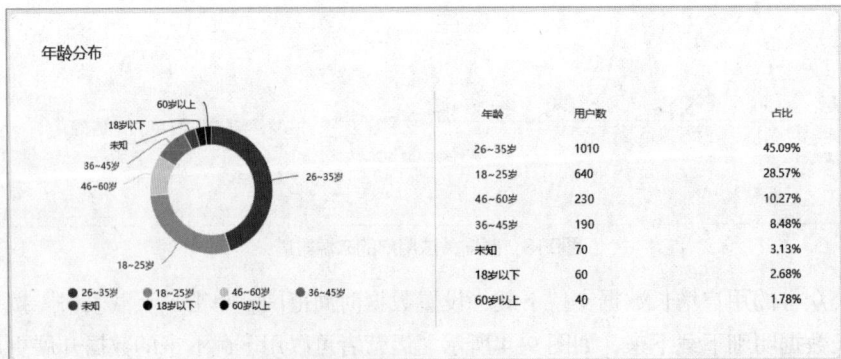

图9-6　年龄分布分析

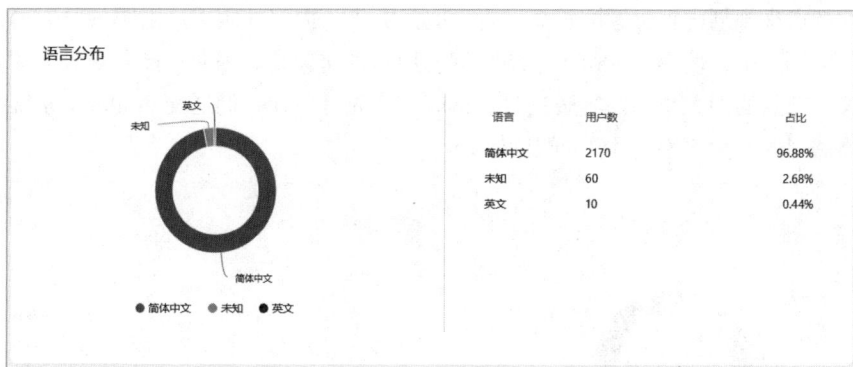

图9-7　语言分布分析

（2）地域归属分析

地域归属分析是指分析公众号用户在各地域的分布情况，包括省级分布分析（见图 9-8）和地级分布分析（见图 9-9）。

图9-8　省级分布分析

图9-9　地级分布分析

对于运营者来说，用户地域归属分析的价值体现在以下 3 个方面。

① 了解用户付费能力。运营者可以将用户地域分布作为分析公众号用户付费能力的参考依据之一。例如，某公众号用户中，一、二线城市用户占比高于三、四线城市用户的占比，说明该公众号用户的付费能力比较强。

② 指导线下活动选择。了解用户所在地域分布，对于运营者选择线下活动举办地址有一定的参考价值，运营者可以优先考虑选择在用户占比较高的城市举办线下活动。从图 9-8 和图 9-9 中可以看出，该公众号的用户有 12.8%分布在广东省，分布在广州、深圳的用户分别占 32%。因此，该公众号运营者可以优先考虑选择在广州、深圳举办线下活动，这样有利于保证活动中用户的参与率。

③ 指导内容选题。运营者了解用户的地域分布情况后，可以从当地文化特点出发来创作内容。从图 9-8 中可以看出，该公众号的用户分布在广东省的比较多，因此运营者可以发布一些涉及粤剧或潮汕特色风俗等话题的内容，这样更容易引起用户共鸣。

（3）访问设备分析

访问设备分析是指用户使用的终端占比的情况，如图 9-10 所示。访问设备会影响内容的显示效果，相同的标题、封面图在不同终端设备上显示的效果有所不同，运营者要根据用户使用的终端的特点来规划内容标题的长短、封面图的大小、内容的版式。由图 9-10 可以看出，在该公众号的用户中，使用 Android 系统终端的用户占比较高。因此，该公众号运营者在设计内容标题长短、封面图大小、内容版式时，都应该优先考虑让它们适配 Android 系统终端，优先满足使用 Android 系统终端用户的阅读体验。

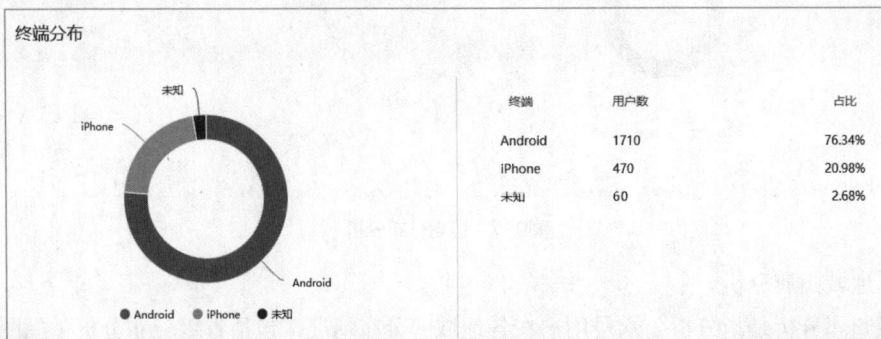

终端	用户数	占比
Android	1710	76.34%
iPhone	470	20.98%
未知	60	2.68%

图9-10　访问设备分布

3. 常读用户分析

常读用户是指在"订阅号消息"顶部的"常读的订阅号"中常驻某个公众号的用户，如图 9-11 所示。

常读用户分析包括常读用户总览、性别分布、年龄分布、城市分布和终端分布等内容，如图 9-12 所示。常读用户分析直观地反映了用户黏性，展示的是公众号黏性较高的用户。常读用户数据为运营者提供了黏性较高的用户的详细数据，可以帮助运营者了解这些用户的特点，构建更清晰的用户画像，运营者可以根据常读用户数据策划内容选题，优化创作内容。

图9-11　常读的订阅号

图9-12　常读用户分析

9.1.2　内容分析

内容分析是指分析公众号发布的图文内容、视频和音频内容的数据，能够帮助运营者了解公众号内容的传播效果。选择"统计"|"内容分析"选项，即可查看公众号的内容分析。内容

分析包括群发分析和多媒体分析两项内容。

1. 群发分析

单击"群发分析"选项卡，可以查看公众号发布的图文内容的分析数据，包括"全部群发"和"单篇群发"两项内容。

（1）全部群发分析

单击"全部群发"选项卡，可以查看公众号发布的全部内容的数据分析。"昨日关键指标"板块中统计了全部群发内容的阅读次数、分享次数和完成阅读次数，以帮助运营者了解全部群发内容的传播情况，如图 9-13 所示。

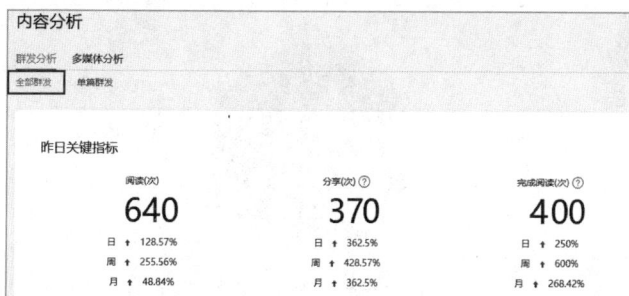

图9-13　全部群发内容的传播情况

在全部群发分析中，运营者可以查看群发内容的阅读、分享、跳转阅读原文、微信收藏、群发篇数等关键指标的每日和每小时数据的趋势分析，以及关键指标的渠道构成。日报和小时报数据支持下载。

图 9-14 所示为某公众号全部群发内容 30 日内阅读次数趋势图。由该图可以看出，4 月 21 日后该公众号的内容阅读次数呈上升趋势，在 4 月 23 日达到峰值。此时，运营者应分析 4 月 21 日至 4 月 23 日所发布内容的选题、标题设置等，寻找这种现象的产生原因，并根据分析结果对公众号内容进行优化。

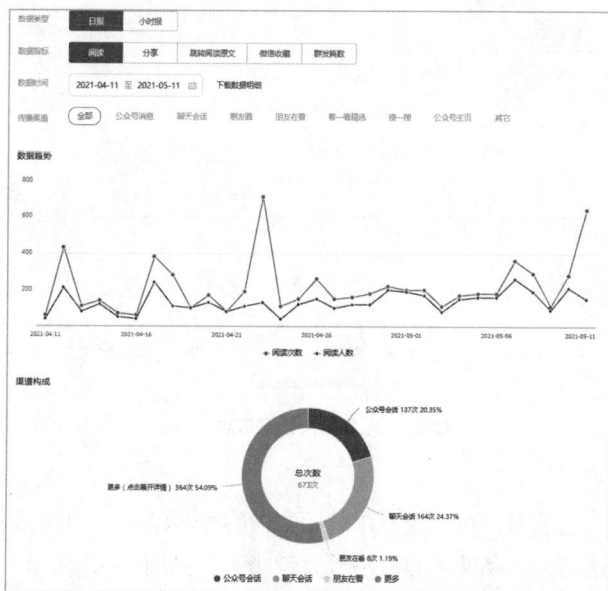

图9-14　某公众号全部群发内容30日内阅读次数趋势分析

由"渠道构成"可以看出，通过"朋友在看"阅读公众号内容的用户比例为 1.19%，表明该公众号所发布的内容被用户点击"在看"的概率可能不是很高。

在"渠道构成"中，单击环形图中的"更多"部分，可以查看该部分的详情分析，了解更详细的内容传播渠道分析，如图 9-15 所示。由该图可以看出，通过公众号主页阅读内容的用户比例为 33.79%，表明用户直接进入公众号并阅读内容的概率较小。这可能是因为公众号发布的内容质量较低，对用户缺乏吸引力，运营者应该对内容选题、内容创作方式进行调整和优化，增强内容对用户的吸引力。

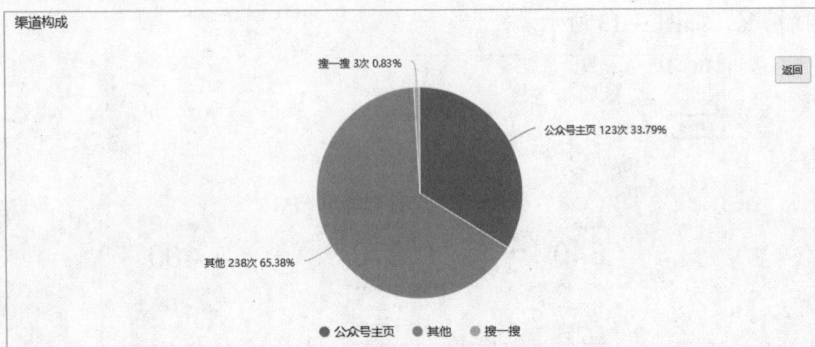

图9-15　渠道构成中"其他"详情分析

在"数据趋势"中单击"小时报"可以查看公众号 24 小时内的内容传播情况，图 9-16 所示为某公众号 5 月 11 日内容阅读次数小时报。由该图可以看出，在 5 月 11 日的 9：00—11：00，该公众号的内容阅读次数呈上升趋势，同时阅读人数也呈上升趋势，说明此时间段内有较多用户正在浏览该公众号发布的内容。

运营者可以统计一个月内公众号的内容阅读次数，然后分析这一个月内每天公众号的内容阅读次数的峰值出现在哪些时间段，最终找到内容阅读次数峰值出现次数较多的时间段。

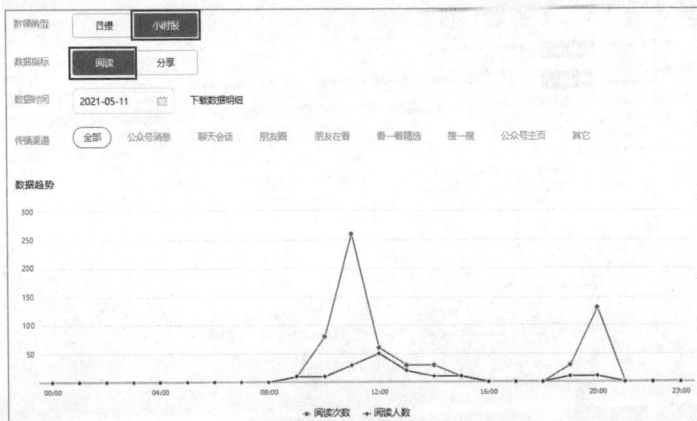

图9-16　内容阅读次数小时报

（2）单篇群发分析

单击"单篇群发"选项卡，可以查看单篇图文内容分析结果，包括阅读次数、分享次数、阅读后关注人数、送达阅读率和阅读完成率等关键指标，如图 9-17 所示。

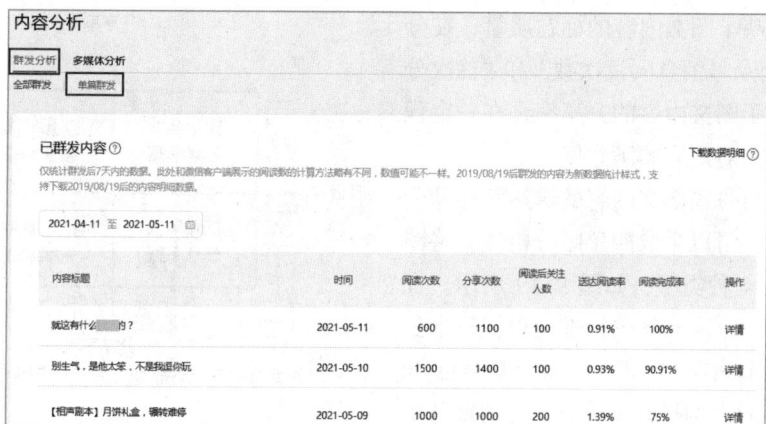

图9-17　单篇群发分析

单击每篇图文内容中"操作"下面的"详情"超链接，可以查看每篇图文内容的数据分析详情，包括图文内容的阅读概况、送达转化、分享转化、图文阅读和图文分享数据趋势、阅读完成情况、用户画像。图 9-18 所示为某公众号发布的一篇图文内容的阅读概况、送达转化和分享转化分析。

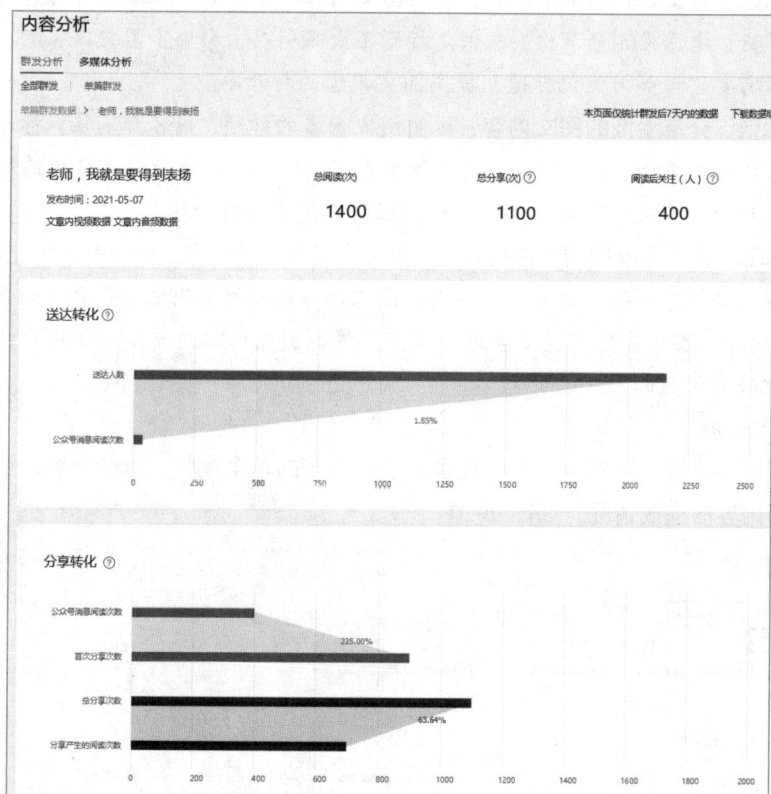

图9-18　图文内容的阅读概况、送达转化和分享转化分析

在单篇图文内容的详情分析中，送达转化和分享转化清晰地展现了一篇图文内容的传播效果，在一定程度上体现了图文内容标题和内容的关系。送达转化体现了图文内容的打开率，在

一定程度上反映了图文内容的标题质量；在分享转化中，"公众号消息阅读次数"和"首次分享次数"体现了图文内容的分享率，在一定程度上反映了用户对内容的满意度。

运营者分析每篇图文内容的送达转化和分享转化效果后，可以采取四象限分析法，将图文内容划分为 4 种类型，如图 9-19 所示。在四象限分析图中，高和低的标准是根据每个公众号自身情况来确定的。例如，某公众号近 30 天内图文内容的平均打开率为 6%，则打开率

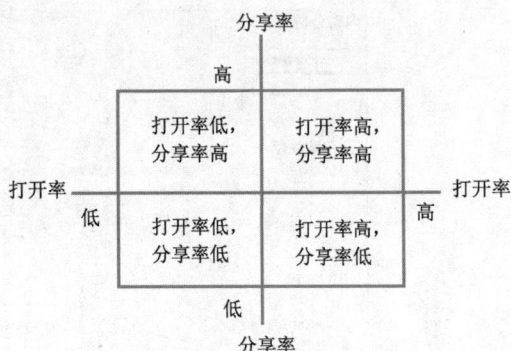

图9-19　单篇图文内容的四象限分析

等于或高于该平均值的图文内容视为打开率高的内容，打开率低于该平均值的图文内容视为打开率低的内容。图文内容分享率高低的确定也是同样的道理。

在四象限分析图中，4 种图文内容的特点如下。

- **打开率高、分享率高的图文内容**：说明图文内容标题吸引人且内容质量较高，具有成为"爆文"的潜力。

- **打开率低、分享率高的图文内容**：说明图文内容质量较高，看过图文内容的用户都认为内容不错，愿意将其分享出去；但是标题不太吸引人，影响了图文内容的打开率，因此运营者需要思考如何优化标题，提高图文内容的打开率。

- **打开率低、分享率低的图文内容**：说明图文内容的标题、内容都不佳，标题不具有吸引力，内容也不符合用户的需求。对于这类图文内容，运营者应该先分析选题是否存在问题，然后分析图文内容的标题设置和内容写作是否存在问题。

- **打开率高、分享率低的图文内容**：说明图文内容的质量一般，没有满足用户的阅读需求。之所以能够获得较高的打开率，是因为图文内容的标题具有噱头，也就是俗称的"标题党"。对于此类图文内容，运营者应该重点提高图文内容的质量，让用户觉得该图文内容是比较有价值的。

2. 多媒体分析

单击"多媒体分析"选项卡，可以查看公众号发布的单个视频、音频内容的数据分析，了解视频、音频内容的播放情况，如图 9-20 所示。

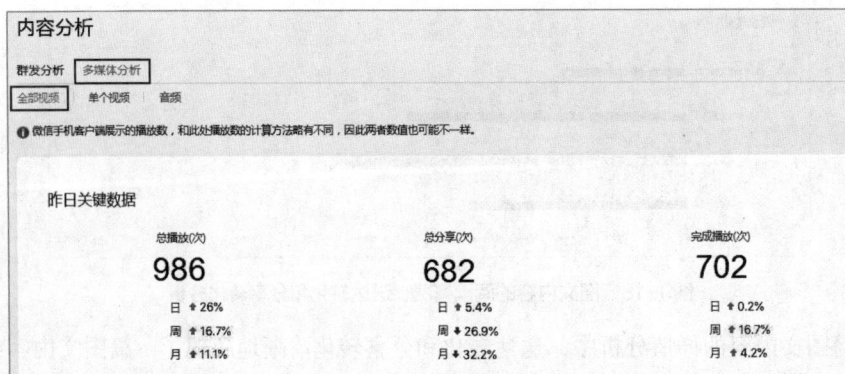

图9-20　多媒体分析

9.1.3　菜单分析

　　菜单栏体现了公众号的服务内容和功能，也是公众号的流量入口之一。用户可以通过点击某个菜单按钮，进入该按钮链接的内容，如图 9-21 所示。

　　菜单分析能够帮助运营者了解公众号会话页中一级菜单及其子菜单的点击情况，了解用户关注公众号的哪些服务内容和功能。运营者可以根据菜单栏中各个按钮的点击情况，调整按钮的位置和名称，从而使按钮链接的内容获得更多的曝光量。

　　选择"统计"|"菜单分析"选项，即可查看公众号菜单分析的各项内容。菜单分析中的关键指标如下。

- **菜单点击次数**：菜单被用户点击的次数。
- **菜单点击人数**：点击菜单的去重用户数。
- **人均点击次数**：菜单点击次数除以菜单点击人数的值。

　　运营者可以设置时间范围，查看某个时间段内公众号菜单的点击情况。图 9-22 所示为某公众号最近 30 天的菜单点击次数分析。

图9-21　公众号菜单

　　由该图可以看出，在一级菜单中，"会员中心"的点击量最高，"更多"作为一级菜单指向性比较差，"更多"菜单中设置的二级菜单"门店信息"和"加入我们"均有一定的点击量。运营者可以考虑将"更多"改为"联系我们"，这样指向性更强，有利于提高二级菜单"门店信息"和"加入我们"的曝光度。而一级菜单中"好食材"的点击量非常低，运营者可以挖掘用户的痛点，将"好食材"更换成能更加吸引用户关注的名称。总之，无论运营者为公众号设置几级菜单，设置几个菜单按钮，菜单按钮的名称都要有吸引力，这样才能吸引用户点击菜单栏中的按钮，让菜单按钮链接的内容获得更多的曝光量。

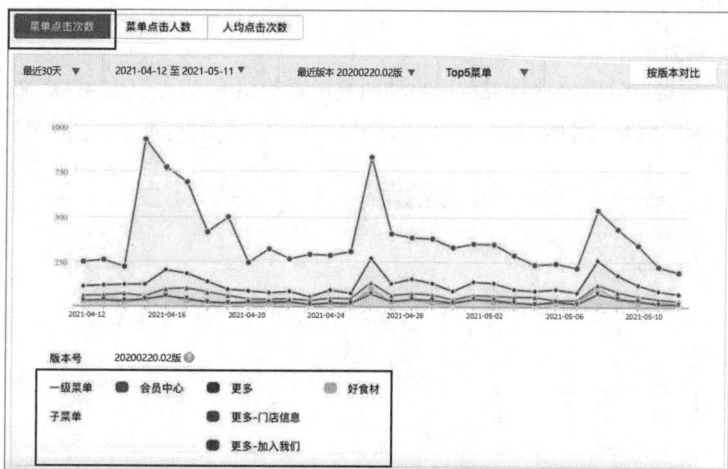

图9-22　某公众号最近30天的菜单点击次数分析

9.1.4　消息分析

　　消息分析是指分析对用户自主发往后台的消息和关键词的自动回复消息，反映了公众号与

用户进行互动的情况。选择"统计"|"消息分析"选项，即可查看公众号消息分析，包括消息分析和消息关键词分析两个方面。

1. 消息分析

在消息分析中，运营者可以查看消息发送人数、消息发送次数、人均发送次数 3 个关键指标的小时报、日报、周报、月报数据。图 9-23 所示为某公众号消息发送人数日报。

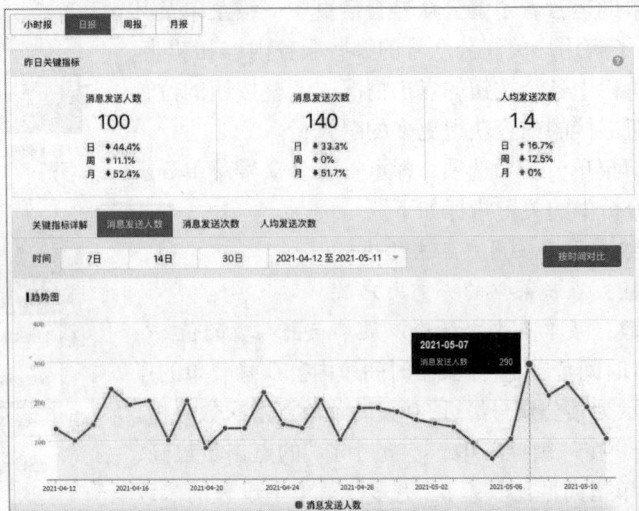

图9-23　某公众号消息发送人数日报

运营者通过分析消息发送人数小时报，可以确定每天的哪个时间段发送消息的用户人数最多；通过分析消息发送人数日报，可以确定每周的哪一天发送消息的用户人数最多。例如，某公众号运营者通过分析发送消息人数小时报和日报，发现每周五、周六 18：00 发送消息的用户人数较多，那么运营者就可以在这些时间段多回复用户在公众号中的留言，提高公众号的互动率，增强用户黏性。

2. 消息关键词分析

消息关键词分析是指分析公众号关键词自动回复设置的相关情况，包括自定义关键词分析和非自定义关键词分析两项内容。图 9-24 所示为某公众号"非自定义关键词"最近 30 日的统计分析结果。

图9-24　某公众号"非自定义关键词"最近30日的统计分析结果

通过分析消息关键词，运营者可以直观地了解用户在使用公众号的过程中存在哪些疑问，从而做好公众号常见问题解答（Frequently Asked Questions，FAQ）工作，为用户提供良好的咨询体验。

9.2　内容选题策划与微信评论分析

一个优质的选题有利于吸引更多的用户阅读公众号文章，提高公众号文章的阅读量。因此，对于运营者来说，做好公众号文章的选题策划，懂得追踪当前热点是至关重要的。此外，用户与运营者在公众号文章下的留言和回复体现了公众号文章的互动率，对指导文章写作有着重要的作用，因此采集与分析微信评论也是一项非常重要的任务。

9.2.1　内容选题策划

在公众号运营过程中，为了增强公众号内容对用户的吸引力，选择符合用户需求的内容选题是非常重要的一个步骤，而寻找热点选题是公众号运营者必备的一项技能。目前，有很多工具能够帮助公众号运营者寻找选题，百度指数就是其中比较好用的一个工具。

百度指数是以百度海量网民行为数据为基础的数据分享平台。运用百度指数，运营者可以研究关键词搜索趋势，洞察网民兴趣和需求，监测舆情动向，定位受众特征。

以输出摄影技巧相关内容的公众号为例，使用百度指数策划内容选题的方法如下。

1. 内容需求趋势分析

① 运营者需要选择几个与摄影技巧相关的关键词,要保证所选的关键词是与用户搜索行为最相关的词，如"摄影""PS""构图"。进入百度指数首页，在搜索框中输入关键词"摄影"，单击"开始搜索"按钮，如图 9-25 所示。

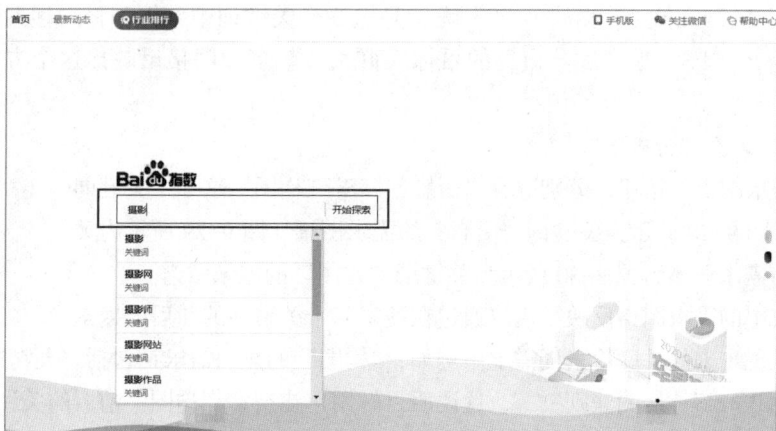

图9-25　输入关键词

② 进入"趋势研究"分析页面，单击"添加对比"按钮，在"关键词"栏内分别添加"PS""构图"两个关键词，然后单击"确定"超链接，设置对比条件，查看这 3 个关键词的搜索指数分析结果，如图 9-26 所示。

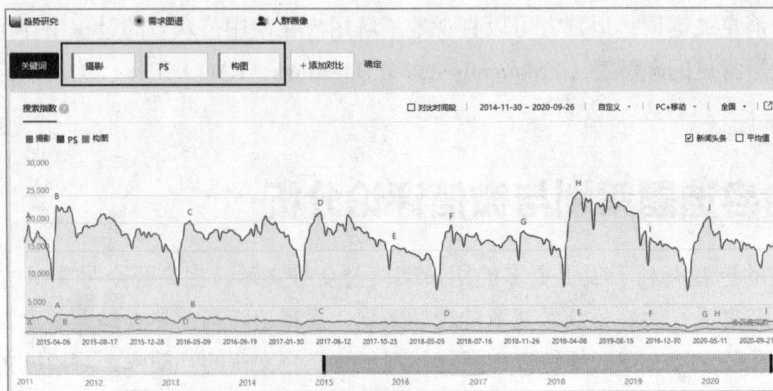

图9-26 搜索指数分析结果

3 在"趋势研究"页面查看这 3 个关键词的搜索指数概览分析结果，如图 9-27 所示。

关键词	整体日均值	移动日均值	整体同比	整体环比	移动同比	移动环比
摄影	2,234	1,077	-	-	-	-
PS	17,621	5,302	-	-	-	-
构图	506	264	-	-	-	-

① 数据更新时间：每天12~16时，受数据波动影响，可能会有延迟。

图9-27 搜索指数概览分析结果

图 9-26 中的"搜索指数"趋势图反映了近 5 年（2015 年 4 月至 2020 年 9 月）各个关键词的搜索指数变化情况，并以曲线的形式呈现，间接反映了这几个关键词所代表的细分领域近 5 年大体上的市场需求及热度变化趋势。5 年的时间足以反映一个行业或细分市场的生命周期。由图 9-26 可以看出，这几个关键词所代表的细分领域都呈现出比较稳定的变化趋势，表明它们所属的整个市场的发展前景良好。

结合图 9-26 和图 9-27 来看，"PS"无疑是这 3 个关键词中整体和移动搜索指数最高的一个，这反映出"PS"这个细分市场的目标人群人数较多，间接反映出这个方向的市场需求较大。

2. 内容需求图谱分析

单击"需求图谱"按钮，分别查看"摄影""PS""构图"这 3 个关键词的需求图谱，图 9-28 所示为关键词"摄影"的需求图谱，图 9-29 所示为关键词"PS"的需求图谱，图 9-30 所示为关键词"构图"的需求图谱。

内容需求图谱分析

百度指数中的需求图谱反映了用户通过在搜索某个关键词的前后的搜索行为变化中表现出来的关联检索词需求。例如，"构图"的热门需求词包括"九宫格构图""摄影构图""构图方式""构图法则"等，这说明目标用户在搜索"构图"前后的关注点主要体现在这些方面。值得注意的是，滑动底部的月份控件，可以查看不同月份中"构图"的相关词搜索情况，这里查看的是 2020 年 9 月的情况。

在需求图谱中，运营者可以对某个关键词的关联检索词进行横向分析和纵向分析。仍以"构图"这个关键词为例。

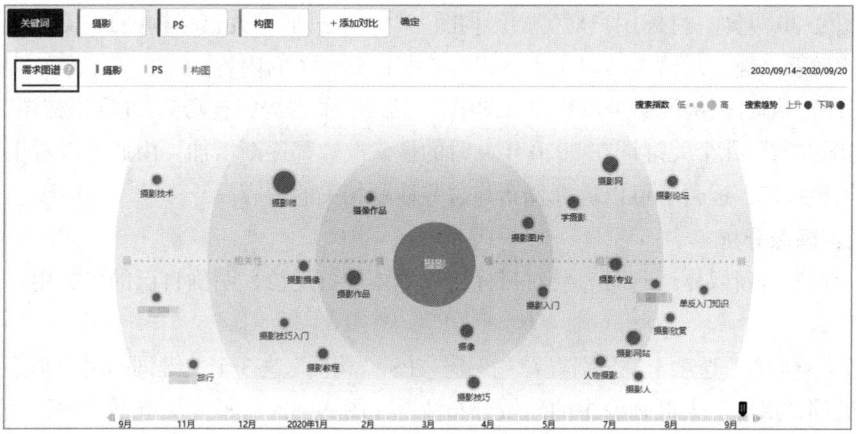

图9-28　关键词"摄影"的需求图谱

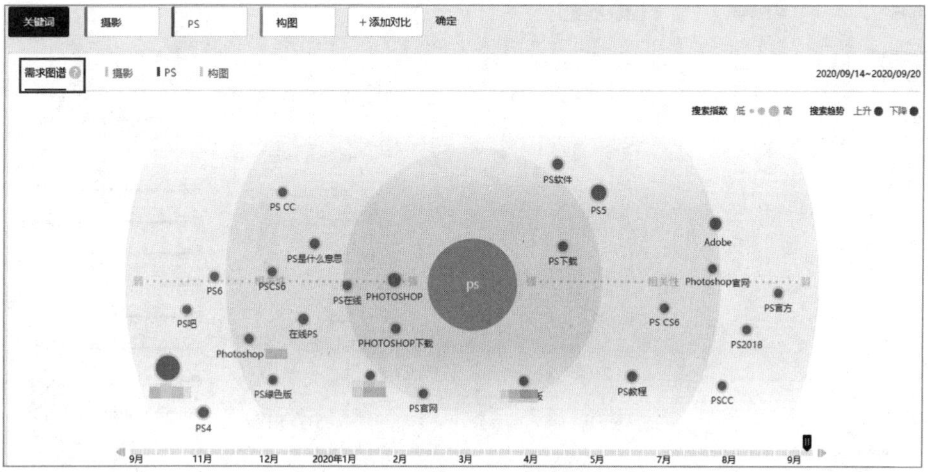

图9-29　关键词"PS"的需求图谱

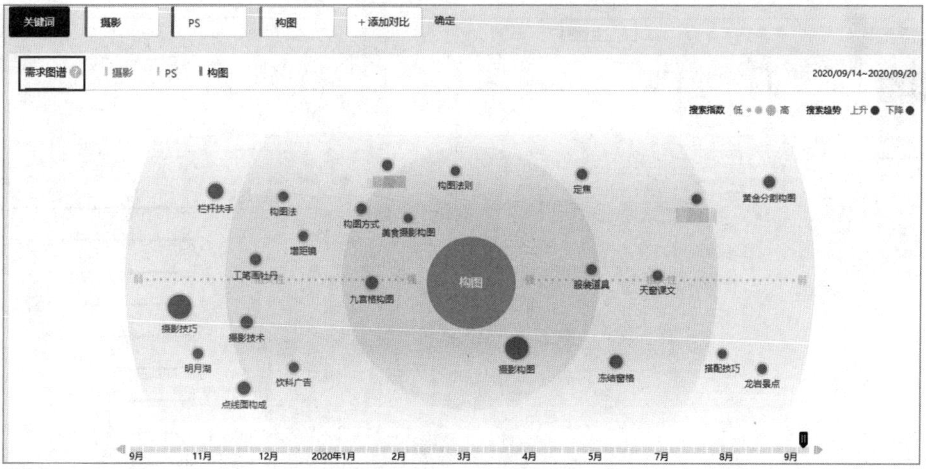

图9-30　关键词"构图"的需求图谱

横向分析。距离"构图"这个关键词越近，说明该关联检索词出现的次数越多，用户对此关联检索词越感兴趣；反之，则说明关联检索词出现的次数越少，用户对这些词的需求就越弱。

因此，由图 9-30 可知，目标用户对"摄影构图""构图法则""九宫格构图""美食摄影构图"这些话题比较感兴趣，运营者可以重点输出与这些话题相关的内容。

纵向分析。结合图例说明可以看出，图中"摄影构图""构图技巧""九宫格构图""点线面构成""构图方式"几个关键词在 2020 年 9 月的搜索次数都逐渐增加，由此可以看出用户对这些话题比较感兴趣，运营者可以选择发布与这些话题相关的内容。

3. 人群画像分析

运营者在进行新媒体运营时，要对目标用户群体进行定位，明确自己的目标用户是谁，用户特征是什么。

单击"人群画像"选项卡，分别查看"摄影""PS""构图"这 3 个关键词的用户画像。图 9-31 所示为关键词"摄影"人群画像中的地域分布情况，图 9-32 所示为关键词"PS"人群画像中的地域分布情况，图 9-33 所示为关键词"构图"人群画像中的地域分布情况。

图9-31　关键词"摄影"人群画像中的地域分布情况

图9-32　关键词"PS"人群画像中的地域分布情况

由图 9-31、图 9-32、图 9-33 可以看出，搜索"摄影""PS""构图"这 3 个关键词的用户主要集中在北京、上海、广州、成都、深圳等城市，说明这些城市的用户对这些话题比较感兴趣。运营者可以重点向这些城市的用户输出与"摄影""PS""构图"相关的内容。

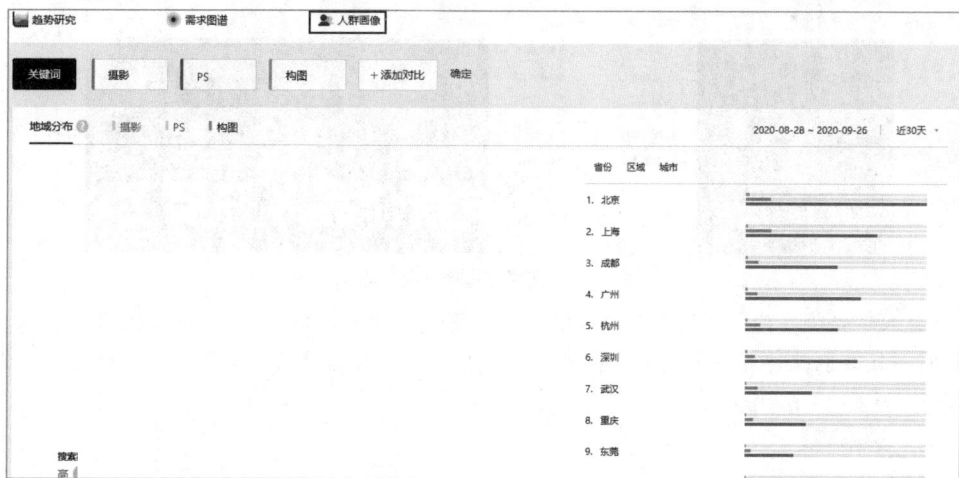

图9-33　关键词"构图"人群画像中的地域分布情况

在"人群画像"分析结果页面查看"摄影""PS""构图"这 3 个关键词的人群属性分析，如图 9-34 所示。

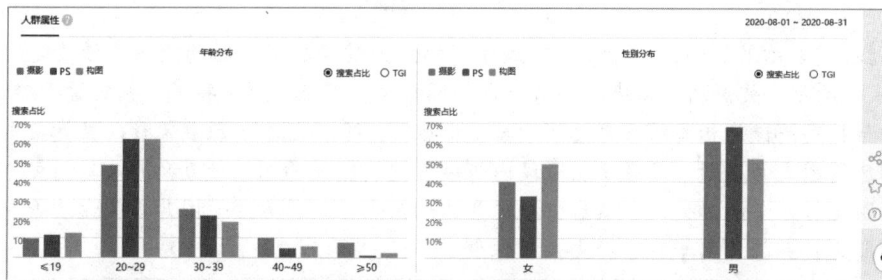

图9-34　人群属性分析

由图 9-34 可以看出，从年龄分布上来看，对"摄影""PS""构图"等话题感兴趣的用户主要集中在 20 ~ 29 岁；从性别分布上来看，男性比女性更喜欢关注此类内容。因此，公众号运营者可以重点向 20 ~ 29 岁的男性推送此类内容。

9.2.2　关键词热度趋势分析

对于公众号运营者来说，追踪当下热点，并将热点用作文章写作的素材，可以有效提高文章被系统推荐的概率和文章的点击率。运营者可以使用"新榜有数"的"趋势查询"功能分析某个关键词在微信平台上的热度变化趋势，掌握运用热门关键词的最佳时机。

关键词热度
趋势分析

使用"新榜有数"的"趋势查询"功能，运营者可以获得某个关键词在指定时间段内在微信平台上的热度变化趋势，了解该关键词的传播度，方法如下。

1 登录新榜账号，在首页单击"数据服务"下拉按钮，在弹出的下拉列表中选择"趋势查询"选项，如图 9-35 所示。

图9-35　选择"趋势查询"选项

②　进入"趋势查询"页面，在搜索框中输入要查询的关键词。例如，若美食类公众号运营者想撰写一篇与麻辣烫相关的文章，就可以在搜索框中输入关键词"麻辣烫"，然后单击"搜索"按钮 🔍，如图 9-36 所示。

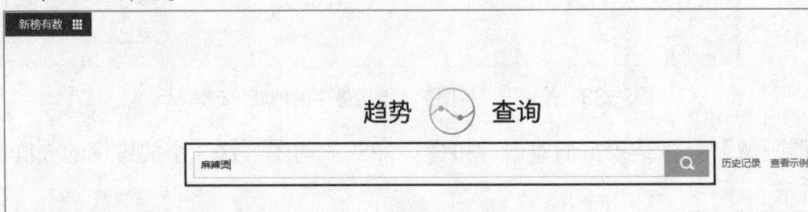

图9-36　输入关键词

③　进入搜索结果页面，搜索结果中展示了指定关键词在某个时间段内阅读总量的变化趋势，图 9-37 所示为关键词"麻辣烫"30 天内的阅读总量变化趋势。将鼠标指针置于趋势图上，可以查看与指定关键词相关的每日总阅读数、总篇数、10w+篇数、原创篇数的数量及当日阅读数最高的 3 篇图文的标题，并展示该时段内与该关键词相关的阅读数最高的 4 篇图文。运营者可以单击图文标题来阅读文章，然后分析文章的切入点、写作方法、图片排版方法等有哪些值得学习的地方，并将其用于自己的文章写作中。

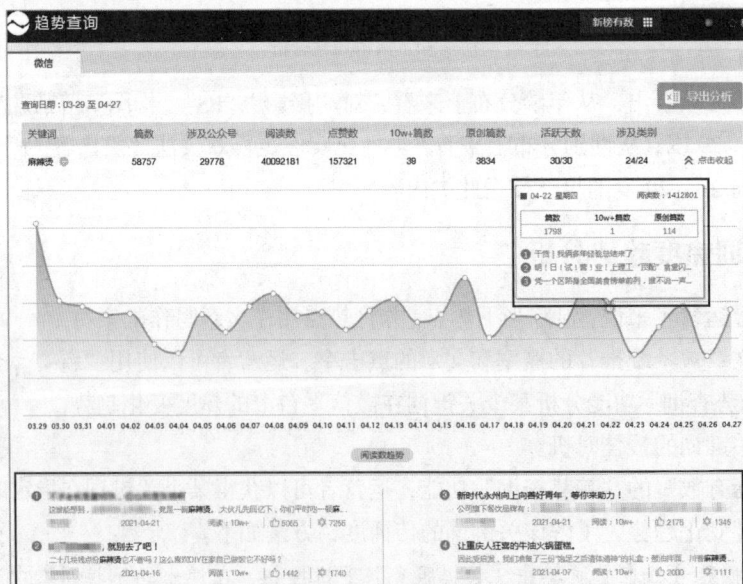

图9-37　关键词的阅读总量变化趋势

9.2.3　微信评论采集与分析

用户在阅读公众号文章后，可以在评论区发表自己阅读文章后的感受。对于公众号运营者来说，分析用户评论能够帮助自己了解用户对文章的态度和看法以及用户的心理需求，从而根据用户需求进行图文创作。

使用"新榜有数"的"微信评论采集"功能采集微信图文评论的方法如下。

微信评论采集
与分析

1 在首页单击"数据服务"下拉按钮，在弹出的下拉列表中选择"微信评论采集"选项，如图 9-38 所示。

图9-38　选择"微信评论采集"选项

2 在搜索框中输入图文链接，然后单击"确定"按钮，如图 9-39 所示。"微信评论采集"支持一次性最多提交 500 条微信图文链接。

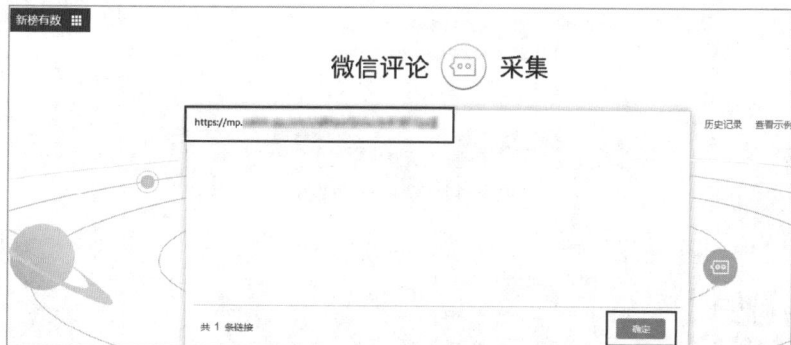

图9-39　输入图文链接

3 在弹出的"微信评论采集"对话框中单击"确定"按钮，如图 9-40 所示。

4 系统提示请求已成功提交，如图 9-41 所示。

5 数据采集需要消耗一定的时间，在采集完成后，系统会将采集结果发送到运营者绑定的个人微信号或者邮箱当中。运营者可以在 PC 端查询采集结果。在新榜首页单击"数据服务"下拉按钮，在弹出的下拉列表中单击"查询记录"按钮，如图 9-42 所示。

6 进入"历史记录"页面，单击"查看详情"超链接，如图 9-43 所示。

7 进入查询结果页面，如图 9-44 所示。单击"导出结果"按钮，即可将采集结果导出，以用于后续的数据分析工作。由图 9-44 可以看出，评论区的利用率为 55.00%，说明有近一半的用户阅读文章后并不愿意进行互动；沙发时差（即首条评论提交时间与图文发布时间之差）为 2 分 43 秒，说明该篇图文发布 2 分 43 秒之后就有用户阅读了文章并发表了评论；作者回复率为 0，说明运营者并没有对用户的留言、评论进行回复，这一方面需要改进，因为运营者对用户的留言、评论进行回复有利于提高用户的互动率，增强用户黏性。

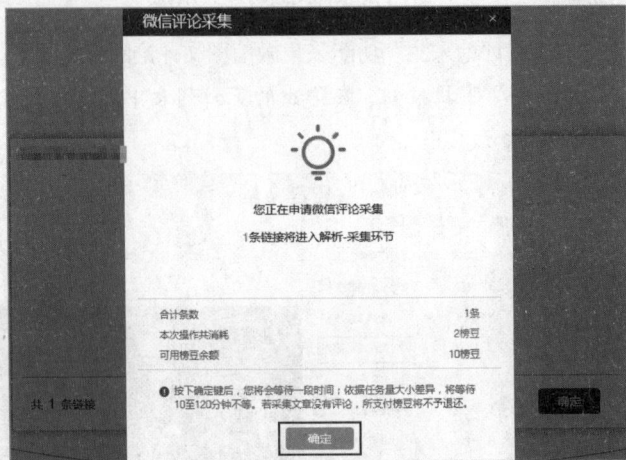

图9-40　单击"确定"按钮

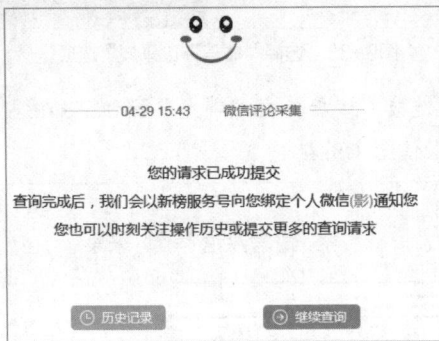

图9-41　请求提交成功

图9-42　单击"查询记录"按钮

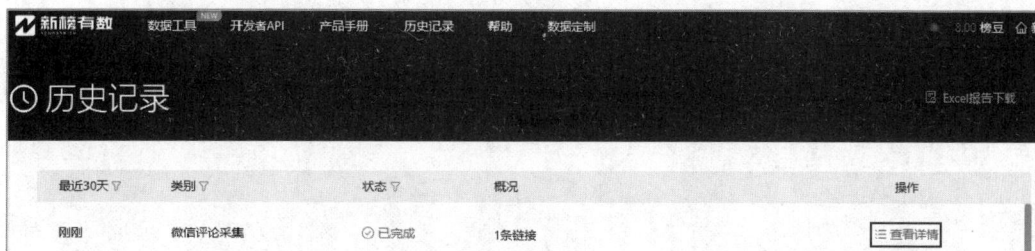

图9-43　单击"查看详情"超链接

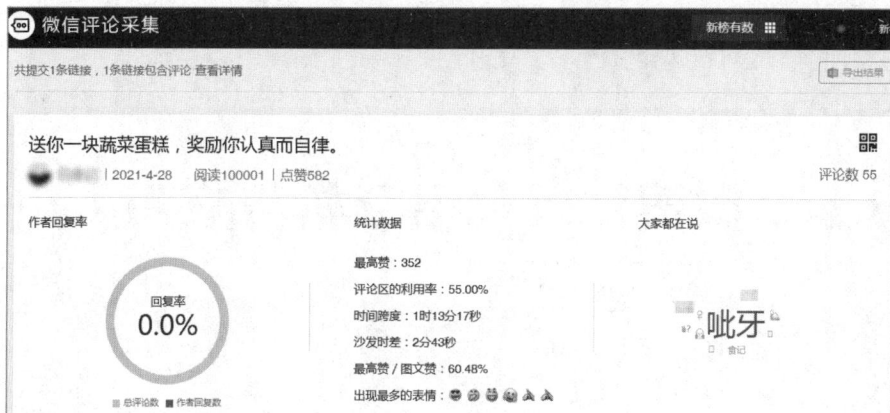

图9-44　查询结果页面

【课后习题】

1. 登录微信公众号的账号后台，分析微信公众号用户特征，并写一份名为"××公众号用户特征分析"的专题数据分析报告。

2. 分析某公众号近 30 天发布的文章的各类数据表现，根据数据表现使用四象限分析法划分文章类型，并总结各类文章的优缺点。

3. 自己确定一个选题方向，并使用百度指数分析该选题是否有价值。

第 10 章 ————————————————

微博运营数据分析与应用

【学习目标】

- 掌握分析微博账号粉丝数据、博文数据、互动数据、相关账号数据的方法。
- 了解微博"大数据实验室"中"微分析""热词分析"工具的使用方法。

微博具有信息传播速度快、互动性强等特点，是用户分享和获取信息的主要平台之一。微博凭借其庞大的用户群体和其在舆论方面所具有的巨大影响力，成为新媒体运营者开展新媒体运营工作必不可少的平台之一。本章将详细介绍微博运营数据分析与应用方面的知识。

10.1 微博账号运营数据分析

微博账号主页的管理中心提供了丰富的数据分析模块，包括微博数据概览、粉丝分析、博文分析、互动分析、相关账号分析、文章分析和视频分析等，运营者可以从中了解自己微博账号的详细运营数据。

10.1.1 微博数据概览

进入个人微博主页，单击"管理中心"|"数据助手"|"数据概览"选项卡，运营者即可查看微博账号数据概览。图 10-1 所示为"数据概览"首页。

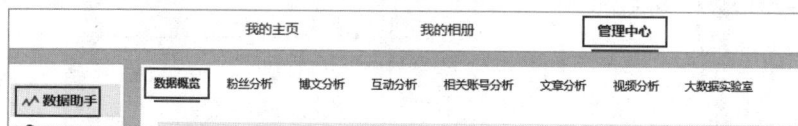

图10-1 "数据概览"首页

"数据概览"包括 6 项内容，如表 10-1 所示。

表 10-1 "数据概览"内容

微博基本数据分析	说明
昨日关键指标	统计净增粉丝数、阅读数、转评赞数、发博数、文章发布数、文章阅读数、视频发布数、视频播放量等数据，并展示各指标数据与前日、上周和上月的对比情况
粉丝变化	主要有净增粉丝数、新增粉丝数、减少粉丝数（包含粉丝主动取消对账号的关注和账号主动移除粉丝的关注），以及这些数据在最近一周内每天的变化及其与上周数据的对比情况
博文	展示微博阅读数、转评赞数、点击数，以及这些数据在最近一周内每天的变化趋势及其与上周数据的对比情况
我发布的内容	展示发博数、发出评论数、原创微博数，以及这些数据在最近一周内每天的变化趋势及其与上周数据的对比情况
视频	展示视频发布数、播放量和视频转评赞数，以及这些数据在最近一周内每天的变化趋势及其与上周数据的对比情况
文章	展示文章发布数（账号发出头条文章的篇数）、文章阅读数、文章转评赞数，以及这些数据在最近一周内每天的变化趋势及其与上周数据的对比情况

"数据概览"是对微博账号各项运营数据的概括性展现，运营者可以在"粉丝分析""博文分析""互动分析""相关账号分析""文章分析和视频分析"等板块查看粉丝数据、博文数据、视频数据、文章数据等更加详细的分析，这些将在后面进行详细介绍。

10.1.2 粉丝分析

单击"管理中心"|"数据助手"|"粉丝分析"选项卡，运营者可以查看账号粉丝数据情况。粉丝分析包括粉丝趋势、活跃分布和粉丝画像等内容，可以帮助运营者了解账号粉丝情况。

1. 粉丝趋势分析

在"粉丝分析"板块中，运营者可以查看"粉丝趋势分析"和"近7日取关粉丝列表"板块，了解微博账号粉丝数据变化情况。

（1）粉丝趋势分析

在"粉丝趋势分析"板块，运营者可以查看近7天、近30天、近90天，以及自定义时间段内的粉丝总数、粉丝增加总数、粉丝减少总数、粉丝净增总数、主动取关粉丝总数、平均粉丝增长率等指标数据变化，其中平均粉丝增长率＝（当天粉丝数－前一日粉丝数）÷前一日粉丝数×100%。

运营者可以选择任意两个指标进行统计分析。通过趋势变化图，运营者可以快速发现粉丝数据变化情况，并根据趋势变化图寻找数据变化的原因。图10-2所示为某微博账号近7天粉丝总数和粉丝净增数趋势图。

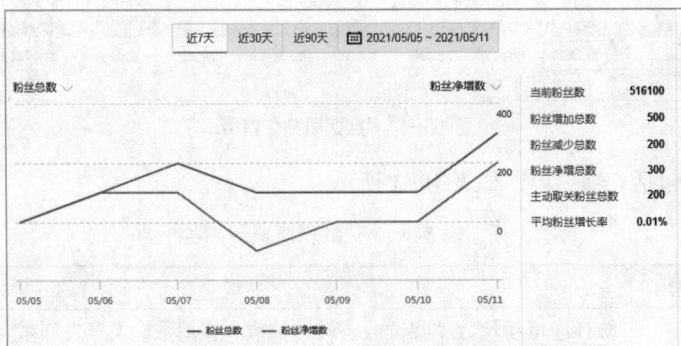

图10-2　某微博账号近7天粉丝总数和粉丝净增数趋势图

由图10-2可以看出，该微博账号5月5日、5月8日、5月10日的粉丝净增数为正增长状态，说明在这些时间段内有新粉丝关注了该微博账号。此时，运营者可以从发布的内容、内容数量、发布时间等方面来分析粉丝净增数增长的原因，并总结经验，为以后的运营工作提供有效的参考。从5月7日开始，该微博账号的粉丝净增数呈减少趋势，这说明5月7日有很多粉丝取消关注该微博账号。运营者应该分析5月7日发布的内容、内容数量、发布时间等是否存在问题，多方寻找粉丝净增数减少的原因，并总结教训，从而更好地规划今后的运营策略。

（2）近7日取关粉丝列表

"近7日取关粉丝列表"板块中展示的是最近7天取消关注微博账号粉丝的账号名称、取消关注时间、最近关注时长、粉丝数等信息，如图10-3所示。单击取消关注的粉丝账号名称，可以进入该粉丝账号主页，查看其详细信息。

图10-3　近7日取关粉丝列表

最近关注时长体现了粉丝关注微博账号的时间长度，这在一定程度上反映了粉丝对账号的黏性。由图 10-3 可以看出，该微博账号近 7 日取消关注的两个粉丝关注微博账号的时间均超过了一年，说明他们对该微博账号有一定的黏性。但是这两个粉丝分别在 5 月 12 日和 5 月 14 日取消了关注，此时运营者可以分别查看这两个粉丝的账号主页，了解他们的兴趣所在，然后分析自己账号在 5 月 12 日至 5 月 14 日这段时间发布的内容是否引起了他们的反感，以避免今后流失同类粉丝。

如果"近 7 日取消关注粉丝列表"板块中有大量最近关注时长为 1 天的粉丝，可能是因为这些粉丝关注账号后发现该账号发布的内容没有达到自己的预期。

2. 活跃分布分析

在"活跃分布"板块，运营者可以查看账号近 7 日粉丝活跃时间分布情况，了解在哪天、什么时间段粉丝活跃度比较高，从而选择合适的营销时间。图 10-4 所示为某微博账号"近 7 日粉丝活跃分布"（粉丝按天分布）情况，图 10-5 所示为该微博账号"近 7 日粉丝活跃分布"（粉丝按小时分布）情况。

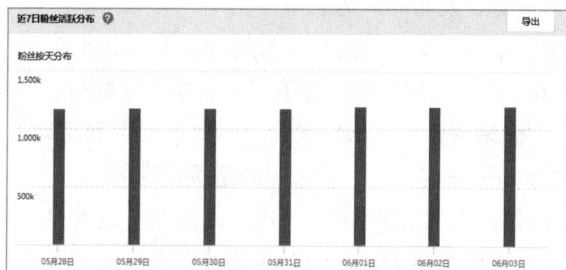

图10-4　"近7日粉丝活跃分布"（粉丝按天分布）情况

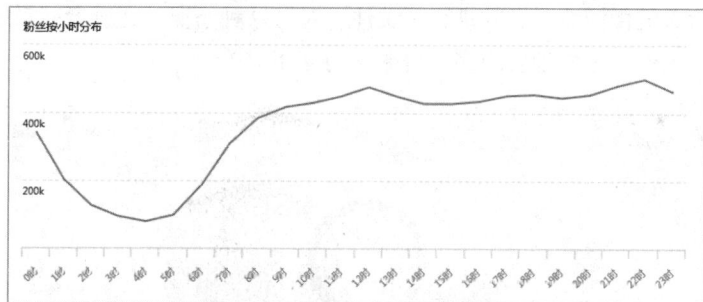

图10-5　"近7日粉丝活跃分布"（粉丝按小时分布）情况

由图 10-4 可以看出，该微博账号近 7 日每天都有大量活跃的粉丝。由图 10-5 可以看出，在 10 时至 23 时这个时间段，该微博账号活跃粉丝数量较多，尤其是 22 时，活跃粉丝数达到峰值。因此，运营者可以选择在晚上并且接近 22 时的时候发布内容。

3. 粉丝画像分析

在"粉丝画像"板块，运营者可以查看微博账号粉丝类型、粉丝来源、粉丝性别与年龄分布、粉丝地区分布等情况，了解粉丝的特征，构建清晰的粉丝画像，从而根据粉丝画像进行创作，发布更符合粉丝需求的内容，增强粉丝黏性。

（1）粉丝类型

在"粉丝类型"板块，运营者可以查看关注微博账号的普通用户和认证用户的占比情况，如图 10-6 所示。微博用户分为普通用户和认证用户。一般来说，认证用户的活跃度和黏性均比普通用户高，对微博运营者的价值也更高，因此微博账号的认证用户占比越高，说明该微博账号的运营效果越好。

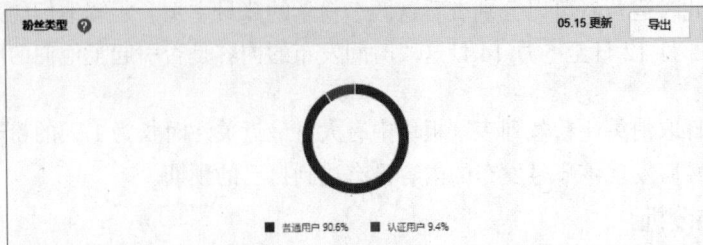

图10-6　粉丝类型分析

（2）粉丝来源

通过了解账号的粉丝来源，运营者可以分析粉丝主要通过哪种渠道关注了自己的账号，然后根据粉丝来源优化微博内容、发布时间等。

微博粉丝来源包括微博推荐、第三方应用、微博搜索和"找人"。"微博推荐"是指粉丝通过推荐关注账号；"第三方应用"是指粉丝通过第三方应用关注账号，如粉丝通过简书、今日头条等渠道关注微博账号；"微博搜索"是指粉丝通过微博搜索页面主动搜索微博账号进行关注；"找人"是指粉丝通过微博 App 发现页的"找人"频道关注账号。

某微博账号的粉丝来源分析，如图 10-7 所示。由该图可以看出，通过第三方应用关注该微博账号的粉丝占比最高，可能是该微博运营者在简书、今日头条等第三方应用上也运营了相关账号，且拥有不错的粉丝数量；很多粉丝在关注该运营者的简书账号、今日头条账号的同时也注意到了该运营者的微博账号，并进行了关注。对于这种情况，运营者就需要做好不同新媒体平台账号的运营工作，更好地实现多平台账号的互相引流。

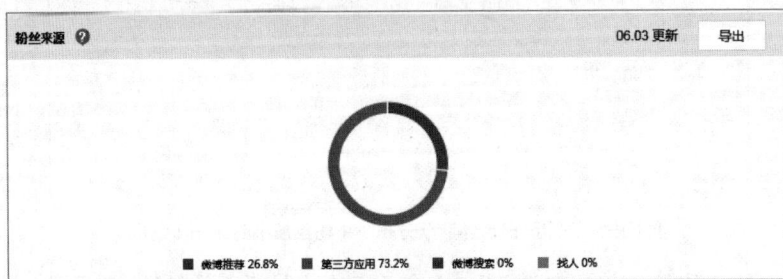

图10-7　粉丝来源分析

（3）粉丝性别与年龄

粉丝的性别和年龄会影响运营者的选题和内容的风格，运营者可以查看不同年龄段男、女粉丝占比情况，如图 10-8 所示。由该图可以看出，该账号 18～24 岁的粉丝占比较高，其中女性粉丝的占比远高于男性。因此，该账号运营者在策划微博内容时，要更多地考虑 18～24 岁女性粉丝的心理需求。

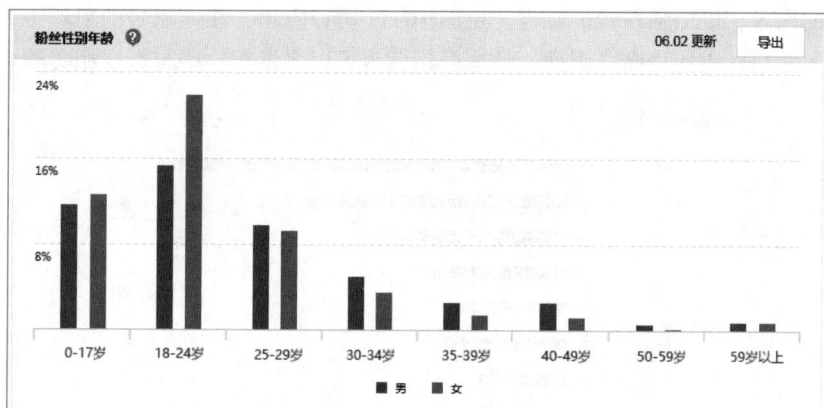

图10-8　粉丝性别年龄分析

（4）粉丝地区分布

在"粉丝地区分布"板块，运营者可以查看账号的粉丝地区分布情况（见图 10-9），从而了解自己账号的粉丝来自全国哪些地区，为选择线下活动举办地址和规划运营内容提供参考。由图 10-9 可以看出，分布在北京的粉丝数量占比最高，其次是广东。因此，运营者在创作微博内容时，可以多增加一些

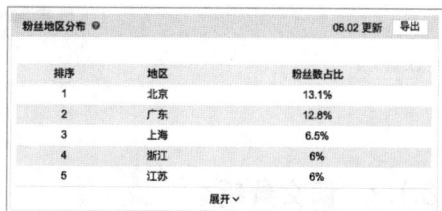

图10-9　粉丝地区分布

与北京、广东相关的元素，如北京胡同、京剧、"北漂"、粤语等，这样更容易引起粉丝共鸣。其次，运营者在选择举办线下活动的地点时，可以优先考虑北京和广东，这样有利于保证粉丝的参与数量。

（5）关注我的人的粉丝量级

在"关注我的人的粉丝量级"板块，运营者可以查看账号的粉丝数主要分布在哪些数量区间，更好地了解自己粉丝的质量，如图 10-10 所示。"关注我的人的粉丝量级"反映了账号的影响力，关注某个微博账号的人的粉丝数越多，说明该微博账号的影响力越大。

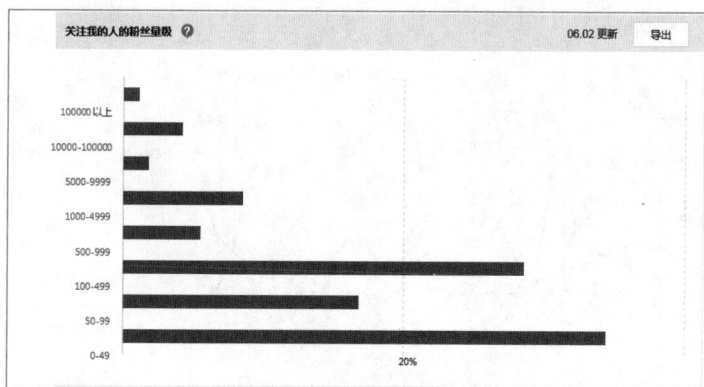

图10-10　关注我的人的粉丝量级

（6）粉丝兴趣标签

在"粉丝兴趣标签"板块，运营者可以查看粉丝关注的各类标签占比情况，如图 10-11 所示。"粉丝兴趣标签"板块能够帮助运营者洞察粉丝的社交偏好和兴趣爱好，进而根据粉丝的兴

趣提供合适的内容，以增强粉丝的黏性。由图 10-11 可以看出，在该账号的粉丝中，关注"影视"这一标签的粉丝占比最高。因此，该账号运营者可以多发布一些与影视相关的内容。

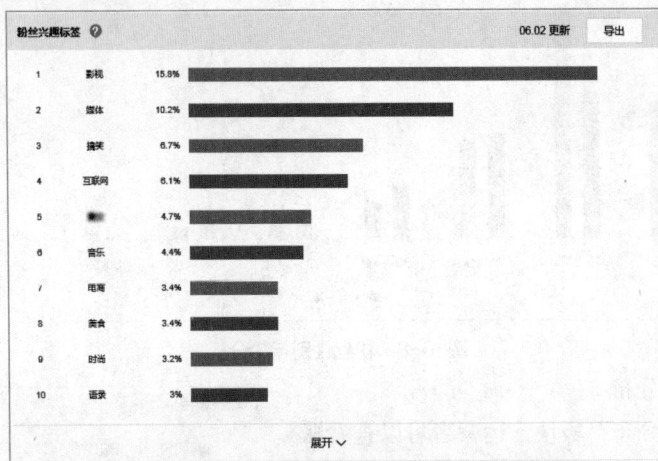

图10-11　粉丝兴趣标签

10.1.3　博文分析

单击"管理中心"|"数据助手"|"博文分析"选项卡，运营者可以查看账号所发布的博文数据。微博博文数据分析包括微博阅读趋势，微博转发、评论和赞，微博阅读人数，点击趋势分析以及单条微博分析。

1. 微博阅读趋势

微博阅读趋势包括阅读数和发博数两个数据指标。运营者可以查看近 7 天、近 30 天、近 90 天或指定时间段内发布的微博数量和微博被阅读次数，一条微博可以被同一用户阅读多次。图 10-12 为某微博账号近 30 天微博博文阅读数和发博数变化趋势图。由该图可以看出，阅读数和发博数呈正相关。因此，运营者要想提升阅读数，就要想办法多发优质的博文。

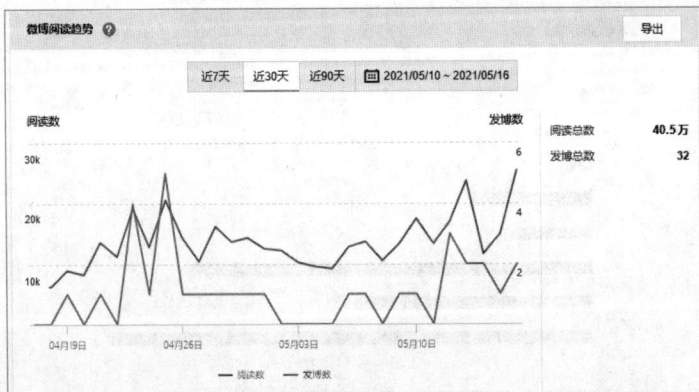

图10-12　某微博账号近30天微博博文阅读数和发博数变化趋势图

2. 微博转发、评论和赞

微博转发、评论和赞是指账号发布的博文被转发、评论和点赞次数的累计值。"微博转发、

"评论和赞"板块展示了账号发布的内容获得的用户互动量。图 10-13 为某微博账号近 30 天微博转发、评论和赞变化趋势图，它反映了账号的互动率。转发、评论和点赞的数量越多，说明账号的互动率越高，博文内容激发了用户的共鸣。如果转发、评论和点赞的数量很少，就说明博文内容没有引起用户的互动欲望，运营者要及时调整运营策略。

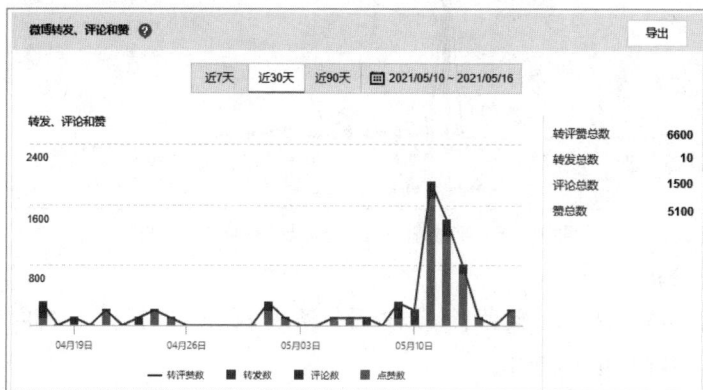

图10-13　某微博账号近30天微博转发、评论和赞变化趋势图

3. 微博阅读人数

在"微博阅读人数"板块，运营者可以查看账号近 7 天、近 30 天、近 90 天或指定时间段内阅读微博的总人数，从而了解微博内容覆盖的人数。图 10-14 为某微博账号近 30 天微博阅读人数变化趋势图。在微博阅读人数变化趋势图中，运营者要重点关注阅读人数突然增多或突然减少的时间节点，并寻找这种情况出现的原因，为以后的运营提供经验或教训。

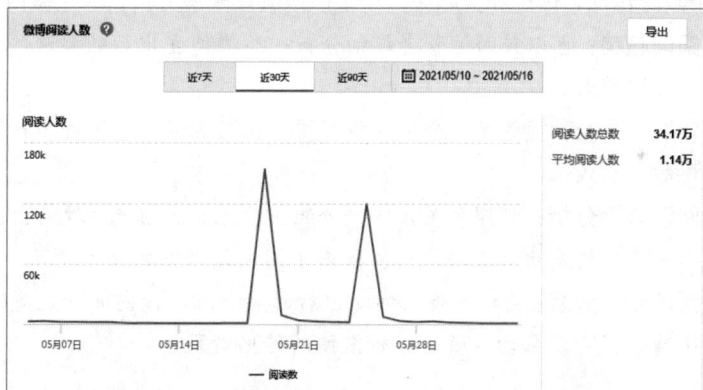

图10-14　某微博账号近30天微博阅读人数变化趋势图

4. 点击趋势分析

在"点击趋势分析"板块，运营者可以查看账号中带有链接的图片或短链接的被点击情况，从而了解图片和短链接是否有效触达目标用户。图 10-15 所示为某微博账号近 30 天点击变化趋势分析。由该图可以看出，5 月 19 日有一个明显的波峰。此时，运营者要查看当天发布了什么内容，并分析该内容的特点，寻找波峰出现的原因。

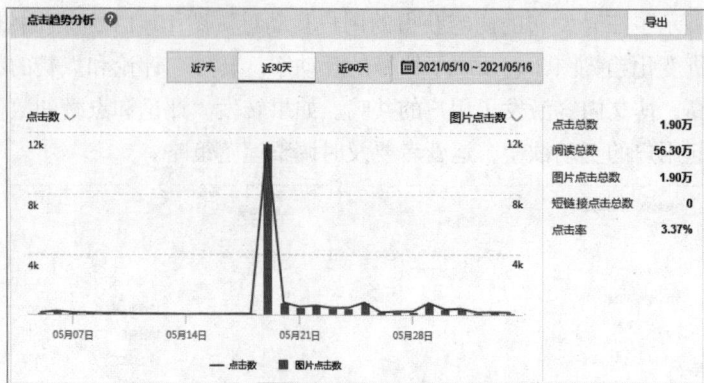

图10-15　某微博账号近30天点击变化趋势分析

5．单条微博分析

在"单条微博分析"板块，运营者可以查看每条博文的发布时间、微博内容、阅读数、转评赞数和点击数，如图 10-16 所示。

图10-16　单条微博分析

单击某条博文右侧的"查看详情分析"超链接，可以查看该条博文的详情分析，包括单条微博阅读趋势，单条微博转发、评论和赞趋势，单条微博阅读来源分析，单条微博阅读粉丝分析。

- **单条微博阅读趋势**：可以帮助运营者详细分析一条微博发出后的阅读趋势，阅读人数是当日阅读过微博的人数。
- **单条微博转发、评论和赞趋势**：分析一条微博发出后的转发、评论和点赞趋势，让运营者了解微博的互动效果。
- **单条微博阅读来源分析**：按照主关注流、分组关注流、热门流、搜索页、个人主页和其他来源展示一条微博发出后在特定时间段内不同阅读来源的分布情况。
- **单条微博阅读粉丝分析**：统计一条微博发出后的某一时间段内阅读微博的粉丝数和非粉丝数的占比情况，可以帮助运营者分析微博的传播效果。

10.1.4　互动分析

单击"管理中心"｜"数据助手"｜"互动分析"选项卡，运营者可以查看账号互动数据，包括互动数分析、近 7 天账号互动 Top10、"我的影响力"及"我发出的评论"等内容。

1．互动数分析

互动数是指用户对微博内容产生互动行为的数据。互动数由两部分构成：用户对运营者在一段时间内发布的内容（包括微博、评论、故事）产生的互动行为（包括转发微博、评论微博、赞微博、回复评论、点赞评论）；用户在运营者粉丝群内的发言（粉丝数在 10 万以上的博主可开通粉丝群）。

图 10-17 所示为某微博账号近 7 天互动数分析。由该图可以看出，5 月 11 日该账号微博被互动数是近 7 天微博被互动数的最高值。运营者可以查看当天发布了什么内容，并分析相关内容的特点，寻找这种现象出现的原因，以便从中学习经验，继续创作高互动数的微博内容。当然，运营者也要关注互动数较低的时间段，并寻找原因，对微博内容进行调整和优化。

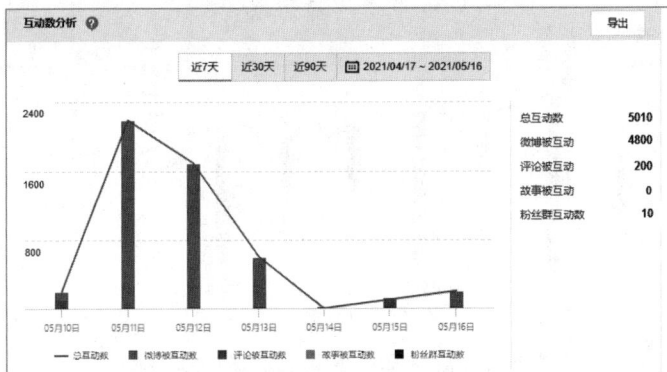

图10-17　某微博账号近7天互动数分析

2. 近 7 天账号互动 Top10

在"近 7 天账号互动 Top10"板块，运营者可以查看 7 天内累计与运营者互动次数最多的前 10 名用户的名单，如图 10-18 所示。这一板块可以给运营者提供运营参考，互动次数多的用户群体是对账号及其内容非常感兴趣、黏性较高的群体，运营者要用心维护这些用户群体。例如，可以为这些用户单独创建社群，逐渐扩大自己的私域流量池。

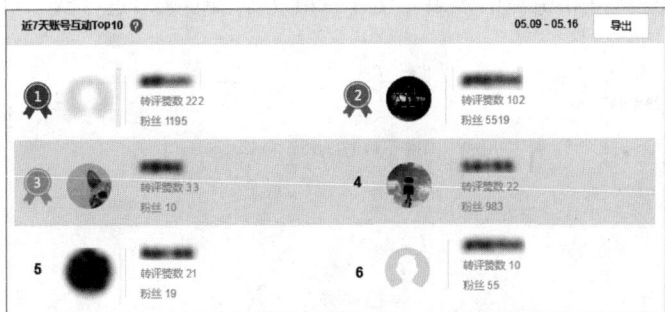

图10-18　近7天账号互动Top10

单击用户的账号名称，可进入该用户账号主页。运营者可以浏览用户账号主页，了解用户的兴趣，然后根据用户的兴趣创作内容，以增强用户黏性。

3. 我的影响力

图 10-19 所示为某微博账号近 7 天"我的影响力"分析。

● **影响力**：它是通过运营者发布微博情况和被评论、转发的情况，以及活跃用户的数量来综合评定的。

● **活跃度**：一个微博账号通过发布微博、转发、评论、发私信等行为带来的权重数值。一般来说，运营者可以发布高质量的微博来吸引用户，同时还可以进行转发、评论、发私信等来提高微博账号的活跃度。

● **传播力**：每篇微博平均被转发、被评论的次数和人数越多，账号的传播力越强。
● **覆盖度**：当天登录的用户数和与账号互动的用户数越多，账号覆盖度就越高。

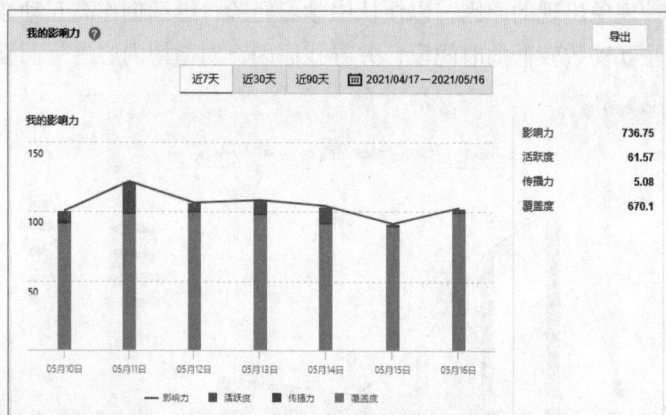

图10-19　某微博账号近7天"我的影响力"分析

由图 10-19 可以看出，近 7 天该账号的传播力较弱、活跃度较低，因此运营者要多发布微博，积极与用户互动，以提高账号的活跃度及增强传播力。

4. 我发出的评论

在"我发出的评论"板块，运营者可以查看账号近 7 天、近 30 天、近 90 天或者指定时间段内"我发出的评论"数量，这个数据在一定程度上体现了运营者与用户进行互动的频率。运营者积极与用户进行互动有利于增强用户黏性，提高用户的活跃度；而与高粉丝量微博账号进行互动也可能达到互相引流的效果。图 10-20 为某微博账号近 7 天"我发出的评论"趋势图。

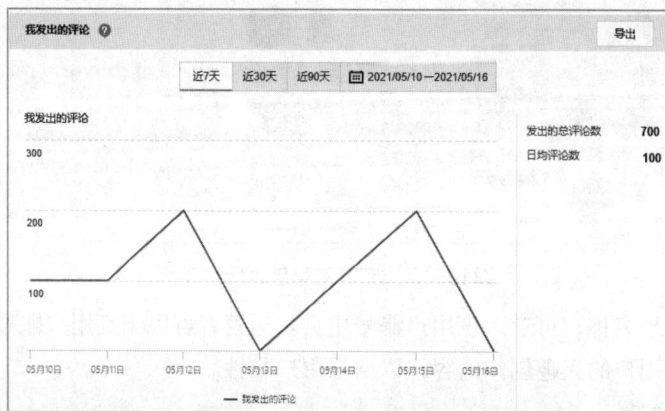

图10-20　某微博账号近7天"我发出的评论"趋势图

10.1.5　相关账号分析

对竞争对手账号进行分析，有利于运营者了解竞争对手账号的运营状况、运营策略，发现并学习竞争对手账号做得好的地方，不断提升自己的竞争力。单击"管理中心"|"数据助手"|"相关账号分析"选项卡，运营者可以查看相关账号的运营数据。

1.　相关账号概况

运营者添加了要关注的竞争对手账号后，可以在"相关账号概况"中的"相关账号列表"板块查看自己所添加的微博账号的运营数据，包括账号的当前粉丝数、粉丝净增数、粉丝增长幅度、发博数、转评赞数、阅读数量级等 6 个指标的数据，如图 10-21 所示。

图10-21　相关账号列表

在"相关账号概况"的"近 7 日关键指标趋势"板块，运营者可以查看近 7 日自己账号的粉丝净增数、转评赞数、发博数、原创微博数等对比情况，从而了解自己账号的运营状况在同类账号中处于何种水平，如图 10-22 所示。

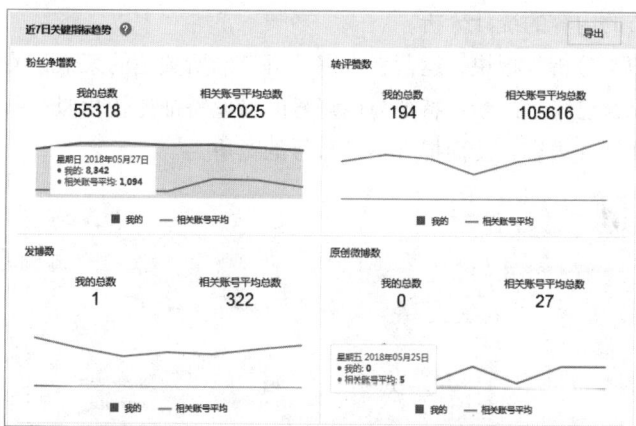

图10-22　近7日关键指标趋势

在"相关账号概况"的"近 7 天微博互动 Top10"板块，运营者可以查看自己所关注的账号近 7 天内发布的微博的转评赞数排名前 10 的列表（部分列表见图 10-23），以了解相关账号的哪些微博内容能带来更好的互动效果，再浏览微博内容并学习其成功经验。

图10-23　近7天微博互动Top10

2. 相关账号粉丝分析

在"相关账号粉丝分析"板块，运营者可以查看某个相关账号详细的粉丝数据，包括粉丝增长分析（见图 10-24）、粉丝类型、粉丝性别与年龄分布等。运营者分析相关账号粉丝情况，可以了解竞争对手账号的粉丝特征，方便与自己账号的粉丝特征进行对比。

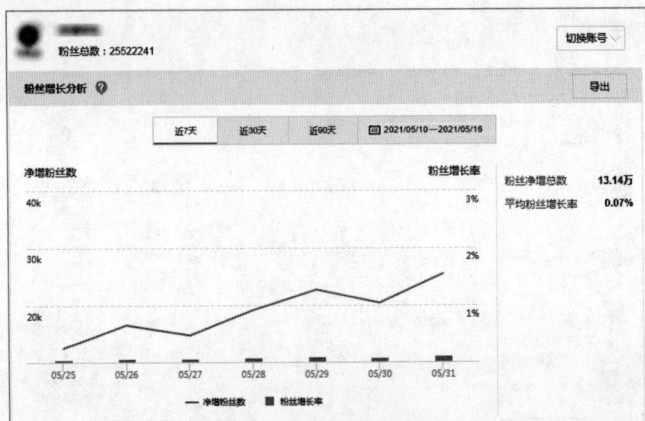

图10-24　粉丝增长分析

3. 相关账号博文分析

在"相关账号博文分析"板块，运营者可以查看某个相关账号详细的博文数据，包括近 7 天、近 30 天、近 90 天或指定时间段内该账号发布的内容、发博数等数据。图 10-25 所示为某相关账号近 7 天发布的内容的统计分析。

在"相关账号博文分析"板块，运营者可以了解自己所关注的某个相关账号每天的发博数量、发博频率。如果自己账号的粉丝特征与该账号的粉丝特征比较相似，那么运营者可以学习该账号的发博频率和博文内容，从而提升自己账号的竞争力。

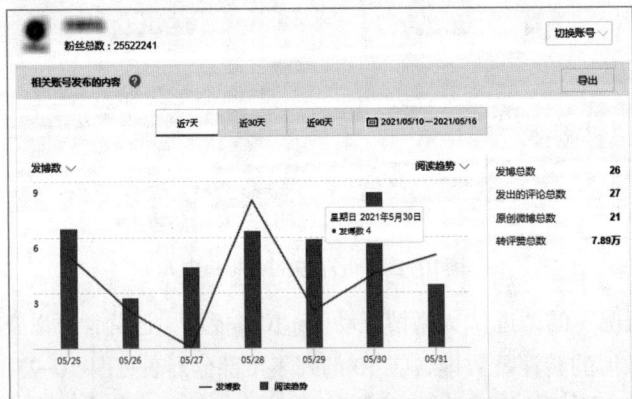

图10-25　某相关账号近7天发布的内容的统计分析

10.1.6　文章分析和视频分析

单击"管理中心"|"数据助手"|"文章分析"选项卡，或者单击"管理中心"|"数据助手"|"视频分析"选项卡，运营者可以单独查看微博账号发布的文章类内容或视频类内容的数

据分析。文章类内容的数据包括文章阅读趋势，文章转发、评论和赞数，单篇文章分析；视频类内容的数据包括视频播放趋势，视频转发、评论和赞数，单条视频分析。

在"文章分析"和"视频分析"选项卡中，运营者可以了解文章类内容和视频类内容的详细数据，从而根据各篇文章或各条视频的数据表现制订相应的内容调整或优化策略。

图 10-26 所示为某微博账号单条视频的播放用户兴趣标签分析。由该图可以看出，在观看过该条视频的用户中，16.2%的用户对搞笑类内容比较感兴趣，14.8%的用户对影视类内容感兴趣，14.2%的用户对宠物类内容感兴趣。因此，运营者在以后创作视频类内容时，可以在视频中添加搞笑、影视、宠物等元素，这样更容易激发用户的兴趣。

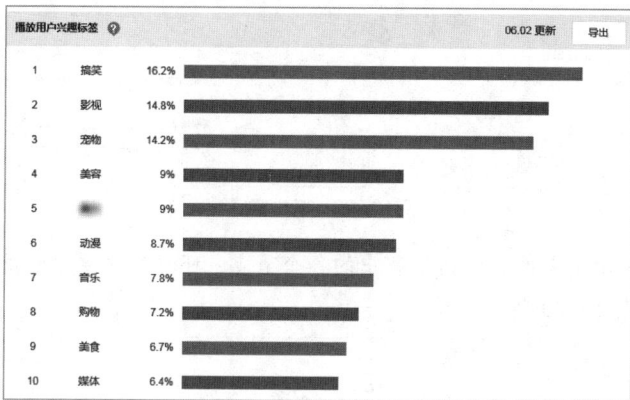

图10-26　某微博账号单条视频的播放用户兴趣标签分析

10.2　微分析与热词分析

微博的"数据助手"不仅能够帮助运营者分析账号运营数据，还为运营者提供了"大数据实验室"工具。该工具具有"微分析""热词分析"和"文本挖掘"3 项功能，能够帮助运营者进行更多层面的数据分析，其中微分析和热词分析对运营者开展微博数据分析具有重要的参考意义。因此，下面将重点介绍微分析和热词分析。

10.2.1　微分析

微分析能够分析单条微博的传播效果，帮助运营者复盘单条微博的传播路径，掌握微博传播过程中的"引爆点"。运营者在分析微博推广活动效果时，可以充分运用"微分析"这一功能，以全面掌握推广活动的传播效果。

单击"数据助手"|"大数据实验室"选项卡，进入"大数据实验室"页面。单击"微分析"选项卡，在搜索框中输入要查询的微博链接，单击"分析"按钮，如图 10-27 所示。

查看分析结果，包括该微博的博文概况、传播节点、转发层级、转发评论趋势图、引爆点、影响力排名，以及转发者和评论者的地域分布、性别分布、兴趣标签等。下面将对前 5 项内容进行重点介绍，读者可以自己尝试使用"微分析"功能分析一条微博。

● **博文概况**：展示了微博有效转发数、覆盖人次、内容敏感度和关键传播用户，如图 10-28 所示，可以帮助运营者了解单条微博的关键传播数据。

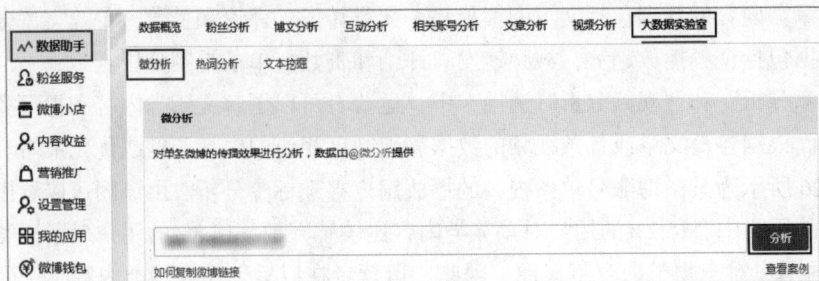

图10-27　输入微博链接

图10-28　博文概况

- **传播节点**：展示了微博在传播过程中的各个节点，可以帮助运营者清晰地了解微博的传播路径，如图10-29所示。

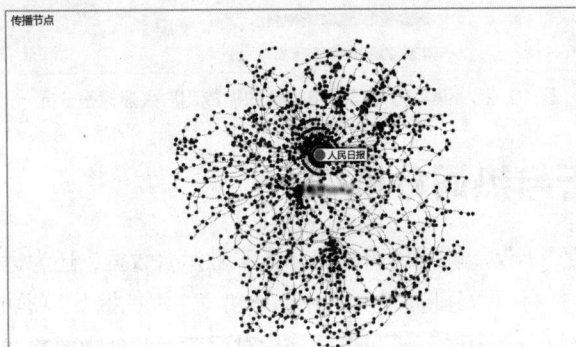

图10-29　传播节点

- **转发层级**：展示了微博在传播过程中形成的转发层级，包括每个层级的有效转发次数、转发占比、覆盖人数、核心转发Top15，如图10-30所示。

图10-30　转发层级

● **转发评论趋势图**：展示了微博的转发量和评论量的变化趋势，如图 10-31 所示。由该图可以看出，该条微博在 7 月 12 日零点的转发量、评论量达到峰值，随后转发量、评论量开始减少。

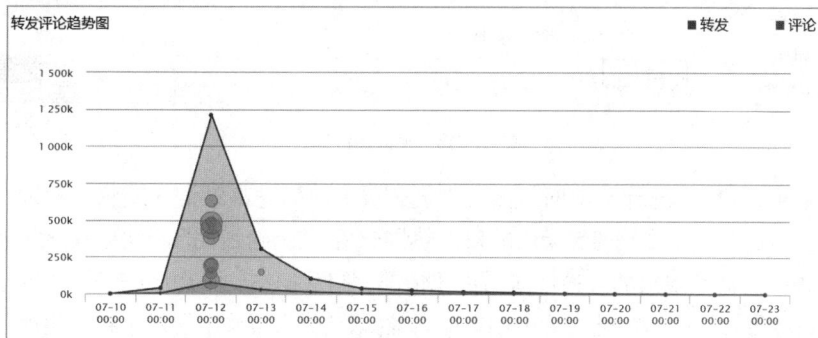

图10-31　转发评论趋势图

● **引爆点**：展示了对博文的传播起关键作用的 10 个账号及相关信息，如图 10-32 所示。单击账号名称，运营者可以查看该账号发布的相关博文，还可以尝试与这些账号建立联系，实现互相引流。

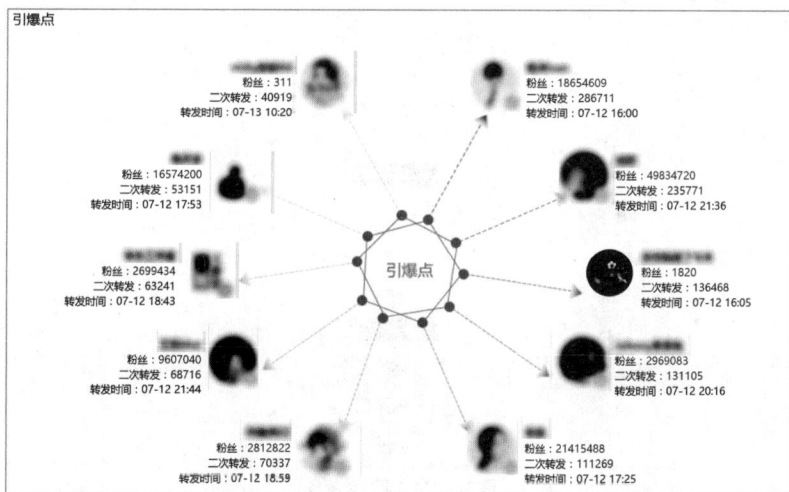

图10-32　引爆点

10.2.2　热词分析

"数据助手"中的"热词分析"功能用于对热点事件中的口碑热词、事件情绪进行分析，分析结果能够帮助运营者了解用户对某个热点事件的态度，为运营者运用热点开展借势营销提供有效的参考资料。

单击"数据助手"|"大数据实验室"选项卡，进入"大数据实验室"页面。单击"热词分析"选项卡，在搜索框中输入热词，如"直播带货"，然后单击"搜索"按钮，如图 10-33 所示。

分析结果包括 24 小时、3 天、5 天、7 天或指定时间段内所查询的关键词的口碑热词、情绪占比及情绪走势。

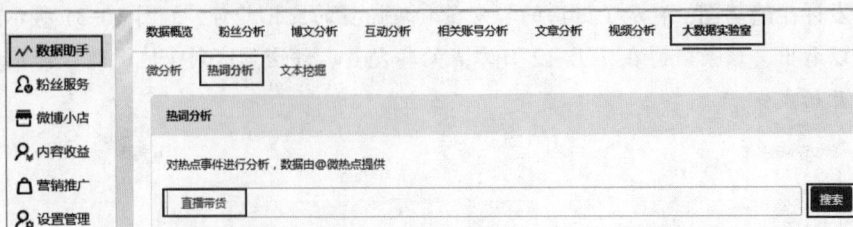

图10-33　输入关键词

　　"口碑热词"板块中统计了全网与该关键词相关的非敏感高频词和敏感高频词，图 10-34 所示为"直播带货"这一关键词 5 天内的口碑热词分析。"情绪占比"板块中展示了指定时间范围内用户对该关键词表现出的各种情绪的占比情况，如图 10-35 所示。由该图可以看出，78.03% 的用户对"直播带货"这一关键词持中性态度。"情绪走势"板块中展示了在指定时间范围内用户对该关键词表现出的各种情绪的变化趋势，如图 10-36 所示。由该图可以看出，5 月 17 日至 5 月 18 日，人们对"直播带货"这一关键词表现出的各种情绪出现波动，说明人们对该关键词的情绪发生了变化，运营者可以查看当时发生了什么事情使人们对"直播带货"的情绪发生变化，并寻找自己博文的切入点。

图10-34　口碑热词

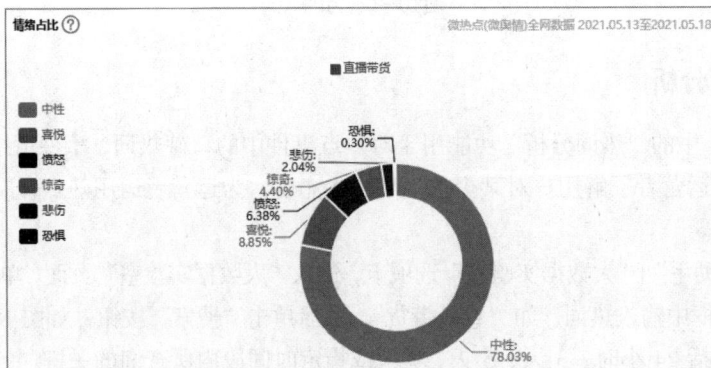

图10-35　情绪占比

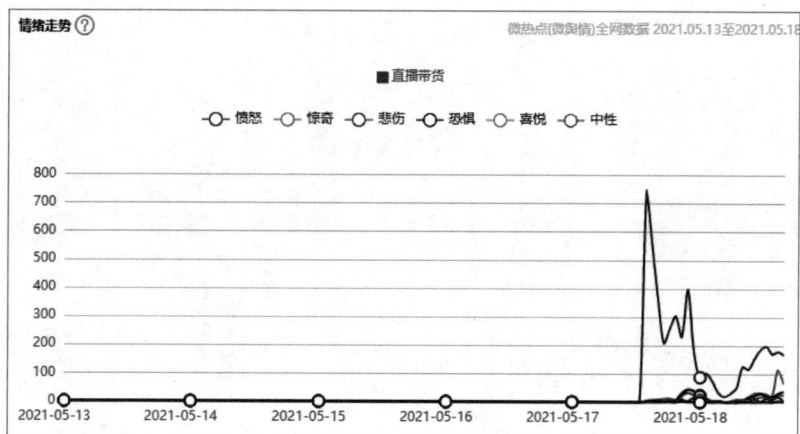

图10-36　情绪走势

【课后习题】

1. 统计近 30 天某微博账号发布的博文的相关数据，找出阅读量最高的前 10 篇博文，分析它们的特点。

2. 寻找一个目标账号并分析该账号的用户特征，然后将该账号的用户与自己账号的用户进行对比分析，总结两个账号用户的相同或不同之处。

3. 选择一个比较热门的关键词，使用"热词分析"功能对该关键词进行分析。

第 11 章 ————————

今日头条运营数据分析与应用

【学习目标】

- 掌握分析今日头条账号收益数据、作品数据、粉丝数据的方法。
- 掌握做好头条号内容选题和头条热点追踪工作的方法。

今日头条是一款基于数据挖掘的推荐引擎产品，能够为用户推荐符合个人兴趣的个性化内容。经过多年的发展，今日头条已经形成了比较完整的内容生态，成为人们分享信息和获取信息的综合平台。本章将详细介绍今日头条运营数据分析与应用方面的知识。

11.1　今日头条账号运营数据分析

今日头条是一个基于数据挖掘技术，采用智能推荐模式为用户推荐个性化信息的新媒体平台。它将用户在今日头条上做出的每一个动作都进行了数据记录，从而为不同用户贴上了不同的标签。同时，今日头条也会对每一个头条号运营者及其发表的每一个作品进行数据记录，并将它们进行归类和标签化，最终今日头条会将贴有相同或类似标签的用户和作品进行匹配，达到为用户推荐满足其个性化需求的信息的目的。

基于今日头条智能推荐模式的特点，运营者要想做好头条号的运营工作，掌握今日头条数据分析技能是必不可少的。今日头条账号数据分析包括收益数据分析、作品数据分析和粉丝数据分析 3 项内容。

11.1.1　收益数据分析

头条号运营者开通创作者计划后，可以选择是否在自己发布的作品中投放广告，默认投放广告的作品可产生相关的收益。如果运营者选择不投放广告，则不投放广告的作品将不会产生相关的收益。满足微头条创作收益和问答创作收益条件的运营者，在发布符合要求的微头条和问答时也可以获得创作收益。

在 PC 端登录今日头条账号，选择"数据"｜"收益数据"选项，运营者即可查看头条号收益数据。"收益数据"包括"整体收益""创作收益"和"自营广告"3 项内容。

单击"整体收益"选项卡，运营者可以查看每天的收益数据及某个周期内的收益明细，如图 11-1 所示。

单击"创作收益"选项卡，运营者可以查看文章、问答、微头条、视频等不同类型作品的收益数据、收益趋势，以及某个作品的收益详细数据。图 11-2 所示为某头条号最近 30 天的创作收益趋势图。

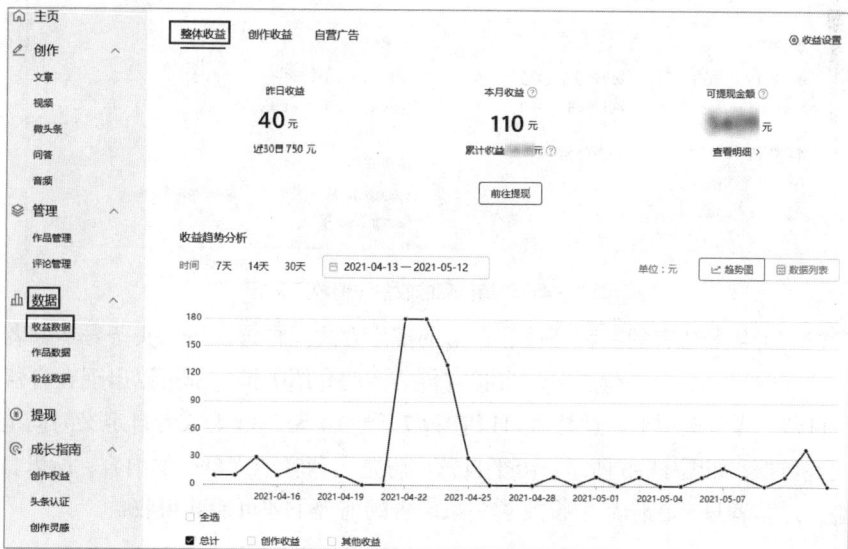

图11-1　头条号整体收益分析

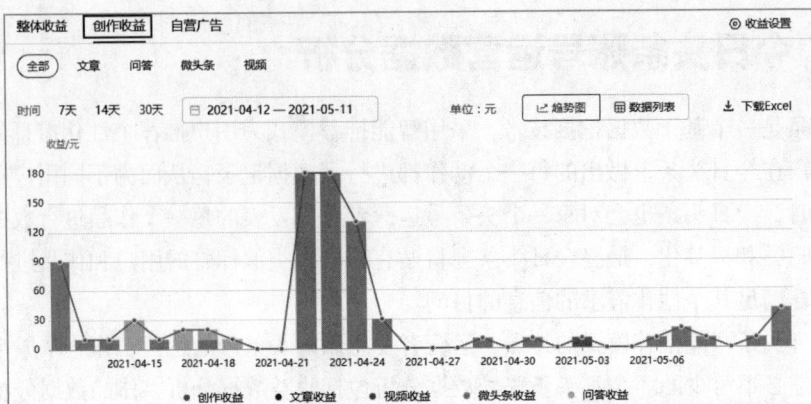

图11-2　某头条号最近30天的创作收益趋势图

在"创作收益"的"单篇作品收益"板块中，运营者可以查看每篇作品的收益，如图 11-3 所示。单击每篇作品右侧的"查看详情"超链接，可以查看该篇作品的收益详情数据分析，如图 11-4 所示。

图11-3　单篇作品的收益分析

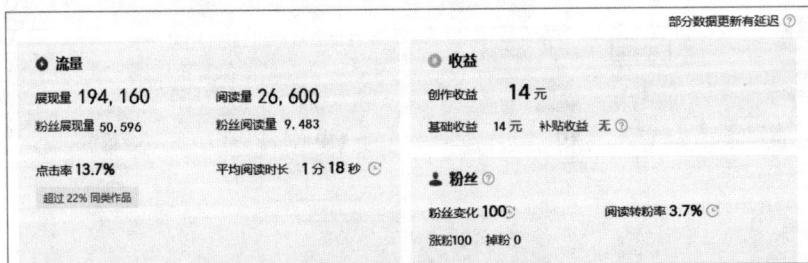

图11-4　单篇作品的收益详情数据分析

自营广告是头条号特有的一种开放、自由的推广方式。自营广告由头条号运营者自主上传推广素材，并在内容页面中进行展示。自我宣传、活动介绍等推广都可以出现在自营广告中。

单击"自营广告"选项卡，运营者可以查看 7 天、14 天、30 天或者自定义时间范围内的自营广告的收益数据，如图 11-5 所示。由于自营广告是运营者推广自己的内容，所以自营广告没有平台收益，运营者只有在作品中投放了头条广告的前提下才可能获得收益。

图11-5　自营广告的收益数据

11.1.2　作品数据分析

选择"数据"｜"作品数据"选项，运营者可以查看发布在头条号上的文章、视频、微头条、问答、小视频等不同类型作品的数据。

1. 整体作品数据分析

作品数据分析包括整体作品数据分析和单篇作品数据分析两项内容，图 11-6 所示为整体作品数据分析。在整体作品数据分析中，运营者可以查看已发布的所有内容的整体数据，包括核心数据和流量分析等信息。

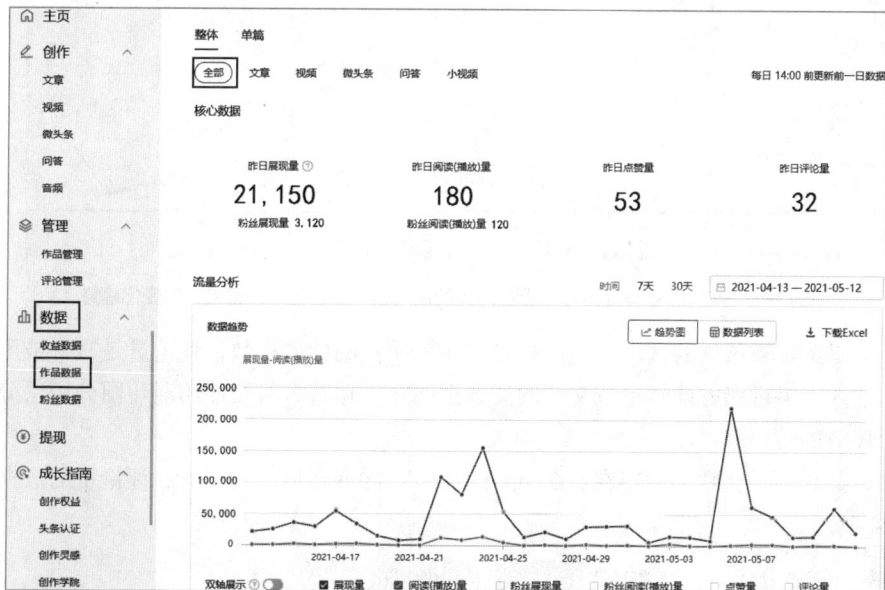

图11-6　整体作品数据分析

运营者可以按照内容的类型，分别查看文章、视频、微头条、问答、小视频等内容的整体数据，包括昨日核心数据、某个时间段内的数据趋势、流量来源分析、各来源流量趋势、用户性别分布、用户年龄分布、用户地域分布、机型价格分布等。

以查看文章的数据分析为例，单击"文章"选项卡，查看文章类内容的整体数据分析。图 11-7 所示为某头条号文章类内容的昨日核心数据。

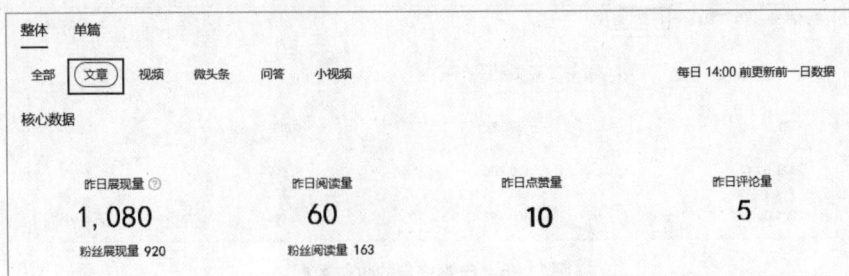

图11-7　某头条号文章类内容的昨日核心数据

（1）数据趋势分析

在数据趋势分析中，运营者可以设置时间范围，查看该时间范围内文章的展现量、阅读量、粉丝展现量、粉丝阅读量、点赞量、评论量等关键指标数据的变化趋势。运营者可以自主选择要查看的指标数据，并将数据下载下来。图 11-8 所示为某头条号文章类内容最近 30 天的展现量、阅读量、评论量数据变化趋势。

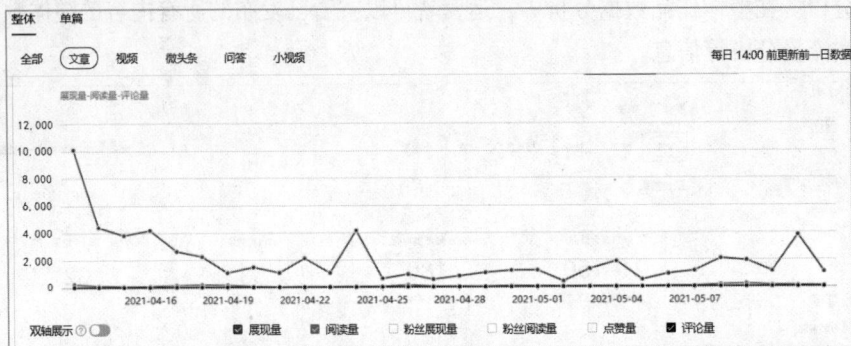

图11-8　某头条号文章类内容最近30天的展现量、阅读量、评论量数据变化趋势

展现量是文章被展现的次数，阅读量是文章被用户阅读的次数，评论量是文章被用户评论的次数。这 3 个关键指标能够形成文章阅读数据漏斗，运营者可以使用漏斗图分析法分析该文章在每个环节的转化率。

例如，某头条号文章类内容在 2021 年 5 月 21 日的展现量、阅读量、评论量的数据漏斗图如图 11-9 所示。

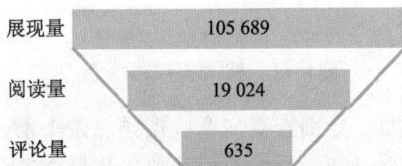

图11-9　某头条号文章类内容在2021年5月21日的数据漏斗图

从图 11-9 中可以看出，该头条号文章类内容在 2021 年 5 月 21 日的阅读量约为展现量的 18%。该数据体现了用户在看到文章标题后点击标题进行阅读的概率，是反映文章标题设置得是否成功的重要数据。

评论量约占阅读量的 3.3%。该数据体现了文章的互动率，反映了用户阅读文章后与发布文章的运营者进行互动的意愿。文章的评论量越多，说明文章越能引起用户的共鸣。

（2）流量来源分析

"流量来源分析"板块中展示了文章类内容的流量来源，如图 11-10 所示。从图 11-10 中可以看出，该头条号文章类内容的流量主要来源于个人主页，说明该头条号文章比较受其账号粉丝的认可，多数粉丝会进入账号主页浏览账号发布的内容。

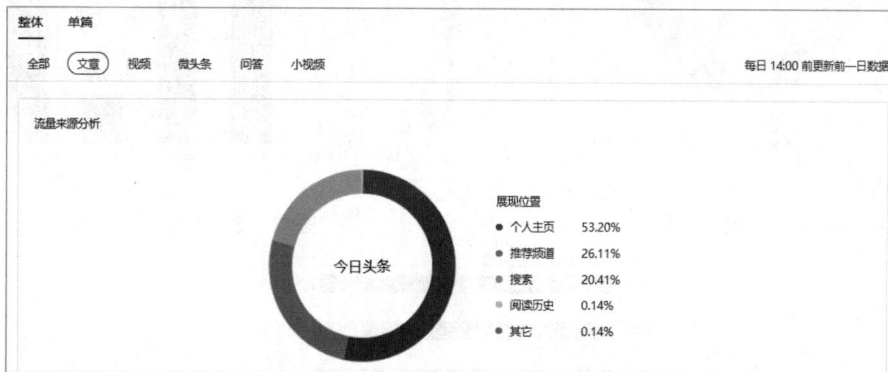

图11-10　文章类内容的流量来源分析

（3）各来源流量趋势分析

"各来源流量趋势"板块中展示了文章类内容各个流量来源的流量变化趋势，运营者可以打开"双轴展示"开关，这样可以看到更详细的变化趋势。图 11-11 所示为文章类内容流量来源中的"个人主页"的展现量、阅读量变化趋势。运营者在分析各来源流量变化趋势时，也可以采用漏斗图分析法分析不同来源的流量在各个环节的转化效果。

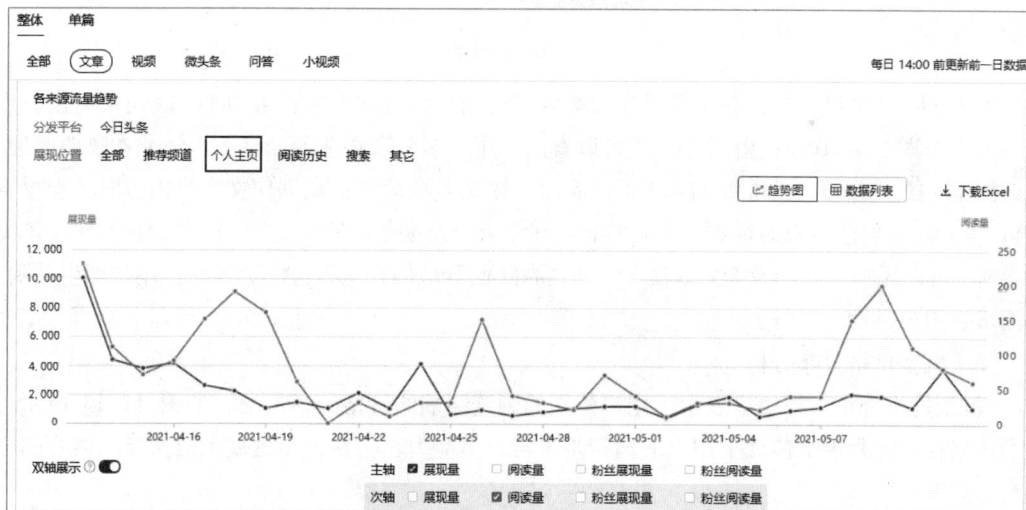

图11-11　文章类内容流量来源中的"个人主页"的展现量、阅读量变化趋势

（4）性别、年龄、地域分布分析

"性别分布"（见图 11-12）、"年龄分布"（见图 11-13）和"地域分布"（见图 11-14）一起组成了头条号文章类内容的用户的属性，能够帮助运营者构建用户画像，从而根据用户画像调整并优化文章内容。

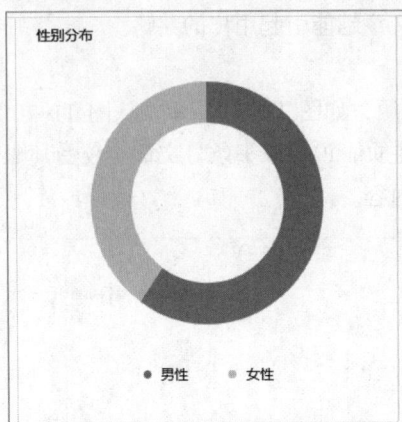

图11-12　性别分布

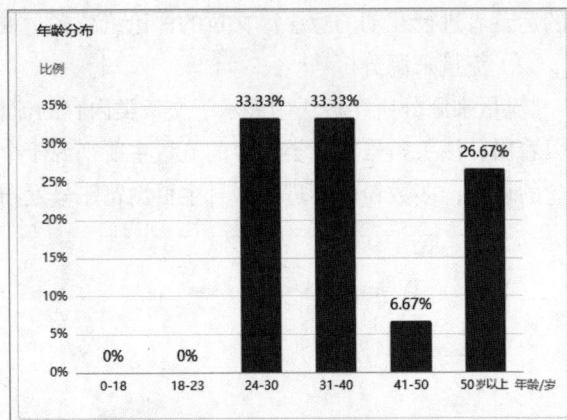

图11-13　年龄分布

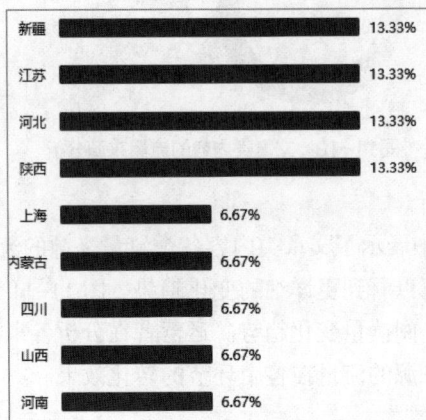

图11-14　地域分布

　　由图 11-12 可以看出，该头条号文章类内容的用户以男性为主；由图 11-13 可以看出，用户年龄集中在 24～40 岁；由图 11-14 可以看出，用户多分布在新疆、江苏、河北和陕西等地。结合图 11-12、图 11-13 和图 11-14 可以看出，该头条号运营者在创作文章类内容时，应重点分析 24～40 岁男性用户的特点，从他们的心理需求出发创作内容。此外，运营者在创作文章类内容时，可以添加一些涉及新疆、江苏、河北和陕西等地的元素，这样更容易让用户产生共鸣，从而增强用户黏性。

　　（5）机型价格分布分析

　　"机型价格分布"板块中展示了用户使用的浏览终端的价格分布情况，如图 11-15 所示。机型价格在一定程度上体现了用户的消费水平与付费能力，会在一定程度上对文章类内容的收益产生影响。

　　2. 单篇作品数据分析

　　单击"单篇"选项卡，运营者可以查看文章、视频、微头条、问答、小视频等类型的单篇内容的展现量、阅读量、点击率、阅读时长、点赞量、评论量等数据。图 11-16 所示为某头条号单篇文章类内容的数据分析结果。

　　单击文章右侧的"查看详情"超链接，运营者可以查看单篇文章更加详细的数据分析。

整体　　单篇

全部　文章　视频　微头条　问答　小视频　　　　　　　　　　　每日 14:00 前更新前一日数据

机型价格分布

比例

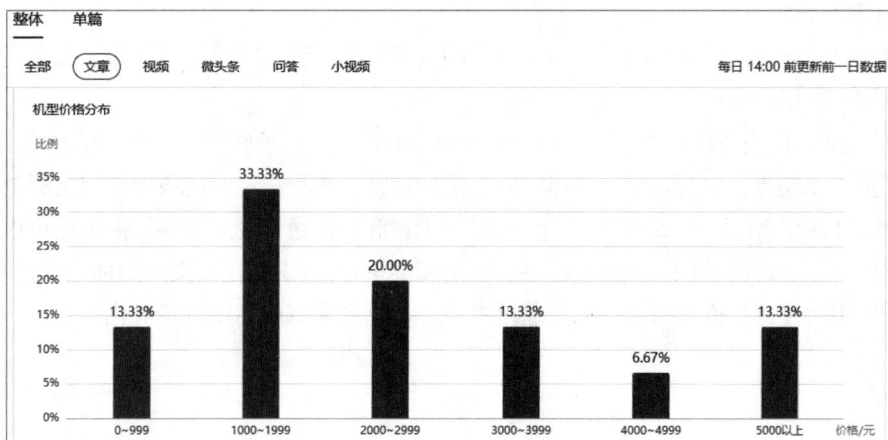

图11-15　机型价格分布分析

整体　单篇

文章　视频　微头条　问答　小视频　　　　　　　　　　　　每日 14:00 前更新前一日数据

共 105 条内容　　　　　　　　　　　　　　　　　　　　　　　　　　　↓ 下载Excel

作品	展现量	阅读量	点击率	阅读时长 ⑦	点赞量	评论量	收益 ⑦	操作
对母亲说的好话，最后都□□ 2021-05-13 09:04	19,569	1,917	9.8%	待更新	921	752	待更新	查看详情
红包促进消费，这句话我是亲身体验了一把 2021-04-14 11:54	24,364	2,168	8.9%	00:38	1,002	892	2	查看详情

图11-16　某头条号单篇文章类内容的数据分析结果

（1）流量、收益、粉丝、互动数据分析

单击作品右侧的"查看详情"超链接，可查看该作品的流量、收益、粉丝、互动数据，如图 11-17 所示。点击率反映了文章标题对用户的吸引力，点击率越高，说明文章标题对用户的吸引力越高，因此运营者要注重文章标题的写作技巧。平均阅读完成率反映了文章的内容是否能够吸引用户，平均阅读完成率越高，说明用户越认可文章内容的价值。如果一篇文章的点击率很高，平均阅读完成率却很低，就需要分析这篇文章是否属于"标题党"作品。

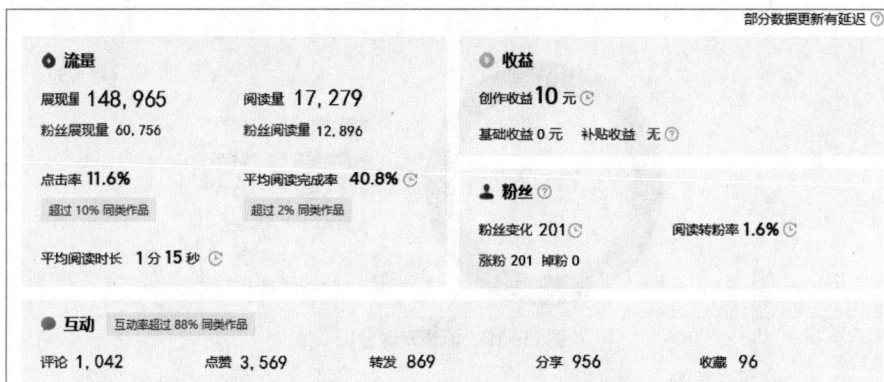

图11-17　流量、收益、粉丝、互动数据

（2）消费分析

"消费分析"选项卡中展示了单篇文章的流量趋势、流量来源分析、各来源流量趋势、阅读完成率明细等数据。

"流量趋势"板块中展示了单篇文章的展现量、阅读量、粉丝展现量、粉丝阅读量4个关键指标的流量变化趋势，运营者可以选择时间范围和指标，查看指定时间段内选定指标的流量变化趋势。图 11-18 所示为某篇文章最近 30 天展现量和阅读量的变化趋势。由该图可以看出，这篇文章在 4 月 12 日获得了较高的展现量，但是阅读量很低，说明这篇文章的标题缺乏吸引力，用户看到后不太愿意点进去阅读，所以运营者应该对这篇文章的标题进行优化。

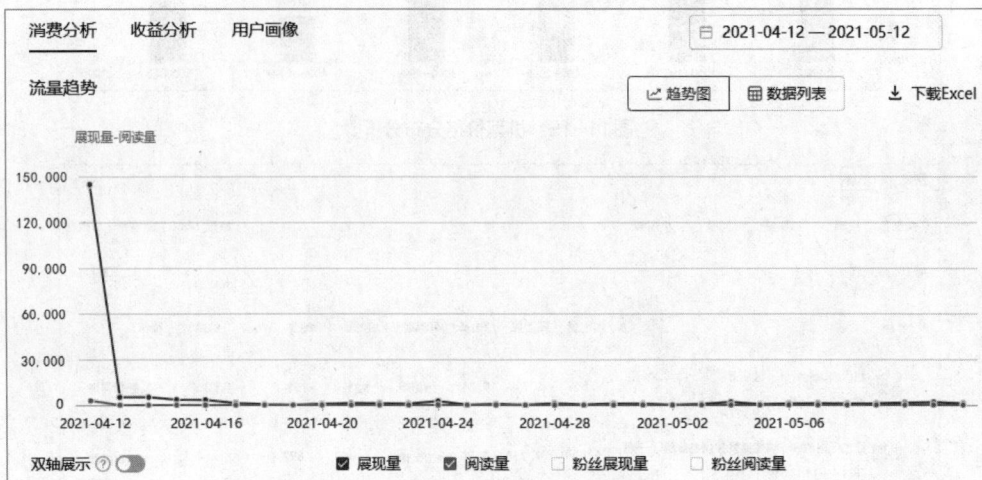

图11-18 某篇文章最近30天展现量和阅读量的变化趋势

"流量来源分析"板块中展示了单篇文章的流量来源，如图 11-19 所示；"各来源流量趋势"板块中展示了不同渠道的流量变化趋势，如图 11-20 所示。由图 11-19 可以看出，这篇文章的流量主要来自今日头条的"推荐频道"。由图 11-20 可以看出，这篇文章刚发布后在"推荐频道"获得了一定的推荐量，但是文章的阅读量很低，这可能是文章标题缺乏吸引力造成的。

图11-19 流量来源分析

"阅读完成率明细"板块中展示了单篇文章的继续阅读用户比例和阅读进度，如图 11-21 所示。由图 11-21 可以看出，阅读进度为 100%的用户的比例仅为 21%，说明只有 21%的用户在点击文章标题进入正文后将文章阅读完。由此说明这篇文章的内容质量可能不是很高，不能吸引较多用户读完，运营者应该对文章内容进行优化。

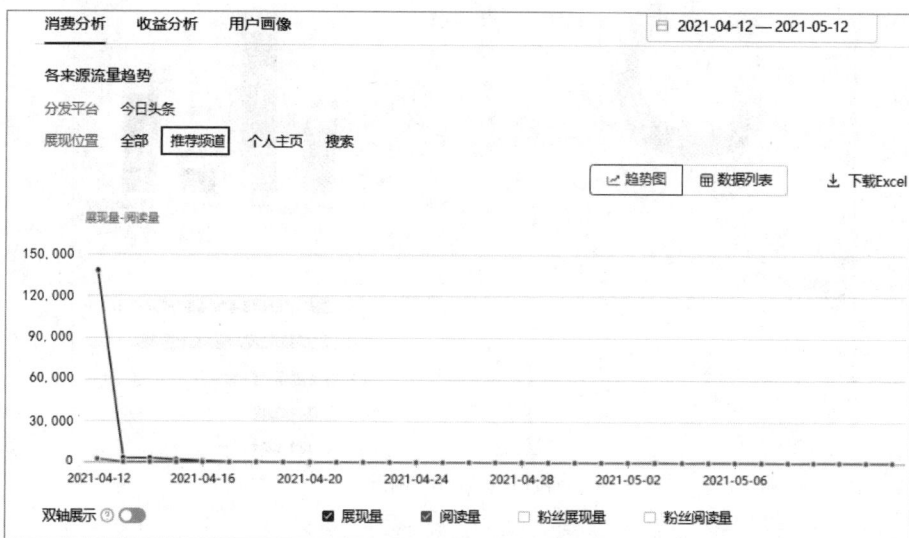

图11-20　各来源流量趋势

（3）收益分析

"收益分析"板块中展示了单篇文章的创作收益、基础收益、补贴收益等的变化趋势，用于帮助运营者了解这篇文章的收益变化情况。

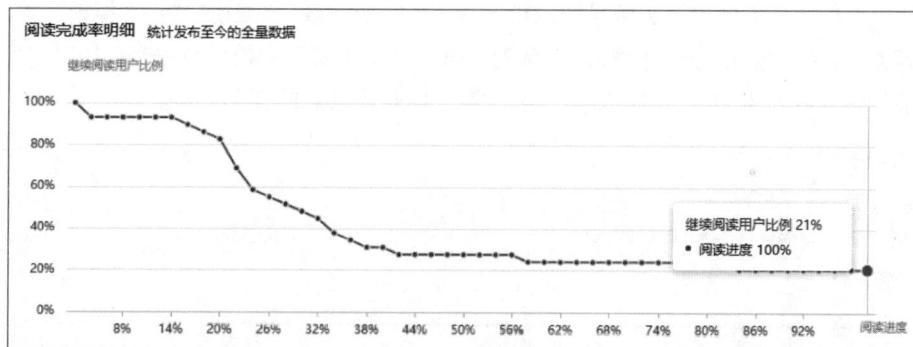

图11-21　阅读完成率明细

（4）用户画像

"用户画像"板块中展示了单篇文章的用户的性别分布、年龄分布和地域分布，如图 11-22 所示。由该图可以看出，阅读了这篇文章的用户以男性为主，年龄集中分布在 31~40 岁，山东、河北等地的用户占比较高。因此，运营者今后在创作同类选题或同类风格的文章时，可以重点分析 31~40 岁男性用户的需求，并在文章中添加一些涉及山东、河北等地的元素，这样的文章更容易获得用户的认可，引起用户共鸣。

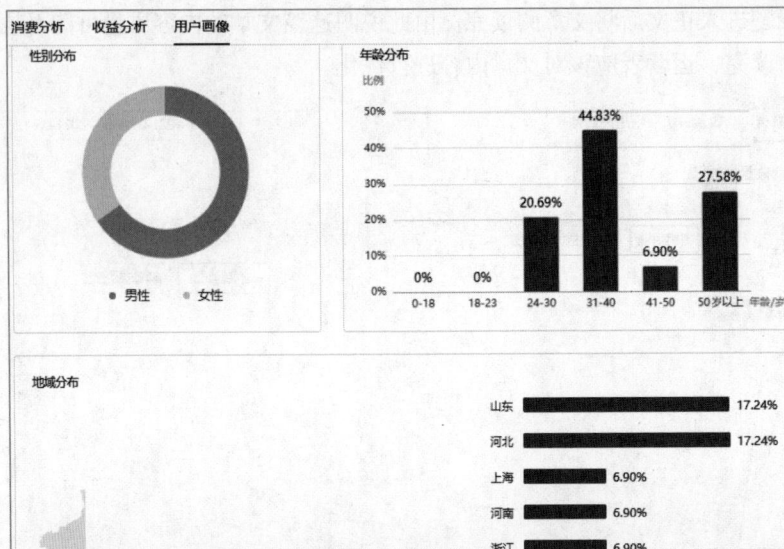

图11-22 用户画像

11.1.3 粉丝数据分析

选择"数据"|"粉丝数据"选项，运营者可以查看头条号粉丝数据，包括粉丝关键指标分析、粉丝特征分析和粉丝偏好分析。

1. 粉丝关键指标分析

粉丝关键指标分析中包括头条号的总粉丝数、粉丝变化数、"涨粉"数、"掉粉"数、活跃粉丝数等关键指标的数据分析详情，可以帮助运营者了解头条号的粉丝数据变化情况。图11-23所示为某头条号最近30天总粉丝数、"涨粉"数、活跃粉丝数的变化趋势。

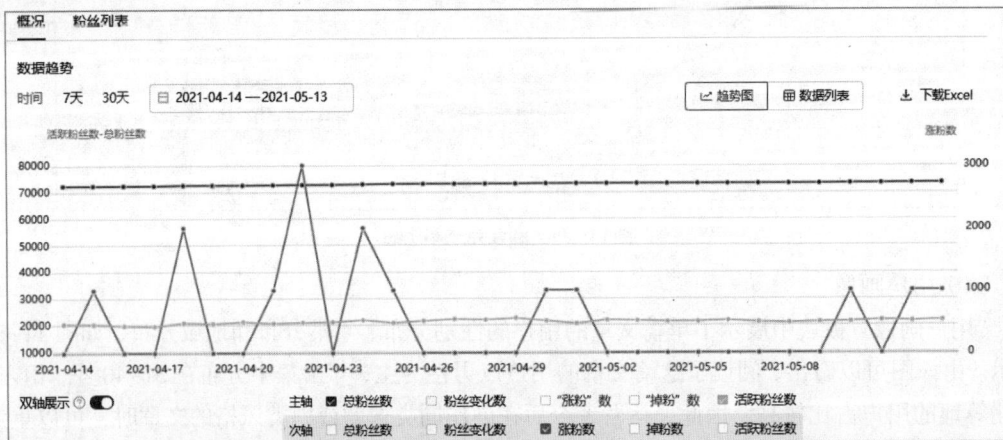

图11-23 某头条号最近30天总粉丝数、"涨粉"数、活跃粉丝数的变化趋势

由该图可以看出，从4月20日开始，该头条号的"涨粉"数呈上升趋势，4月22日达到峰值，表明4月20日至4月22日该头条号收获了大量粉丝。此时，运营者应该寻找这种情况出现的原因，为继续提高粉丝数量提供参考。同时，从图11-23中也可以看出该头条号的活跃

粉丝数较少，说明该头条号粉丝的活跃度较低，运营者应考虑采取一定的措施来提高粉丝的活跃度。

2. 粉丝特征分析

粉丝特征分析包括粉丝性别分布（见图 11-24）、年龄分布（见图 11-25）、地域分布（见图 11-26）和机型价格分布（见图 11-27）。通过分析粉丝特征，运营者可以了解头条号粉丝的特点，构建头条号粉丝画像，从而根据粉丝画像进行内容创作，增强粉丝黏性。

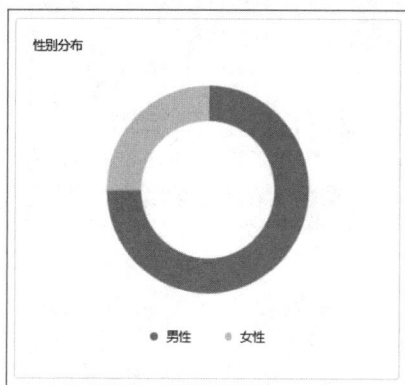

图11-24　性别分布

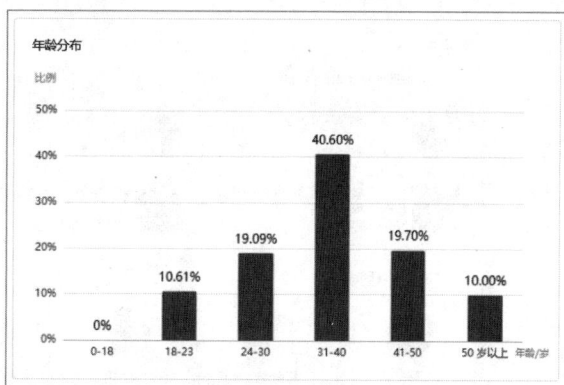

图11-25　年龄分布

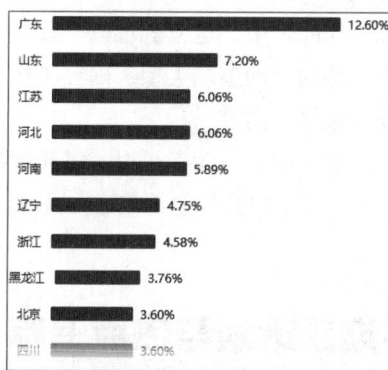

图11-26　地域分布

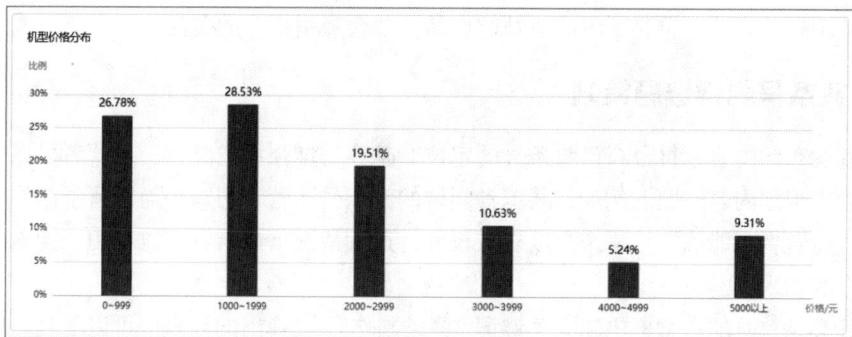

图11-27　机型价格分布

结合图 11-24、图 11-25 和图 11-26 可以看出，该头条号的粉丝多为 31 ~ 40 岁的男性粉丝，在地域分布上以广东的粉丝居多，运营者应该从这些粉丝的心理需求出发进行内容创作。此外，地域分布分析也为头条号运营者在策划线下活动时选择活动举办地提供了一定的参考意见，运营者选择粉丝占比较高的地区举办线下活动更容易吸引粉丝参与。

由图 11-27 可以看出，该头条号粉丝使用的机型价格多在 2 000 元之内，说明多数粉丝的消费水平及付费能力一般。

3. 粉丝偏好分析

粉丝偏好分析中展示了该头条号的粉丝在关注该头条号的同时，还喜欢浏览什么样的内容，如图 11-28 所示。

图11-28　粉丝偏好分析

从"近期你的粉丝还看过以下作品"中，运营者可以了解粉丝近期看过什么类型的内容。运营者可以浏览这些内容，分析这些内容的选题类型、内容风格、标题写作方式等，并从这些内容中寻找灵感，创作更符合粉丝偏好的内容。

从"你的粉丝还关注了以下作者"中，运营者可以了解粉丝喜欢关注哪些类型的头条号。运营者可以分析这些头条号的命名方式、内容选题策略、文风等，并对自己的头条号进行优化，以提高自己头条号的竞争力。

11.2 头条号内容选题策划与热点追踪

运营者要想提高头条号作品的点击率，需要做好选题策划。选题不能脱离用户，只有主题鲜明、涉及用户关心的、想要了解的话题的作品，才会吸引用户的关注。

11.2.1 头条号内容选题策划

运营者发布的内容越符合自己头条号的定位，越容易增强用户黏性。运营者可以使用"搜索栏"功能来策划内容选题。例如，某美食领域的头条号运营者想写一篇以薯条制作为主题的文章，但该运营者不能确定从哪个角度切入较好，这种情况下运营者可以利用"搜索框"功能来确定写作的切入点。

在今日头条首页的搜索框中输入关键词"薯条制作"，在弹出的列表中可以看到一些与关键词"薯条制作"相关的关键词，如图 11-29 所示。运营者可以参考这些关联的关键词确定写作的切入点。

图11-29　输入关键词

　　单击"搜索"按钮 🔍 ，进入搜索结果页面。该运营者可以在搜索结果页面中单击某篇文章的标题，进入文章详情页，查看其他头条号运营者的写作切入点和标题设置技巧、写作方法及写作风格等，为自己进行内容创作提供参考。

　　此外，搜索结果页面中有"大家都在搜"和"相关搜索"板块（见图 11-30）。这两个板块中列举的一些关键词是用户搜索较多的关键词，说明用户比较关注这些关键词。运营者也可以从这两个板块列举的关键词中寻找写作切入点，这样比较容易吸引用户的关注。

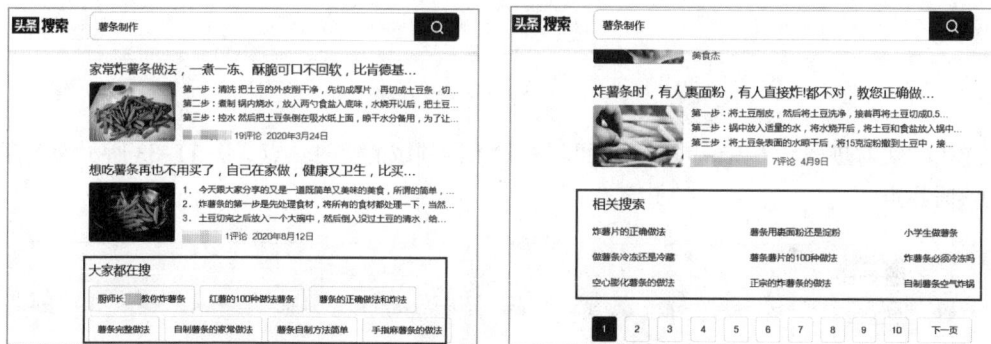

图11-30　"大家都在搜"和"相关搜索"板块

11.2.2　头条号热点追踪

　　借势热点是提高头条号内容热度的有效方法之一，运营者可以用头条号的账号后台提供的热点进行内容创作。

　　在 PC 端登录今日头条账号，选择"成长指南"｜"创作灵感"选项，进入"创作活动"页面，如图 11-31 所示。

　　单击"创作灵感"选项卡，进入"创作灵感"页面。"创作灵感"是今日头条为头条号运营者提供的各类热门话题参考。单击"为你推荐"选项卡，可以查看今日头条为运营者推荐的各类话题，如图 11-32 所示。运营者可以根据话题的阅读数和讨论数选择适合自己账号的话题进行内容创作。

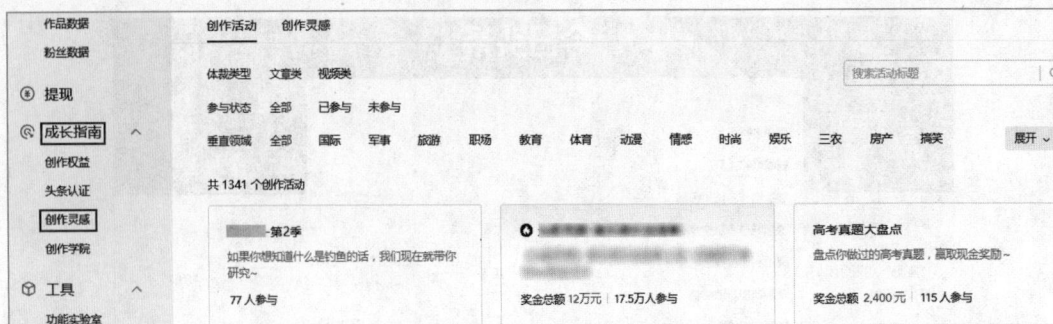

图11-31 "创作活动"页面

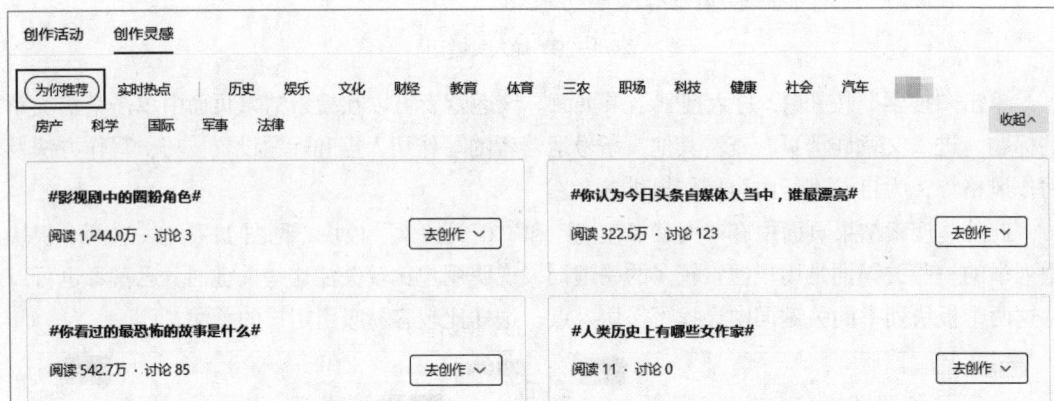

图11-32 "为你推荐"页面

单击"实时热点"选项卡，运营者可以查看不同领域的实时热点，图 11-33 所示为教育领域的实时热点。

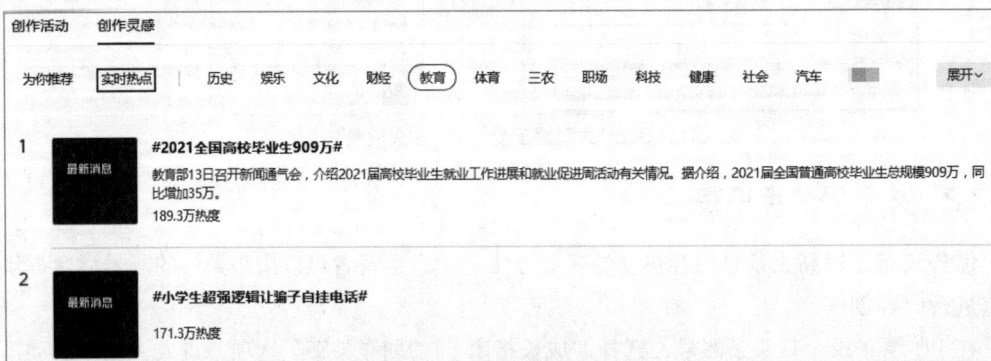

图11-33 教育领域的实时热点

单击热点名称，运营者可以查看该热点的事件详情及相关内容，如图 11-34 所示。运营者可以对热点详情进行分析，了解并学习其他头条号运营者是如何运用该热点进行内容创作的，从而指导自己运用该热点进行内容创作。

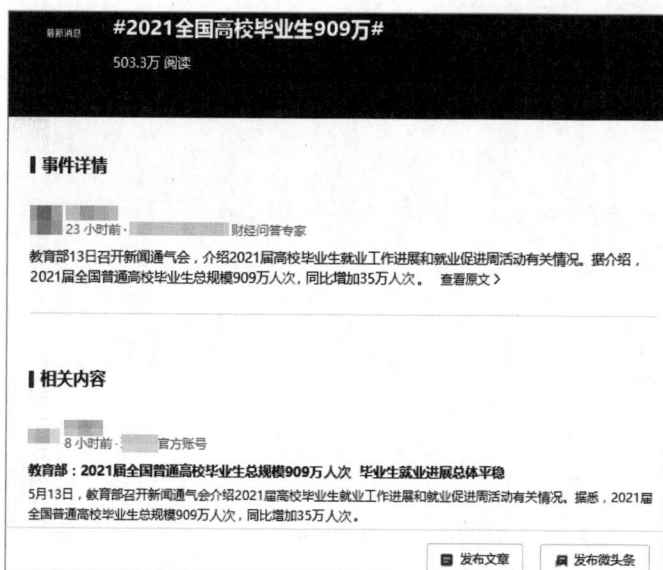

图11-34　事件详情及相关内容

【课后习题】

1. 统计近 30 天某今日头条账号发布的所有文章类内容的数据，并撰写一份分析文章类内容运营情况的专题报告。

2. 从近 7 天发布的文章类内容中选择 3 篇文章，查看它们的详细数据分析，然后从标题、排版、发文时间等方面分析这 3 篇文章的成功或失败之处。

3. 查看某今日头条账号粉丝数据，说一说该账号的粉丝有哪些特点。